公民监督权行使研究

Research on the Exercise of Citizen's Supervision Right

何士青 翟 凯 著

中国社会科学出版社

图书在版编目(CIP)数据

公民监督权行使研究 / 何士青，翟凯著. —北京：中国社会科学出版社，2021.1
ISBN 978-7-5203-7287-9

Ⅰ.①公…　Ⅱ.①何…②翟…　Ⅲ.①司法监督—研究—中国　Ⅳ.①D926.34

中国版本图书馆 CIP 数据核字（2020）第 270564 号

出 版 人	赵剑英	
责任编辑	宫京蕾	
责任校对	秦　婵	
责任印制	李寡寡	
出　　版	中国社会科学出版社	
社　　址	北京鼓楼西大街甲 158 号	
邮　　编	100720	
网　　址	http://www.csspw.cn	
发 行 部	010-84083685	
门 市 部	010-84029450	
经　　销	新华书店及其他书店	
印刷装订	北京君升印刷有限公司	
版　　次	2021 年 1 月第 1 版	
印　　次	2021 年 1 月第 1 次印刷	
开　　本	710×1000　1/16	
印　　张	14.5	
插　　页	2	
字　　数	260 千字	
定　　价	79.00 元	

凡购买中国社会科学出版社图书，如有质量问题请与本社营销中心联系调换
电话：010-84083683
版权所有　侵权必究

国家社科基金后期资助项目
出版说明

后期资助项目是国家社科基金设立的一类重要项目，旨在鼓励广大社科研究者潜心治学，支持基础研究多出优秀成果。它是经过严格评审，从接近完成的科研成果中遴选立项的。为扩大后期资助项目的影响，更好地推动学术发展，促进成果转化，全国哲学社会科学工作办公室按照"统一设计、统一标识、统一版式、形成系列"的总体要求，组织出版国家社科基金后期资助项目成果。

全国哲学社会科学工作办公室

内容摘要

公民监督权行使是当今中国法治建设和人权保障的重要课题，笔者以马克思主义法学理论为指导，在坚持唯物辩证法总方法论的基础上综合运用概念分析法、制度分析法、价值分析法、历史分析法等研究方法，在吸纳现有研究成果的基础上，从两个方面对公民监督权行使的研究进行拓展：一是从整体上系统地探讨公民监督权行使的限度问题；二是密切基础理论与制度构建的关系以回应当今中国的变革现实。本书以公民监督权的宪法规定为基点，以公民监督权行使的法理为依据，以切实发挥公民监督权价值功能为目标，围绕公民监督权行使的限度及其合理界定这一主线，审视公民监督权行使的现状与存在的问题，探寻完善公民监督权行使法律保障的对策。本书的具体内容由导论和五章构成。导论部分主要介绍研究意义、研究现状、研究内容、研究思路和研究方法，第一章阐释公民监督权及其法理依据，第二章阐释公民监督权行使限度的设立依据和设立原则，第三章阐释公民监督权的行使限度与滥用禁止，第四章阐释公民监督权行使的不当限制及其消解，第五章阐释我国公民监督权法律保障之完善。

目　录

导　论 ……………………………………………………（1）
 一　研究意义 ……………………………………………（2）
 二　研究综述 ……………………………………………（4）
 三　研究内容 ……………………………………………（10）
 四　研究思路和研究方法 ………………………………（13）

第一章　公民监督权及其法理依据 ……………………（15）
 一　公民监督权的概念诠释 ……………………………（15）
  （一）监督 ……………………………………………（16）
  （二）公民监督 ………………………………………（17）
  （三）公民监督权 ……………………………………（20）
 二　公民监督权的权利属性 ……………………………（31）
  （一）公民监督权是公民的宪法权利 ………………（32）
  （二）公民监督权是公民的基本权利 ………………（34）
  （三）公民监督权是公民的政治权利 ………………（38）
 三　公民监督权的法理依据 ……………………………（42）
  （一）公民监督权是人民主权的逻辑结论 …………（43）
  （二）公民监督权是权力制约的客观要求 …………（47）
  （三）公民监督权是依法治国的基本诉求 …………（50）
  （四）公民监督权是基本人权的题中之义 …………（54）

第二章　公民监督权行使限度的设立依据和设立原则 ……（59）
 一　公民监督权行使限度的设立依据 …………………（59）
  （一）公民监督权行使限度设立的理论依据 ………（60）
  （二）公民监督权行使限度设立的现实理由 ………（68）
 二　公民监督权行使限度的设立原则 …………………（72）

（一）公民监督权行使限度设立的公共利益原则 ……………（73）
　　（二）公民监督权行使限度设立的法律保留原则 ……………（79）
　　（三）公民监督权行使限度设立的最小限制原则 ……………（82）
　　（四）公民监督权行使限度设立的程序正当原则 ……………（84）

第三章　公民监督权的行使限度与滥用禁止 ………………（89）
　一　公民监督权的行使限度 ……………………………………（90）
　　（一）社会秩序 …………………………………………………（90）
　　（二）公职人员人格尊严 ………………………………………（98）
　　（三）法律规范 ………………………………………………（109）
　二　公民监督权的滥用禁止 …………………………………（111）
　　（一）公民监督权的滥用 ……………………………………（112）
　　（二）公民监督权滥用禁止原则 ……………………………（119）
　　（三）公民监督权滥用的法律责任 …………………………（122）

第四章　公民监督权行使的不当限制及其消解 ……………（126）
　一　公民监督权行使的不当限制 ……………………………（126）
　　（一）公职人员以人格尊严保护为由而形成的不当限制 …（127）
　　（二）因为法律运行机制不完善而形成的不当限制 ………（135）
　　（三）由于官员认识偏差而形成的不当限制 ………………（140）
　二　我国公民监督权行使不当限制的消解 …………………（145）
　　（一）公职人员人格权在公民监督语境中克减 ……………（145）
　　（二）以法律宽容主义促进法律运行机制的完善 …………（151）
　　（三）提高公职人员的法治思维能力和水平 ………………（157）

第五章　我国公民监督权法律保障之完善 …………………（162）
　一　域外公民监督权保障制度之经验借鉴 …………………（163）
　　（一）域外公民监督权保障制度的典型例证 ………………（163）
　　（二）域外公民监督权行使制度的主要特征 ………………（169）
　　（三）域外公民监督权保障制度建设的经验借鉴 …………（171）
　二　加强我国公民监督权行使的法律保障 …………………（176）
　　（一）夯实公民监督权行使的法律基础 ……………………（177）
　　（二）完善公民监督权行使的保障制度 ……………………（182）
　　（三）在公民监督领域实行人性化执法 ……………………（191）

（四）对受侵害的公民监督权进行救济……………………（197）
三　公民监督权行使新途径的法律调控
　　——以网络监督、电视问政为例证…………………（202）
（一）将网络监督纳入法治轨道…………………………（202）
（二）以法治思维提升电视问政的监督效能……………（207）

结　语 ………………………………………………………（212）

参考文献 ……………………………………………………（214）

后　记 ………………………………………………………（223）

导 论

随着我国社会主义建设进入新时代，社会的主要矛盾从人民日益增长的物质文化生活需要与落后的生产力之间的矛盾转化为"人民日益增长的美好生活需要和不平衡不充分的发展之间的矛盾"①。妥善解决新时代的社会主要矛盾，既要求大力加强经济建设，构建现代经济体系，也要求大力发展政治文明，实现党的领导、人民当家做主和依法治国的有机统一。以公民权利制约国家权力是人民当家做主的具体体现，是依法治国的题中之义。党的十九届四中全会通过的《中共中央关于坚持和完善中国特色社会主义制度 推进国家治理体系和治理能力现代化若干重大问题的决定》指出："必须坚持人民主体地位，坚定不移走中国特色社会主义政治发展道路，健全民主制度，丰富民主形式，拓宽民主渠道，依法实行民主选举、民主协商、民主决策、民主管理、民主监督，使各方面制度和国家治理更好体现人民意志、保障人民权益、激发人民创造，确保人民依法通过各种途径和形式管理国家事务，管理经济文化事业，管理社会事务。"② 国家权力必须受到制约，否则它会沦为侵害公民权利的力量；同样地，公民权利不是无界的，否则它会异化为危害公共利益的力量。然而，在现实中存在着这样的现象：有公民因批评、检举和揭露某些公职人员的丑闻或恶行而受到打击报复，或被冠以诽谤罪而遭到公安机关抓捕；也有公民滥用监督权缠访闹访，或者在网络上制造谣言。这些现象引起人们的思考：公民监督权行使有没有限度？政府对公民监督权行使应该持什么样的态度？对公民监督权的不当限制如何消解？公民监督权受到侵害如何救济？面对这些问题，解决的关键首先是理性思考，然后才是实践操

---

① 习近平：《决胜全面建成小康社会 夺取新时代中国特色社会主义伟大胜利——在中国共产党第十九次全国代表大会上的报告》，《人民日报》2017年10月28日。
② 《中共中央关于坚持和完善中国特色社会主义制度 推进国家治理体系和治理能力现代化若干重大问题的决定》，《人民日报》2019年11月6日。

作。本著作顺应我国依法治国实践的需要，借鉴他人相关研究成果，对公民监督权行使及其限度进行研究。

一　研究意义

加强对权力的制约和监督是我国社会主义政治文明建设的重要课题，建立健全科学有效的权力运行监督体系是加强对权力运行监督的必要前提。在我国的权力运行监督体系中，公民监督是不可或缺的部分①，在我国监督体系中处于最重要、最基础的地位，公民监督权的正当行使对于制约权力具有极为重要的意义。对公民监督权行使展开研究，具有重要的理论价值和现实意义。

获取有关政治法律现象的知识并对这些政治法律现象进行研究，是宪法学者的兴趣所在。有的宪法学者对民众与政府官员的关系感兴趣，特别关心民意是否影响政府官员政策决定的问题。有些宪法学者对政党的组织和活动感兴趣，特别关注执政党与非执政党之间的关系以及执政党是否依法执政的问题。另外一些宪法学者则聚焦国家的政权组织，对政治制度构建以及能否良性运行的问题感兴趣。综观中外宪法学研究，可以发现这样的现象，不同国家的学者或者同一国家的不同学者，或许学术研究的具体课题及其研究结论不尽相同，但如何优化制度设计、如何改进政治生活等问题是共同兴趣所在。例如，美国学者斯蒂芬·L. 埃尔金（Stephen L. Elkin）、卡罗尔·爱德华·索乌坦（Karol Edward Soltan）认为："政治学研究，既不应该是一种脱离为最基本的人类利益服务宗旨的单纯的经验式活动，也不应是一种对于政治设计的限度漠不关心的规范主义空谈。"②我国著名法学家郭道晖说得更加明确："研究公法，应当重在研究它的核心——公权力，特别是如何规范公权力的赋予和运行，把日益扩张膨胀、

---

① 公民监督是我国权力监督体系不可或缺的部分，这可以在《中共中央关于全面推进依法治国若干重大问题的决定》的下列观点中得到说明："加强党内监督、人大监督、民主监督、行政监督、司法监督、审计监督、社会监督、舆论监督制度建设，努力形成科学有效的权力运行制约和监督体系，增强监督合力和实效。"《中共中央关于全面推进依法治国若干重大问题的决定》，《光明日报》2014年10月29日。

② ［美］斯蒂芬·L. 埃尔金、卡罗尔·爱德华·索乌坦：《新宪政论——为美好社会设计政治制度》，周叶谦译，生活·读书·新知三联书店1997年版，"前言"第1页。

专横霸道的公权力关进笼子里。"①

在今日之中国，各族人民正在中国共产党领导下致力于实现"中国梦"。"中国梦"以"实现国家富强、民族振兴、人民幸福"②为主要内容，以反腐倡廉、保障人权为基本要求。公民监督权是我国宪法规定的一项基本政治权利，公民监督权的规范行使和有效保障有利于推进党和政府的反腐倡廉工作。基于此，公民监督权行使应该成为当今中国政治学研究的重要课题之一。目前，我国学术界尚没有以公民监督权行使及其限度研究为题的专门论著，学者们大多将研究视角定位于讨论公民监督权的基本理论以及一些基本制度的宏观方面。本书从宪法视角切入，以公民监督权的宪法规定为基点，以公民监督权的宪法法理为依据，围绕公民监督权限度及其合理界定这一主线进行系统的、深入的分析，有助于推进该领域的学术研究，也有助于政治学基本理论的发展。

本书契合了当今中国反腐倡廉的时代课题。自新中国成立以来，党和政府就将反腐倡廉作为一项极为重要的工作来抓，从而保证了党员干部以及国家机关工作人员等国家权力（包括国家执政权和国家职能权）掌握者队伍的主流始终是好的，国家权力的运行状况较之过去已经有了很大改善。但是毋庸讳言，目前腐败问题并没有彻底解决，反腐倡廉永远在路上。③反腐倡廉，不仅要求加强党的建设和党员干部的自律，而且要加强公民监督。如今，公民监督对于反腐倡廉的必要性已经成为社会各界的共识，而如何加强公民监督则是一个需要深入探讨的问题。本书对公民监督权行使进行理性思考，考察公民监督权的行使现状，分析公民监督权行使存在的问题，借鉴历史和他国的经验，探寻完善公民监督权行使的对策。在研究中提出了一些新观点，如对官员隐私权容忍限度的设定、以法律宽容主义促进公民监督法治建设、以"社会权力监督国家权力"的监督模式的构建与完善等，有利于完善公民监督方式，保障公民监督权的顺利行使，对全面推进依法治国也是有裨益的。

---

① 郭道晖：《公民的监督权与政府的克制义务》，《广州大学学报》2011年第3期。
② 习近平指出："实现中华民族伟大复兴的中国梦，就是要实现国家富强、民族振兴、人民幸福，既深深体现了今天中国人的理想，也深深反映了我们先人们追求进步的光荣传统。"《习近平谈治国理政》，外文出版社有限责任公司2014年版，第39页。
③ 正如习近平所言："当前一些领域消极腐败现象仍易发多发，一些重大违纪违法案件影响恶劣，反腐败斗争形势依然严峻，人民群众还有许多不满意的地方。党风廉政建设和反腐败斗争是一项长期的、复杂的、艰巨的任务。"《习近平谈治国理政》，外文出版社有限责任公司2014年版，第385—386页。

二 研究综述

只要有权力存在，监督就是一个永恒的实践主题，也是一个永恒的理论课题。在人类历史上，权力制约的思想源远流长，对权力制约的追求中萌发出公民监督的思想，在对法治的追求中制定公民监督权的法律规范。"他山之石，可以攻玉"，有必要对中外学者的相关研究成果进行综述。

1. 西方研究概述

在古希腊时期，亚里士多德（Aristotle）从人性恶的理论假定出发，阐述了运用法治制约国家权力的主张。在亚里士多德看来，所有人都有欲望和热情，执政者也不例外，为了防止执政偏向，一要实行法治，二要实现政体的议事技能、行政机能和审判技能等三个要素之间的平衡，"人之间相互依仗又相互限制，谁都不得任意行事，这在实际上对各人都属有利"①。继亚里士多德以后，古罗马政治家波里比阿（Polybius）主张分权制衡，认为代表君主势力的执政官、代表贵族势力的元老院和代表民众势力的平民会议之间应该保持协调和均衡，以此避免权力专横和蜕变。西塞罗（Marcus Tultius Cicero）认为法律是不会说话的执政官，强调执政官的权力必须服从法律。尽管古希腊罗马时期有学者有过"由于所有的人都服从一个法律，所以他们同是公民，就某种意义来说，他们必然是平等的"②推论，但在这个时期没有人提出公民监督的概念，更没有形成公民监督权的观点。

公民监督权思想是近代宪法理论的逻辑发展。正如美国学者斯蒂芬·L. 埃尔金所言：西方传统宪法思想的一个重要课题是设计良好的政治制度以规制政治权力，防止政治权力滥用，从而"最大限度地'保护社会成员彼此不受侵害……同时将政府侵害其公民的机会降至最小程度'"③。近代启蒙思想家们，包括洛克（John Locke）、孟德斯鸠（Montesquieu）、卢梭（Jean-Jacques Rousseau）、汉密尔顿（Alexander Hamilton）、杰弗逊

---

① ［古希腊］亚里士多德：《政治学》，吴寿彭译，商务印书馆1965年版，第319页。
② ［美］乔治·霍兰·萨拜因：《政治学说史》（上册），盛葵阳、崔妙音译，商务印书馆1986年版，第205—206页。
③ ［美］斯蒂芬·L. 埃尔金、卡罗尔·爱德华·索乌坦：《新宪政论——为美好社会设计政治制度》，周叶谦译，生活·读书·新知三联书店1997年版，第27页。

(Thomas Jefferson)、潘恩（Thomas Paine）等人，以主权在民、社会契约、权力制约、天赋人权等理论为基础来探讨公民监督权，认为将国家权力置于公民的监督之下，既有利于保障国家权力服务于公民权利和公共利益，也有助于防范权力掌握者之间结成利益联盟。例如，被恩格斯（Friedrich Engels）称为"1688年的阶级妥协的产儿"①的洛克不仅把国家权力分为立法权、行政权和对外权以防止专制暴政，而且以社会契约理论阐释公民监督国家权力的必然性。在洛克看来，君主专制政体与公民社会是不相协调的，因而它不是公民政府的一种形式；政治权力来源于每个人在自然状态中所享有的权利，因而它必须以保护社会成员的生命、权利和财产为目的，政府的目的必须是为人民谋福利；交出政治权力的公民有权监督政府和官吏的权力行为，当权力的行使背离了其应有目的，人民便有权收回自己的权力。②卢梭认为，主权是"公意的运用"，"在本质上由公意所构成"，因而它是绝对的、至高无上的、不可转让的；根据社会契约产生的国家是为着实现公意而存在的、而实行统治的，掌握国家权力的官吏仅仅是"人民的办事员"，人民有权监督乃至撤换他们。③

进入现代，西方学者对公民监督权的研究更加深入，代表性成果有西摩·马丁·李普塞特（Seymour Martin Lipset）的《政治人：政治的社会基础》、约翰·L.玛莎的《官僚司法》、盖伊·彼得斯（B. Guy Peters）的《政府未来的治理模式》、斯蒂芬·L.埃尔金和卡罗尔·爱德华·索乌坦（Karol Edward Soltan）的《新宪政论》、亚历山大·米尔克约翰（Alexander Meiklejohn）的《表达自由的法律限度》等。这些著作虽然不是以公民监督权为主题的专论，但是它们都涉及了公民监督权行使问题，其中观点有助于理解和界定公民监督权行使。例如，约翰·L.玛莎提出：保障公民有效监督政府权力行为的一个重要举措，是建立与司法程序制度相近似的决策程序制度，包括公开听证制度、高度完善的取证制度和上诉制度、大量的书面记录和独立的政府行为陈述制度等。④斯蒂芬·L.埃尔金和卡罗尔·爱德华·索乌坦认为，美好的政治制度是通过宪法构建的，宪

---

① 《马克思恩格斯选集》第4卷，人民出版社1995年版，第703页。
② 参见［英］洛克《政府论》，叶启芳、瞿菊农译，商务印书馆1964年版，第55页、105页、133页。
③ 参见［法］卢梭《社会契约论》，何兆武译，商务印书馆1963年版，第35页、125页、132页。
④ Jerry L. Mashaw: *Bureaucratic justice*: *Managing social security disability claims*, New Haven, CT: Yale University Press, 1983, p. 350.

法的统治必须是有限制的统治，人民的政体必须是法治的政体；对统治的限制是否合理的问题是与如何以及能否实现这种限制的问题分不开的，因而限制权力的手段是制度设计的核心，政治制度提供互动的稳定方式，公民可以通过这些方式提出、讨论和修改建议，因而宪法的主要问题是如何创造和维持人民主权，这种主权能够通过运用实践的、有条件的、规范性的理性来限制自身；人民主权的原则要求宪法政体提供教育的机会以培养公民的智慧和美德，使公民能够正确行使选举的权力，同时能够判断掌权者是否正当行使权力。① 亚历山大·米尔克约翰对美国宪法第一修正案进行研究，他的结论是：美国第一修正案对言论自由予以保护，但这种保护不是绝对的。② 值得一提的是，进入21世纪以来，西方学者的权力监督研究在内容上又有一些新的突破，例如，不同权力阶层的价值观、文化观念和知识结构等个体特征对权力需求乃至权力配置所产生的影响；社会、文化、制度等方面的外部因素作为调节变量对量化权力监督的效能边界所提供的帮助，等等。

综观近现代西方学者的研究成果，其关于公民监督权的观点主要有以下方面：代议制民主的核心问题是确保公民对政府有足够的控制与监督，没有公民监督就没有民主法治；相较于权力间制衡和专门机关监督，公民监督以其独立性和广泛性等特点成为防止权力滥用的可靠保证；公民监督权行使具有法定性和程序性等特点，行使方式有选举、罢免、参与听证、宪法诉讼等方面。这些观点为我们的研究提供参考资料和思想养料。当然，也有一些对民主的辩证思考。例如，德裔意大利学者罗伯特·米歇尔斯（Robert Michels）认为，民主只是一种组织形式，"在本质上倾向于以权威方式解决重要问题"，它有时候会与专制一样"渴望荣誉与权力"，

---

① ［美］斯蒂芬·L.埃尔金、卡罗尔·爱德华·索乌坦：《新宪政论——为美好社会设计政治制度》，周叶谦译，生活·读书·新知三联书店1997年版，第144—167页。
② 亚历山大·米尔克约翰指出：根据第一修正案，对于公民的言论，"不应因为他的观点被认为是虚假的或危险的就禁止他说话。不应因为掌握权力的人认为某个建议是不明智的、不公平的、非美国式的，就不给予这个建议以法律保护。不应因为我们不同意某人的发言，就宣布他是'违规的'人，但是，"第一修正案并不保护没有节制的废话。它并不要求，不论什么场合，每个公民都要参与公共讨论。它甚至不保证每一个人都有机会参与讨论"。参见［美］亚历山大·米尔克约翰《表达自由的法律限度》，侯健译，贵州人民出版社2003年版，第19页。

从而导致民主的堕落。① 美国学者约瑟夫·熊彼得（Joseph Alois Schumpeter）倡导精英民主，在这种民主模式中，选民与政治家之间需要达成相互的信任和自控，政治精英应该理性地看待选民的批判和建议。② 而德国学者维也纳·桑巴特（Wener Sombart）则以美国为例对精英民主模式的公民监督效果提出质疑，在他看来，美国的选举是美国公民监督政府的方式，表面上是政党轮流执政，但实质上是资产阶级政治精英垄断权力；对于民众来说，他们在形式上获得周期性地表达政治诉求的机会，归根到底却是远离权力中心的。③ 这些思考对我们的研究有所启迪，对公民监督权及其行使的制度设计应该全面分析。

2. 中国研究概览

中国古代已经有了权力监督的思想和制度④，但在君主专制的土壤上不可能诞生公民监督权理念。在反对封建专制和建立中华民国的过程中，孙中山提出了"权能分治"主张，他将政权与治权分开：治权由立法权、行政权、司法权、考试权、监察权等构成，它属于国家机关；政权属于人民，政权亦是民权，它是选举权、罢免权、创制权和复决权等四个方面直接民权的综合。可见，孙中山的"权能分治"主张透射出公民监督权的思想光芒。然而，"从形式上看，这样的四权有利于人民，但在私有制社会里，人民是实现不了四权的。再说，'政权就是民权'恐怕在理论上还要深入论证"⑤。

马克思主义的经典作家重视权力监督问题，他们的监督思想是当今中国学者研究、借鉴和发展的对象。马克思（Karl Heinrich Marx）、恩格斯在批判地继承资产阶级学者分权制约思想的基础上，从"一切权力属于人民"出发，谋求现实的权力监督与制约的有效途径和机制，认为人民

---

① 参见［德］罗伯特·米歇尔斯《寡头统治的铁律》，任军锋等译，天津人民出版社2003年版，第326页。
② 参见［美］约瑟夫·熊彼得《资本主义、社会主义和民主》，杨中秋译，电子工业出版社2013年版，第133—136页。
③ 参见［美］维也纳·桑巴特《为什么美国没有社会主义》，赖海榕译，社会科学文献出版社2003年版，第73页。
④ 有学者在对中国古代监督制度进行考察时发现："从西周时起就开始了权力监督问题的理论探讨，也是从这个时候开始有了权力监督的制度建设的尝试，随着朝代的更换与交替，这一制度在不断充实与发展，逐渐完善。"孙季萍：《中国古代的权力监督制度》，《东岳论丛》2001年第4期。
⑤ 李龙：《宪法基础理论》，武汉大学出版社1999年版，第47页。

掌握监督权是预防和制止权力腐败的重要保障，选民可以随时撤换和罢免官吏的人民政权形式——巴黎公社是"伟大的创举"①。中国学者对马克思恩格斯的权力监督思想在整体上持肯定态度，但也有学者指出了其可能存在的局限：对三权分立的运行现实评价可能不中肯，过高估计了人民监督的能力和共产党人的优秀性；对巴黎公社的总结没有与实践深入结合，因而其具体监督对策和措施的普适性可能存疑，这些具体对策和措施是否每一条对于任何一个社会主义国家都可以奉行"拿来主义"还值得商榷。② 毛泽东加工和深化、继承和发展了马克思恩格斯的权力监督思想，指出只有"人民监督政府"才能避免"其兴也勃焉、其亡也忽焉"这一历史周期律的支配。③ 邓小平从权力运行的特点和规律出发，认为有效的制约和监督离不开科学的制度安排，而中国监督制度的设计必须立足于中国的国情，要有中国特色。④ 习近平立足于实现中国梦的伟大目标，提出不仅要把权力关进制度的笼子里，而且要全方位、全过程地监督制约国家权力，要重视各种监督形式的相互配合和监督力量的相互结合，形成反对腐败的整体合力。⑤

我国学者在研究马克思主义经典作家关于权力监督思想的同时，也就公民监督及其权利提出了自己的看法和见解。虽然有关公民监督权的理论体系未臻成熟，但已经取得可喜成就。

从论著看，没有公民监督权行使的专著，但已经有一些相关研究著作，例如，侯建在《舆论监督与名誉权问题研究》一书中讨论了舆论监督与名誉权及其冲突、与政府官员和政府机构的名誉权之关系等问题，并

---

① 恩格斯为《法兰西内战》单行本写导言时强调："为了防止国家和国家机关由社会公仆变成社会主人……公社采取了两个可靠的办法。第一，它把行政、司法和国民教育的一切职位交给由普选选出的人担任，而且规定选举者可以随时撤换被选举者……"在《法兰西内战》中，马克思写道："彻底清除了国家等级制，以随时可以罢免的勤务员来代替骑在人民头上作威作福的老爷们，以真正的责任制来代替虚伪的责任制，因为这些勤务员总是在公众监督下进行工作的。"《马克思恩格斯选集》第 3 卷，人民出版社 1995 年版，第 12—13 页、96 页。
② 参见周师《现状与图景：国内马克思主义权力观研究》，《科学社会主义》2016 年第 2 期。
③ 黄炎培：《只有让人民监督政府，政府才不敢松懈——1945 年 7 月毛泽东与我的一次谈话》，《同舟共济》2000 年第 7 期。
④ 参见田恒国《邓小平权力制约思想》，《党史教学与研究》2014 年第 6 期。
⑤ 参见陈国权《权力制约监督论》，浙江大学出版社 2013 年版，第 84—89 页。

提出了相应的立法建议；① 周甲禄在《舆论监督权论》一书中讨论舆论监督权属于什么性质的权利、舆论监督权在宪政制度中居于什么地位、有什么作用、舆论监督权与公民个人权利或者国家公共权力发生冲突时怎样平衡等问题；② 李凤军在《论人大的监督权》一书中讨论了对人大和人大常委会的监督权、我国人大监督权运行机制、我国人大监督权的运行现状和存在的不足、对人大监督权的完善途径等问题。③

  我国目前没有公民监督权行使的专著，但已有诸多学术论文。有些论文对一般意义上的公民监督权的概念、意义、行使机制等问题进行探讨，如程竹汝的《完善和创新公民监督权行使的条件和机制》④、王月明的《公民监督权体系及其价值实现》⑤、郭道晖的《公民的监督权与政府的克制义务》⑥、章瑛的《公民监督权：法律视域下的公民参与》⑦、秦小建的《公民监督权的功能及制度实践》⑧ 等。在这些成果中，尤其值得一提的是著名法学家郭道晖的《公民的监督权与政府的克制义务》一文，该文针对现实中出现的公民行使批评揭露政府及其官员而被非法问罪的问题进行探讨，认为"政府及其官员在事关其公务行为上无权提起名誉权诉讼"⑨。该文的观点有重要的理论与实践价值。此外，有些论文结合新媒体的发展现状讨论公民监督权行使问题，这方面有关网络监督的成果诸多，这些成果在肯定网络监督在反腐倡廉方面的积极效应的同时，也分析了它所具有的缺陷和局限，并认为应该加强对它的法律规制。⑩ 还有一些论文是对公民监督权构成部分进行专门讨论形成的理论成果，这些讨论涉

---

① 侯建：《舆论监督与名誉权问题研究》，北京大学出版社2002年版。
② 周甲禄：《舆论监督权论》，山东人民出版社2006年版。
③ 李凤军：《论人大的监督权》，中国政法大学出版社2015年版。
④ 程竹汝：《完善和创新公民监督权行使的条件和机制》，《政治与法律》2007年第3期。
⑤ 王月明：《公民监督权体系及其价值实现》，《华东政法大学学报》2010年第3期。
⑥ 郭道晖：《公民的监督权与政府的克制义务》，《广州大学学报》2011年第3期。
⑦ 章瑛：《公民监督权：法律视域下的公民参与》，《检察风云》2014年第20期。
⑧ 秦小建：《公民监督权的功能及制度实践》，《学习时报》2017年2月15日。
⑨ 郭道晖：《公民的监督权与政府的克制义务》，《广州大学学报》2011年第3期。
⑩ 参见马海波《微博反腐与公民监督权的实施》（载《学理论》2012年第36期）、蒋德海《河南"禁传视频"规定侵犯公民监督权》（载《人民政协报》2013年8月12日）、易益典《公民网络反腐的行动逻辑与我国公民监督权的发展》（载《湖南师范大学社会科学学报》2014年第6期）、黄晟《论互联网公民监督权的法律规制》（载《太原师范学院学报》2015年第3期）等。

及公民的批评权、建议权、控告权、信访权等①，其中以关于信访权的研究成果最多，内容涉及信访的概念和功能、信访的方式和途径、信访权的宪法定位与权利属性、信访制度的完善等。这些成果表明，虽然对信访是否能够作为公民的一项权利的问题存在争论②，但信访作为公民监督权行使的有效途径已经获得各界认同。

综观我国学界观点，在公民监督及其行使方面形成了一些共识：公民监督权是由一系列宪法中同质化的基本权利构成的权利体系，它是人民主权的宪法制度和正义、人权等宪法精神的体现，也是法治社会的重要保障；当前我国公民监督权行使中的问题主要集中在与公权力的冲突中，强化公民监督权需要完善法律制度以及合理运用监督方式。公民对政府的批判、建议、举报、信访是公民监督权的基本形式，互联网的出现为公民监督权行使提供了更为有效的路径，网络监督权的法律规制成为全面推进依法治国的新课题之一。这些研究对我国公民监督权行使的制度建设有重要价值，但也存在诸多不足。首先，对权力监督的研究成果丰硕，而对公民监督权的研究成果有待丰富；其次，对公民监督权的概念、方式、必要性研究较为深入，而对公民监督权行使限度的研究尚显不足；再次，侧重公民监督权及其行使某一方面的微观研究的论文较多，而系统地研究公民监督权行使的研究论著还是空白。公民监督权行使的国内研究状况表明，对公民监督权行使进行系统的、宏观的研究，科学定位公民监督权，为公民监督权的正确行使提供指引，具有可行性和必要性。

三 研究内容

本书具有丰富的内容，在导论之后由五章构成。

---

① 代表性成果有任喜荣的《作为"新兴"权利的信访权》（载《法商研究》2011年第4期）、蔡宝刚等的《认真对待公民举报权的法理言说》（载《求是学刊》2014年第5期）、陈堂发的《党的十八届四中全会〈决定〉对强化媒体批评权的意义——基于从媒体被诉侵权的司法制度完善角度》（载《中国出版》2015年第18期）等。
② 有学者尽管认为信访不是公民的一项权利，但肯定它是公民监督的一种方式，指出："信访权利论的立论依据是不成立的，因而其关于信访权权属性质的主张也是不成立的。信访权利论还面临着信访权客体无法确定、无法处理与相邻权利的关系、不能救济的理论困境和谋利型上访所带来的实践困境。因此，信访并非一种权利，而只是监督权的实现方式。"张立刚：《"信访权"辨伪》，《山东警察学院学报》2017年第1期。

第一章阐述公民监督权及其法理依据，具体内容由三个方面构成。（1）公民监督权的概念诠释。在厘定监督、公民监督、权利、公民权利等内涵的基础上，对公民监督权作出界定，公民个人依法享有通过一定方式监督国家机关及其工作人员的法律行为和道德行为的权利，这一权利由资格、利益、自由、主张、正当等五个要素构成。（2）公民监督权的权利属性。公民监督权是公民的宪法权利，这是相对于民事权利、刑事权利等权利形态而言的，现代国家的宪法大都对公民监督权作出规定；公民监督权是公民的基本权利，这是相对于公民的普通权利而言的，从公民监督权中派生出其他权利，如知情权、表达权、诉愿权、信访权等；公民监督权是公民的政治权利，这是相对于公民的经济权利、文化权利和社会权利而言的，公民监督权根植于民主政治之中，具有鲜明的政治功能。（3）公民监督权的法理依据。首先，公民监督权是人民主权的具体体现。人民主权思想为公民监督权的产生和制度建设提供依据和指南，既然主权在民，人民赋予政府以权力，那么政府的行为必须符合人民的意志，政府用权必须受到人民的监督。其次，公民监督权是权力制约的客观要求。偏好权力的人性特点和膨胀扩张的权力特征，决定了制约权力的必要性，而制约权力不仅需要实行分权，而且需要公民监督，需要保障公民监督权。再次，公民监督权是依法治国的基本诉求。公民行使监督权是依法治国的践行方式，有利于推进依法治国。最后，公民监督权是人权保障的题中之义。公民监督权既是一项基本人权，也是实现人权的必要条件。

第二章阐述公民监督权行使限度的设立依据和设立原则，具体内容由两个方面构成。（1）公民监督权行使限度的设立依据。为公民监督权行使设立一定的限度，不仅具有充分的理论依据，而且具有充足的现实理由。就理论依据而言，主要有权利限制理论、人性预设理论、"伤害原则"理论、权利义务相一致理论等；就现实理由而言，主要在于公民监督权不当行使的现象较为严重。（2）公民监督权行使限度的设立原则。一是公共利益原则。公共利益为公民的生存和发展所必需，公民监督权的行使不得侵害公共利益，对侵害公共利益的公民监督权行为予以限制是正当的。二是法律保留原则。当国家权力对公民监督权行使进行限制时，必须以法律的明文规定为依据，否则这种限制就缺乏正当性。三是最小限制原则。这一原则具体由适当性原则、必要性原则和比例原则三个分支原则构成，总体要求是：对公民监督权行使进行限制时，应当选择达到限制目的所要求的最小范围、最低限度、最小代价的限制手段。四是程序正当原则。国家和政府在对公民监督权作出限制时，不仅应当经过严格的程序，并且在程序中应注意避免偏私、公民参与和程序公开，从而确保程序的正当性。

第三章阐述公民监督权的行使限度与滥用禁止，具体内容由两个方面构成。（1）公民监督权的行使限度，主要有三个。一是社会秩序。公民监督权行使以不破坏社会秩序为前提，社会秩序是公民监督权行使的限度之一。二是公职人员人格尊严。公职人员与普通人一样享有人格受到尊重的权利，公民行使监督权不得损害公职人员人格尊严。三是法律规范。公民监督权行使受到法律的限制和约束，不得违反法律的规定、原则和精神。（2）公民监督权的滥用禁止。公民监督权滥用是公民违反法律规定行使监督权、具有社会危害性的行为，这种行为为法律所禁止。我国与绝大多数国家一样，不仅通过法律确认公民监督权滥用禁止原则，而且在法律中设置了公民监督权滥用的法律责任。

第四章阐述公民监督权行使的不当限制及其消解。（1）公民监督权行使的不当限制。违反公民监督权行使限度设置的原则而对公民监督权进行限制，是不当限制。这种不当限制在实践中较为普遍，归结起来主要有以下三种情形：基于公职人员隐私权而形成的不当限制，基于法律机制不完善而形成的不当限制，基于官员认识偏差而形成的不当限制。（2）我国公民监督权行使不当限制的消解。在我国，对公民监督权行使的不当限制阻碍民主政治的健康发展，阻碍依法治国的全面推进，因而必须采取相应的措施予以消解，具体而言可以从三个方面共同发力。一是公职人员隐私权克减。为了公共利益的需要，公职人员有义务容忍其个人基本信息、亲属状况、道德操守状况、家庭财产及住房情况、工作表现和业绩等方面的隐私被披露出来。二是以法律宽容主义促进法律运行机制的完善。宽容与自由、人权等概念是紧密相连的，在一定意义上可以说宽容是自由和人权的前提或必要条件。鉴于当前因公民监督法律运行机制的不完善而造成对公民监督权的各种不当限制，应当适时地将法律宽容主义引入立法、司法和执法领域中，完善法律运行机制，为公民监督权行使提供良好的法治环境。三是提高公职人员的法治思维能力和水平。法治思维是一种受法律规范和程序约束、指引的思维方式，其内容主要有合法用权思维、公平正义思维、权责一致思维、服从监督思维等。法治思维能力和水平的高低决定了公职人员行为方式选取的高明程度，提高公职人员在公民监督工作中的法治思维能力和水平可以从以下方面入手：加强法治理念的教育培训；将依法应对公民监督的情况纳入地方法治评估体系中；将依法保障公民监督权作为公职人员考核的指标。

第五章阐述我国公民监督权法律保障之完善，具体内容由四个方面构成。(1) 借鉴发达国家和地区公民监督权法律保障之经验。发达国家和地区保障公民监督权的典型法律制度，如英国公民宪章事务处制度、美国公民知情权保障制度、日本苦情处理制度、韩国民愿委员会制度、中国香港太平绅士制度等，对推进我国公民监督的法治建设具有一定的参考价值。首先，发达国家和地区大都有严密的法律制度保障公民监督权的行使；其次，发达国家和地区大都建立了较为完备的处理公民监督问题的工作机制，不仅上下级隶属关系明晰，同时内部分工明确，这样可以有效防止出现互相推诿的情形；再次，发达国家和地区大都建立了专门的投诉处理机构。(2) 夯实公民监督权行使的法律基础。一方面，制定《监督法》将公民监督权行使纳入其规定中，具体内容由以下方面构成：公民监督的主体、公民监督的对象、公民监督的内容、公民监督的程序、侵权责任、法律救济等。另一方面，消除普通法律规定与宪法规定之间的矛盾，其具体举措有推进科学立法、推进民主立法、建立违宪审查制度等。(3) 在公民监督领域实行人性化执法。要求执法者做到两个方面：一是认真对待公民诉求，二是慎用法律制裁，特别是刑事制裁。(4) 公民监督权受侵害的法律救济。追究侵害公民监督权行为的法律责任与补救受侵害的公民监督权利是公民监督权受侵害之法律救济的两种基本方式，前者包括刑事责任、民事责任和行政责任，后者主要包括重新办理、赔礼道歉、补偿或赔偿等。

四　研究思路和研究方法

关于研究方法的重要性，毛泽东曾进行过生动说明："我们不仅要提出任务，而且要解决完成任务的方法问题。我们的任务是过河，但是没有桥或没有船就不能过。不解决桥和船的问题，过河就是一句空话。不解决方法问题，任务也只是瞎说一顿。"① 研究公民监督权行使问题，必须秉持正确的研究思路，采用科学的研究方法。

在研究思路上，本书在吸纳现有研究成果的基础上，从两个方面对公民监督权研究加以拓展：一是从整体上系统地探讨公民监督权行使的限度问题；二是密切基础理论与制度构建的关系以回应当今的现实变革。笔者

---

① 《毛泽东选集》第1卷，人民出版社1991年版，第139页。

以马克思主义法学理论为指导，借鉴现有研究成果，沿着宏观到微观、抽象到具体的思路，以公民监督权的宪法规定为基点，以公民监督权的法理为依据，以切实发挥公民监督权功能为目标，围绕公民监督权的行使限度及其合理界定这一主线，审视公民监督权行使的现状与存在的问题，探寻完善公民监督权法律保障的对策。

在研究方法上，本书研究以唯物辩证法为总的方法论，同时综合运用如下方法：一是概念分析法，该方法用以诠释相关概念，包括监督、法律监督、公民监督、权利、公民监督权等，揭示这些概念的内涵和外延；二是比较研究法，该方法用以分析公民监督权的相关理论、国内外有关的相关立法和不同的法律措施；三是价值分析法，该方法用以对公民监督权行使限度设置的依据、原则、内容、责任等进行价值判断；四是实证分析法，该方法用以分析总结有关公民监督权行使的案例和数据。

第一章 公民监督权及其法理依据

随着我国民主法治建设的向前推进，公民监督作为制约权力的有效方式，不仅受到社会各界的重视，而且被党和政府反复强调[①]。对权力进行监督是我国宪法赋予公民的一项基本政治权利，这项基本政治权利是政治文明发展的产物，对保障权力良性运行、防范权力异化和专横、建立廉洁高效法治政府、推进民主法治具有重要作用。公民监督权具有充足的法理依据，它是人民主权的具体体现，是权力制约的客观要求，是依法治国的践行方式，是人权保障的题中之义。

一 公民监督权的概念诠释

有学者对我国公民监督权研究现状做出这样的评析：从宪法规范维度对公民监督权进行研究的热度和深度不如同属政治权利的表达自由，造成

---

① 在党和政府的文件中，"公民的民主监督权利""人民监督""让人民监督权力"等概念蕴含着公民监督之含义。例如，2012年，国务院新闻办公室发布的《国家人权行动计划（2012—2015年）》强调："不断完善监督体系，加强对权力运行的制约和监督，切实保障公民的民主监督权利。"国务院新闻办公室：《国家人权行动计划（2012—2015年）》，《人民日报》2012年6月12日。2013年，习近平在第十八届中央纪律检查委员会第二次会议上讲话时，要求各级领导干部牢记："任何人都没有法律之外的绝对权力，任何人都行使权力都必须为人民服务、对人民负责并自觉接受人民监督。"习近平：《把权力关进制度的笼子里》，载《习近平谈治国理政》，外文出版社有限责任公司2014年版，第388页。2017年，习近平在党的十九大报告中强调："要加强对权力运行的制约和监督，让人民监督权力，让权力在阳光下运行，把权力关进制度的笼子里。"习近平：《决胜全面建成小康社会 夺取新时代中国特色社会主义伟大胜利——在中国共产党第十九次全国代表大会上的报告》，《人民日报》2017年10月28日。

这种研究状况的一个重要原因是对公民监督权存在认知模糊。① 在笔者看来，消除公民监督权上的认知模糊，首先要诠释公民监督权概念。从逻辑学上说，概念是知识之网的网上纽结，也是理性认识的起点，因此对公民监督权行使的研究必须从公民监督权的概念分析②开始。公民监督权是公民享有的监督国家权力运行的权利，因而对公民监督权的概念诠释就必须从监督这个属概念开始。

（一）监督

"种差+属"是明确概念内涵的基本方法，这一方法的逻辑思维过程是：先确定被定义概念所隶属的类，以表明它与同类事物所具有的共同特征，然后指出被定义概念指称的对象，以表明被定义概念与其他同类事物的差别。运用这一方法对公民监督进行分析，可以发现其属概念是监督。因此，明确公民监督这一概念，首先要对监督作出解释。

在中国历史中，"监"与"督"有时候是分开使用的。《说文解字》的解释是："监，临下也"；"督，察也"。③ 不论是"监"还是"督"，都具有多方面的含义。依据《汉语大字典》（袖珍本）的归纳，"监"字在五个层面上使用，即古代特指太子或近亲大臣代掌朝政、掌管或主管、监视督察、统领或率领、监禁关押；"督"字则被赋予四个方面的含义，即料理或整理、责罚、督促或监视、视察。"监"与"督"连在一起作为一个概念，在我国历史上肇始于东汉时期。对此，有学者进行了如下考证："作为一个双音词'监督'来使用，最早见于东汉。《周礼·地官·乡师》有云：'大丧用役，则帅其民而至，遂治之。'郑玄注：'治谓监督其事。'……因郑玄为东汉人，生于公元127年，卒于200年。"④

监督的最基本含义是监视、察看并督促，它是主体的一种自觉活动，是主体基于一定的目的、为实现一定的目标而进行的活动。恩格斯的下列观点也适用于监督活动：在社会历史领域内，"任何事情的发生都不是没

---

① 秦小建：《论公民监督权的规范建构》，《政治与法律》2016年第5期。
② 所谓概念分析，是指"运用逻辑方法以图澄清概念或观念的意义的活动，它力图发现组成一个概念的要素和这些要素是怎样相互联系的，它也陈述某些概念之间的关系以及某些给定概念之运用的充分必要的条件"（参见[英]尼古拉斯·布宁《西方哲学英汉对照辞典》，转引自邱昭继《法学研究中的概念分析方法》，《法律科学》2008年第6期）。
③ 《说文解字》，中华书局1963年版，第72页、170页。
④ 曹呈宏：《"监督"考》，《华东政法大学学报》2008年第5期。

有自觉的意图，没有预期的目的的"[1]。由于学者们对监督目的以及对监督主体的看法不同，因而对监督的理解和界定也具有差异性。[2] 在归纳总结和借鉴他人观点的基础上，笔者将监督定义为：社会主体为了维护公共利益或个人利益，依法行使权利或权力，对国家机关及其公职人员的行为进行了解、察看、评议和督促的活动。

（二）公民监督

监督是一个由多方面构成的有机体系，根据不同的标准可以划分不同的子系统。例如，根据监督的来源，可以分为内部监督和外部监督（也可称为系统内的监督和系统外的监督）；根据监督的实施阶段，可以分为事前监督、日常监督和事后监督；根据监督的实施主体，可分为国家机关监督、社会团体监督和公民监督。可见，公民监督是从主体角度对监督系统进行划分而析出的子系统，它有广义和狭义之分：在广义上，公民监督是指公民个人依法对各种法律行为的合法性所进行的监督活动；在狭义上，公民监督是公民个人对国家机关及其公职人员行使公共权力的活动是否具有合法性所进行的监督。本书中的法律监督是狭义上的。

与国家机关监督、社会团体监督等其他社会主体的监督一样，公民监督是一种法律监督，因而具有如下特征：首先是法律性，即公民监督作为一种法律监督，必须依据法律规定进行，虽然政策、纪律和道德对监督活动具有一定的约束性，但主要依据是法律规定；其次是程序性，即公民监督作为一种法律监督依据，必须按照一定的程序进行，公民监督的程序应该是具体的、明确的、详细的、强制的；最后是价值性，即公民监督作为一种法律监督，具有极为重要的价值功能，公民监督有利于促进国家权力的合法运行，保障国家权力围绕人民利益而运行。

---

[1] 《马克思恩格斯选集》第4卷，人民出版社1995年版，第247页。
[2] 例如，有学者将监督理解为"人们为了达到政治、经济、军事、司法方面的某种目的，仰仗一定的权力，对社会公共治理中若干事务的内部分工约束或外部民主性参与控制等途径，针对公共权力的资源、主体权责、运作效能等而相对独立地开展的检查、审核、评议、督促活动"（尤光付：《中外监督制度比较》，商务印书馆2003年版，第1页）。这一观点将监督仅仅看作一种权力活动，忽视了它也是一种公民的权利活动。也有学者将监督界定为"为维护公共利益，法定监督主体依法对国家机关及其公职人员行使公共权力的行为实施检查、督导和惩戒的活动"（林松、童玉麟：《企业项目监督浅谈》，《全国流通经济》2017年第10期）。这一观点将监督的目的限于公共利益，忽视了监督的目的也可能为了实现个人利益。

公民监督具有不同于国家机关监督、社会团体监督的特征。依照学界的通论，国家机关监督是国家机关及其公职人员依照法定的职权和法定的程序对各种法律行为的合法性进行的监督；社会团体监督是国家机关以外的其他各类社会组织在法律范围内采用各种各样的方式对各种法律活动是否合法所进行的监督。与国家监督相比，公民监督不具有国家性，不具有法律强制性的后果；与社会监督相比，公民监督不具有强大的社会力量，缺乏组织性和系统性。但是，公民监督的涵盖极广：一方面，公民监督的主体人数众多，具有一国国籍的、具有政治权利能力的自然人，除了被剥夺政治权利和智力不健全的少数人，都可以成为公民监督的主体；另一方面，公民监督的范围广泛，国家机关及其公职人员在经济、政治、文化、社会生活等各领域的行为都可以纳入公民监督的范围内。

在法律监督体系中，公民监督处于基础地位。公民监督能在很大程度上引起国家机关的重视和社会组织的关注，从而可以推动强制性监督手段的运行。事实上，诸多国家机关的监督和社会组织的监督是在公民监督的基础上启动的。例如，作为国家监督组成部分的法院监督，遵循"不告不理"原则，只有在纠纷业已存在并有当事人愿意将纠纷提交司法机关裁判的情况下，才能启动。这是因司法权的被动性所决定的。关于这一点，中外学者都进行过理论研究和说明。[1] 作为社会监督组成部分的消费者协会的监督，大都以消费者监督为起点，消费者协会的调查、监督源于消费者自身的投诉、举报，消费者协会在收到消费者反映的情况以及提出的诉求后通过查询信息、现场调查、委托鉴定等方式进行核查，对查实的损害消费者合法权益的行为予以公开披露或支持消费者提起维权之诉。[2]

---

[1] 例如，我国学者付子堂主编的著作《法理学初阶》指出：司法权具有被动性，"以'不告不理'为行动准则，在诉讼程序的启动上，法官是不能主动审理任何案件的"（参付子堂：《法理学初阶》，法律出版社2005年版，第332页）。西方学者托克维尔在《论美国的民主》一书中写道："从性质上来说，司法权自身不是主动的。要想使它行动，就得推动它。向它告发一个犯罪案件，它就惩罚犯罪的人；请它纠正一个非法行为，它就加以纠正；让它审查一项法案，它就予以解释。但是，它不能自己去追捕罪犯、调查非法行为和纠察事实。"[法] 托克维尔：《论美国的民主》（上卷），董果良译，商务印书馆1993年版，第110页。

[2] 《消费者权益保护法》第37条规定："消费者协会履行下列公益性职责：（一）向消费者提供消费信息和咨询服务，提高消费者维护自身合法权益的能力，引导文明、健康、节约资源和保护环境的消费方式；（二）参与制定有关消费者权益的法律、法规、规章和强制性标准；（三）参与有关行政部门对商品和服务的监督、检查；（四）就有关消费者合法权益的问题，向有关部门反映、查询、提出建议；（五）受理消费者的投诉，

离开消费者监督，消费者协会的这些监督就成为无源之水、无本之木。

公民监督并不是随着监督的产生而产生的，虽然古代社会已经产生了监督这种法律活动，但公民监督则是人类社会发展到一定历史阶段的产物。众所周知，古代社会的生产力发展水平极其低下，实行自给自足的小农经济，因而民众抵御自然灾害和社会祸患的能力十分有限，他们低下的经济地位和弱小的经济实力决定了"他们不能代表自己，一定要别人来代表他们……从上面赐给他们雨水和阳光"①。在小农经济的基础上建立的是君主专制制度，在这种制度下，"治民"实质上就是"制民"，制服百姓是治理天下的前提。② 民众成为被治理的对象，民众的自主性、独立性被漠视，民众由此成为"草民""子民"而不是"公民"。公民监督的主体不存在，公民监督也就不可能形成。这一点，孙中山一针见血地指出：在中国古代，老百姓对一切国家事务和社会事务都没有发言权，老百姓既然不能对官吏进行监督，则官吏滥用权力侵害老百姓利益、谋取私利。③

作为监督主体的公民，不是哲学意义的人，而是法律意义上的人，即"具有一个国家的国籍、并根据该国法律享有一定权利并承担义务的自然人"④。作为公民的自然人，不仅具有一个国家的国籍，而且具有自由、平等、独立等特质。这个意义上的公民是政治国家与公民社会在生产力逐渐发展的基础上、在市场经济逐步形成过程中逐渐分离的结果。政治国家

并对投诉事项进行调查、调解；（六）投诉事项涉及商品和服务质量问题的，可以委托具备资格的鉴定人鉴定，鉴定人应当告知鉴定意见；（七）就损害消费者合法权益的行为，支持受损害的消费者提起诉讼或者依照本法提起诉讼；（八）对损害消费者合法权益的行为，通过大众传播媒介予以揭露、批评。"《中华人民共和国消费者权益保护法》（1993 年 10 月 31 日第八届全国人民代表大会常务委员会第四次会议通过；2013 年 10 月 25 日第十二届全国人民代表大会常务委员会第五次会议第二次修改），《中国消费者报》2013 年 10 月 28 日。

① 《马克思恩格斯选集》第 1 卷，人民出版社 1995 年版，第 678 页。
② 在《商君书·画策》一书中有这样的观点："能制天下者，必克制其民也。能胜强敌者，必先胜其民也。故胜民之本在制民，若治于金，陶于土也。"参见丁宝兰《〈商君书·画策〉注译》，《中山大学学报》1974 年第 5 期。
③ 孙中山写道："无论为朝廷之事，为国民之事，甚至为地方之事，百姓均无发言或与闻之权；其身为官吏者，操有审判之全权。人民身受冤枉，无所吁诉。且官场一语，等于法律，上下相蒙结结，有利则饱其私囊，有害则各诿其责任……"《孙中山全集》第 1 卷，中华书局 1981 年版，第 50—51 页。
④ 刘复之：《人权大辞典》，武汉大学出版社 1993 年版，第 8 页。

与公民社会的分离使得公民与国家之间形成全新的关系，亦即权利与权力之间的双向制约关系，这种双向制约关系为公民监督提供了基础和前提。一方面，国家机关依照宪法和法律规定运用政治权力对社会事务进行管理，社会成员必须服从这种管理，由此实现社会的稳定和繁荣；另一方面，公民行使宪法和法律规定的政治权利对国家政治活动产生影响，由此形成对国家权力的强有力制约。

（三）公民监督权

在我国，公民监督权概念的形成经历了一个历史过程。[①] 随着我国法治建设的推进，公民监督权日益为人们所关注，研究成果也不断增加，但在公民监督权的概念理解上仍然存在着认知模糊。[②] 笔者在借鉴他人成果的基础上，对公民监督权作出如下界定：公民监督权是作为个体的公民依据宪法和法律的规定所享有的、通过一定的方式对国家机关及其工作人员行使权力的行为进行了解、察看、评议和督促的权利。准确理解这一概念，需要把握以下三个方面。

1. 公民监督权的构成要素

公民监督权是公民的一种权利。所谓权利，是指权利主体为实现某种特定利益而自由地提出诉求、自己为或不为某种行为、或要求他人为或不为某种行为的资格，它由资格、利益、自由、主张、正当等五个要素构成：资格是提出某项权利主张的条件或身份，没有这种条件或身份，一个人就失去提出某项权利主张的凭证；利益是行使权利带来的好处，它是权利的本质，权利不过是人的利益的法律表达方式而已；自由是按照自己的

[①] 对于我国公民监督权概念的形成过程，有学者作出过如下考察："在我国，公民监督权的概念并非从来就有。我国宪法和法律中至今也未明确使用这一概念。新中国成立后，我国学者从批评权、建议权等权利中概括出了公民监督权的概念，其通常见于宪法学教科书。使用公民监督权概念的目的是为了同国外和我国近代以来使用的请愿权等概念相区别，因为新中国成立后历部宪法和法律都未再规定请愿权。"王月明：《公民监督权体系及其价值实现》，《华东政法大学学报》2010年第3期。

[②] 有学者举例了两点对这种认知模糊加以说明："其一，人们常将表达自由与公民监督权混为一谈，想当然地将批评、建议视为公民的言论自由，或是将集会游行示威视为公民监督政府的方式。在某种程度上，言论自由的繁荣正是由于它覆盖了本属于公民监督权范畴的研究领域。其二，人们在主体表达上不区分'人民监督权'与'公民监督权'，无视宪法用语的规范性，也不领会这一主体差异背后迥然不同的宪法逻辑及宪制功能。"秦小建：《论公民监督权的规范建构》，《政治与法律》2016年第5期。

意志支配思想和行为，它是权利的灵魂；主张是权利主体提出的利益诉求；正当是权利主体提出利益诉求的合理性。当权利为具有自由、平等、独立等特质的公民所享有、受到法律保护时，公民权利就应运而生。公民权利是为公民所拥有的、由宪法和法律所保障的权利，具有以下两个方面的基本特征。一方面，公民权利产生的前提条件是公民身份，"公民身份意味着公民权，公民是享有公民权的法律资格概念"①。在专制集权制度下，臣民、子民、草民等只有对国王、对君主的义务，不存在权利问题。无国籍人和外国人可以受到居住国法律一定程度的保护，但不能像本国公民一样全面享有权利。另一方面，公民权利是一个法律术语，是公民利益的法律表达方式，是为宪法和法律所肯定和保护的权利。依据法治的精神，对于公民权利而言，法不禁止即肯定。只要是法律没有禁止的，都是公民可以行使的权利。

与其他权利一样，公民监督权也是由资格、利益、自由、主张、正当等五个要素构成的。（1）资格是自然人成为公民监督权主体的条件。从历史看，在君主专制的社会形态中，人身依附关系使得多数人人身不自由、人格不独立，这样的人不享有政治权利，不具备公民监督权主体资格的；只有推翻君主专制之后，社会关系发生从人身依附到人与人之间平等的转变，以平等、自由的公民这一角色出现的人成为政治关系中权利的享有者，并以公民的名义参与到政治关系中。可见，公民身份是自然人成为公民监督权主体的条件，据此，自然人具有行使公民监督权的资格。（2）利益是公民监督权的本质。这里的利益包括公民个人利益，也包括国家利益、集体利益、社会利益等公共利益，公民监督权与这些利益之间是形式与内容的关系。（3）自由是公民监督权的特质。公民监督权具有不受国家机关、社会组织和其他公民非法干涉、侵犯和剥夺的性质。无自由即无权利，当然也没有公民监督权。（4）主张是公民监督权的外在表征。当公民行使监督权时，往往以诉求、要求等主张的表现形式加以展现，这种诉求、要求需要国家机关、社会组织或其他公民的配合才能实现。（5）正当是公民监督权的价值内核。公民监督权的本质是利益，这种利益必须是正当的、合理的。为防止公民监督权沦为不正当的权利诉求，有必要加强对公民监督权的法律规范。

公民监督权的构成要素表明，它不同于国家机关监督权。所谓国家机

---

① 郭道晖：《何谓 Civil right？对〈公民权利与政治权利国际公约〉标题中译文的商榷》，《博览群书》2006 年第 8 期。

关监督权,是指国家机关依法享有和行使的监督国家机关及其公职人员的资格,它在性质上属于国家权力。如果说公民监督权仅仅是一种主张,它的实现需要相关国家机关的介入,那么国家机关监督权则本身具有国家强制性,它以国家暴力机关为后盾。现代民主国家大都建立了分权制度,国家监督权主要由立法机关、司法机关和行政机关行使,这些国家机关享有和行使的监督权具有不同的权能,并相互配合、相互监督。例如,在美国,三权分立、相互制衡是其整个政府体制的核心所在。我国实行人民代表大会制度,国家机关组织和活动的议行合一原则和民主集中原则使得人民代表大会监督权成为国家监督权的核心,其他国家机关依据法定的职权和程序行使监督权,并接受人民代表大会的监督。这一点在我国宪法中有明确规定。① 我国国家监督权的制度设计符合国情,但需要进一步发展和完善。早在10多年前,就有学者建议:"国家权力的配置,特别是监督权的设置与行使的现状不够理想,应该作以调整和完善。人民检察院只宜定位为国家公诉机关,独立行使检察权;人大应在现有基础上将监督权行使范围扩大,可设立法律监督委员会作为行使监督权的职能机关。"②

公民监督权也不同于社会组织监督权。所谓社会组织监督权,是指社会组织依法享有和行使的监督国家机关及其公职人员的资格,它兼具社会权力和社会权利的性质。当社会组织监督权的客体是本组织成员行为的合法性时,它作为一种社会权力而存在;当社会组织监督权的客体是国家机关及其工作人员行为的合法性时,它作为一种社会权利而存在。这一点可

---

① 我国现行《宪法》规定:"国家行政机关、审判机关、检察机关都由人民代表大会产生,对它负责,受它监督"(第5条第3款);"国务院设立审计机关,对国务院各部门和地方各级政府的财政收支,对国家的财政金融机构和企业事业组织的财务收支,进行审计监督。审计机关在国务院总理领导下,依照法律规定独立行使审计监督权……"(第91条);"县级以上的地方各级人民政府设立审计机关。地方各级审计机关依照法律规定独立行使审计监督权,对本级人民政府和上一级审计机关负责"(第109条);"中华人民共和国人民法院是国家的审判机关"(第123条);"最高人民法院监督地方各级人民法院和专门人民法院的审判工作,上级人民法院监督下级人民法院的审判工作"(第127条);"中华人民共和国人民检察院是国家的法律监督机关"(第129条);"人民法院、人民检察院和公安机关办理刑事案件,应当分工负责,互相配合,互相制约,以保证准确有效地执行法律"(第135条)。《中华人民共和国宪法》,《人民日报》2004年3月16日。

② 徐静村:《论国家权力中监督权的设置与行使》,《甘肃社会科学》2004年第6期。

以从我国现行《工会法》第9条第4款对工会监督权的规定中得到证明。① 这一条款中"有权"的"权"是指有权力而不是权利，也就是说，"撤换或者罢免其所选举的代表或者工会委员会组成人员"是工会行使监督权力的方式之一。与此同时，我国现行《工会法》第6条第3款、第9条第3款规定了工会及其职工的民主权利，规定工会享有和行使权力的行为受会员代表大会的监督。② 不管社会组织监督权以权力的形式存在还是以权利的形式存在，其主体都是拥有社会资源的社会组织。

这里需要强调两点。第一，执政党监督属于社会组织监督，并且因其居于执政地位而在法律监督体系中居于十分重要的地位。在中国，共产党的监督有对党外的监督和对党内的监督两个方面。对党外的监督是中国共产党通过行使执政权和领导权，通过政治领导、思想领导和组织领导等方式，督促所有国家机关、民主党派和其他社会组织以及企事业单位依照依法办事。对党内的监督是中国共产党通过其纪律检查机关和党的组织系统对其组织机构和成员活动的合法性所进行的监督，其重点是党的各级领导机关和领导干部遵守宪法、法律、法规以及坚持依法执政、依法行政等方面的情况。第二，独立于政府体系之外具有一定公共职能的非政府组织的监督功能越来越受到重视。非政府组织具有组织性、协调性、号召性等特征，相比于公民个人，它具有更强大的力量，因而对国家机关及其公职人员权力行为的监督更加有效。

2. 公民监督权的行使方式

公民监督权为公民实际享有，不仅是一个法律规定问题，也是一个实际操作问题，即公民必须采取一定的方法、运用一定的形式去行使监督权。这些方法和形式就是公民监督权的行使方式。由于公民监督权为公民所实际享有、成为公民的实在权利，则意味着公民监督成为现实，因而可以说公民监督的方式也就是公民监督权的行使方式。我国现行《宪法》第41条规定既指出了我国公民监督权由批评权、建议权、申诉权、控告权、检举权等方面构成，也表明我国公民监督权的行使方式主要有批评、

---

① 我国现行《工会法》第9条第4款规定："工会会员大会或者会员代表大会有权撤换或者罢免其所选举的代表或者工会委员会组成人员。"《中华人民共和国工会法》，《新法规月刊》2002年第1期。

② 我国现行《工会法》第6条第3款、第9条第3款的规定分别是："工会依照法律规定通过职工代表大会或者其他形式，组织职工参与本单位的民主决策、民主管理和民主监督"；"各级工会委员会向同级会员大会或者会员代表大会负责并报告工作，接受其监督"。

建议、申诉、控告、检举等。

第一，批评。批评的一般含义是对缺点和错误提出意见，含有指责、责备之意，批评可以发生在公民与公民之间，也可以发生在社会组织的上下级之间，还可以发生在公民与社会组织之间。作为公民监督权行使方式的批评是宪法规定的公民基本权利，公民有权指责国家机关及其工作人员的违纪违法行为或缺点错误。公民对国家机关及其工作人员的批评是民主政治的要求和体现。① 由于批评不仅指出了违纪违法行为或缺点错误，而且带有指责、责备之意，因而可以敦促国家机关及其工作人员警醒和反思，纠正违法违纪行为，改正缺点错误。所以，与建议权相比，批评权能够更好地发挥权力监督效应，公民对政府工作的批判"更能引起政府及有关职能部门的重视，一些问题也更能得到有效的解决"②。

第二，建议。建议的一般含义是人们就某项工作、某个问题或某个事项提出自己的主张或意见。与批评一样，它可以发生在公民与公民之间、社会组织的上下级之间以及公民与社会组织之间。作为公民监督权行使方式的建议是宪法规定的公民基本权利，公民有权就国家机关及其工作人员的工作提出自己的主张或意见。与批评的指责、责备之含意不同，建议具有建设性，它指明了改革或完善的方向，因而有利于提高国家机关及其工作人员的治理能力和治理水平，促使国家机关及其工作人员的工作朝着积极的、良好的方面发展。所以，我国《宪法》将听取公民建议规定为国家机关的义务。③

第三，申诉。申诉是公民对所受到的处理结果不服而请求重新处理。与批评和建议不同，它仅仅发生在公民与社会组织之间，这里的社会组织包括国家机关、企事业单位和其他社会团体。申诉是宪法规定的公民基本权利，当公民认为国家机关及其工作人员的违法失职行为损害了自己合法

---

① 关于这一点，有学者进行过如下阐释："任何一个批评政府及其官员的人都是在行使自己的权利，这一权利源于他作为其中一分子的全体人民'当家做主'的权力。在现代国家里，在大多数情况下，公民由于人数太多而不能亲自行使权力，不得不把权力委托给通过选举产生的政府机构及其官员。这种监督和批评是公民为了制约所委托的权力的一种必要措施。"侯健：《诽谤罪、批评权与宪法的民主之约》，《法制与社会发展》2011年第4期。

② 卢鸿福：《人大代表要敢用批评权》，《检察日报》2012年10月15日。

③ 我国现行《宪法》第27条第2款指出："一切国家机关和国家工作人员必须依靠人民的支持，经常保持同人民的密切联系，倾听人民的意见和建议，接受人民的监督，努力为人民服务。"《中华人民共和国宪法》，《人民日报》2004年3月16日。

权益时有权向有关部门陈述理由、请求重新处理。从我国目前的情况看，不仅申诉无处不在，而且出现了行政申诉与诉讼意义上的申诉两种分野：① 行政申诉是公民针对行政管理机关的行政处罚以及所在单位的行政处分所提出的；② 而诉讼意义上的申诉则是公民针对人民法院已经发生法律效力的判决或裁定所提出的。③ 申诉既是公民权利的救济方式，也是公民监督权的行使方式，有利于防止和纠正国家机关及其工作人员的违法失职行为。因此，《行政复议法》第1条④开宗明义，将公民监督行政权行使作为其立法目的之一。

第四，控告。控告的一般含义是指控和告发，有纪律意义上的控告和法律意义上的控告之分。纪律意义上的控告是指社会组织的成员认为本组织的内部机构和领导干部的违法违纪行为损害了自己的权益而向该组织有关机关提出指控，并要求追究其相应的纪律责任。法律意义上的控告是指公民认为国家机关及其工作人员的违法失职行为侵害了自己的合法权益而向有关国家机关提出指控，要求追究其相应的法律责任。依据我国法律规定，接受公民控告的机关可以是人民法院、人民检察院，也可以是上一级行政机关。例如，依据《刑事诉讼法》第2条的规定，公民认为行政机关及其工作人员的行政行为侵害其合法权益时有权向人民法院提起控告。控告是公民监督权的重要行使方式，既具有维权的功能，也具有监督的效

---

① 彭君、王小红：《作为基本权利的申诉权及其完善》，《法律适用》2013年第11期。
② 公民认为国家行政机关的行政行为侵犯了自己的合法权益，可以向上一级行政机关或同级县人民政府提出复议申请，要求对原具体行政行为是否合法和适当重新审查并作出裁决。我国《行政复议法》对行政复议范围、申请、受理、决定和法律责任作出了明确规定。参见《中华人民共和国行政复议法》，《新法规刊》1999年第6期。
③ 我国现行《刑事诉讼法》第115条规定："当事人和辩护人、诉讼代理人、利害关系人对于司法机关及其工作人员有下列行为之一的，有权向该机关申诉或者控告：（一）采取强制措施法定期限届满，不予以释放、解除或者变更的；（二）应当退还取保候审保证金不退还的；（三）对与案件无关的财物采取查封、扣押、冻结措施的；（四）应当解除查封、扣押、冻结不解除的；（五）贪污、挪用、私分、调换、违反规定使用查封、扣押、冻结的财物。受理申诉或者控告的机关应当及时处理。对处理不服的，可以向同级人民检察院申诉；人民检察院直接受理的案件，可以向上一级人民检察院申诉。人民检察院对申诉应当及时进行审查，情况属实的，通知有关机关予以纠正。"《中华人民共和国刑事诉讼法》，《人民日报》2012年3月18日。
④ 该条内容是："为了防止和纠正违法的或者不当的具体行政行为，保护公民、法人和其他组织的合法权益，保障和监督行政机关依法行使职权，根据宪法，制定本法。"《中华人民共和国行政复议法》，《新法规月刊》1999年第6期。

能,"长期以来,法学界,特别是宪法学界,把'控告权'理解为体现我国宪法社会主义性质的民主性权利,着重强调其民主意义"①。

第五,检举。检举的一般含义是向有关部门揭发违法违纪行为,它有纪律意义上与法律意义上之分:纪律意义上的检举是社会组织的成员向本组织部门揭发该组织有关机关或成员的违法乱纪行为;法律意义上的检举是公民向司法机关或其他国家机关揭发违法失职行为。法律意义上的检举含有举报之意,但又与举报不完全相同,举报比检举具有更宽泛的含义,不仅指揭发国家机关及其工作人员的违法失职行为,而且包括揭发非国家机关及其工作人员的违法犯罪行为。检举与控告也有相同之处,两者都含有揭发国家机关及其工作人员违法失职行为之意;但检举与控告也是存在明显区别的,这种区别不仅表现为主体不同,而且表现为目的相异。② 概言之,检举是公民监督权行使的重要方式,对于保证国家机关及其工作人员廉洁奉公、遵纪守法、依法办事具有十分重要的意义。

3. 公民监督权的实现路径

如果将公民监督权的实现即公民监督权为公民实际享有作为一个目标,那么就需要明确实现这个目标的具体路径。公民监督权实现路径的产生与选择,既受制于民主法治建设的状况,也受制于经济发展与科技进步的状况。在我国,公民监督权的实现路径随着政治、经济、文化、科技的发展而发展,目前形成了由多方面构成有机系统,在这个系统中,最主要的方面有人大代表联系群众、公民信访、纸媒监督、网络监督、电视问政等。

第一,人民代表联系群众。幅员辽阔、人口众多、国家事务纷繁复杂等决定了不是每一个公民都能直接参与国家管理,因而我国建立了人民代表大会制度,由人民选举自己的代表组成人民代表大会,并从中产生行政机关、检察机关、审判机关等其他国家机关。③ 我国现行《宪法》

---

① 贾永健:《公民控告权的正义价值分析》,《公民与法》2015年第9期。
② 就检举与控告的主体而言,"检举人一般是与违纪案件没有直接关系的人,既不是同案人,也不是被害人;而控告人则是直接或间接的受害人,或是受害人的法定代理人及亲属等";就检举和控告的目的而言,"检举一般是出于义愤或为了维护公共利益;而控告一般是为了保护自己的权益"。参见江海燕《控告和检举有什么区别?》,《广州日报》2015年5月1日。
③ 我国现行《宪法》规定:"中华人民共和国的一切权力属于人民。人民行使国家权力的机关是全国人民代表大会和地方各级人民代表大会。人民依照法律规定,通过各种途径和形式,管理国家事务,管理经济和文化事业,管理社会事务"(第2条);"全国人民

第 3 条规定①表明，公民监督是人民代表大会制度的应有之意。选举蕴含着公民监督的含义，在一般情况下，公民不会将选票投给那些有着违法乱纪行为的公职人员。当然，公民的选举监督只是一种有限的监督，一方面，参加选举的公民不可能了解和掌握被选举人的所有信息；另一方面，不是所有参加选举的公民都有足够的知识、精力和兴趣对人民代表进行深入全面的监督。为了充分彰显我国人民代表大会制度的"人民性"，发挥公民监督保障和促进人民代表切实履行职能的功能，我国法律构建了人大代表联系群众制度。② 实践证明这是公民监督权实现的有效途径，例如，青海省民和回族土族自治县新民乡人民代表大会为了更好地接受群众监督，"2015 年，民和回族土族自治县新民乡'人大代表联络室''人大代表之家'和'人大代表信息交流平台'先后建成，到 2016 年 9 月底，民和县的'两室一平台'就接待选民和代表 120 多人次，收集意见和建议 55 余条"③。

第二，公民信访。何谓信访？对于这一问题，现行《信访条例》第 2 条给予了明确的回答④，信访是指社会主体通过一定的方式向有关国家机关反映情况、提出意见、进行投诉并由有关国家机关作出回应的活动。

（接上页）代表大会和地方各级人民代表大会都由民主选举产生，对人民负责，受人民监督。国家行政机关、审判机关、检察机关都由人民代表大会产生，对它负责，受它监督"（第 3 条）。《中华人民共和国宪法》，《人民日报》2004 年 3 月 16 日。

① 我国现行《宪法》第 3 条规定的内容是："全国人民代表大会和地方各级人民代表大会由民主选举产生，对人民负责，受人民监督。"《中华人民共和国宪法》，《人民日报》2004 年 3 月 16 日。

② 《中华人民共和国地方各级人民代表大会和地方各级人民政府组织法》第 15 条规定："乡、民族乡、镇的人民代表大会举行会议的时候，选举主席团在本级人民代表大会闭会期间，每年选择若干关系本地区群众切身利益和社会普遍关注的问题，有计划地安排代表听取和讨论本级人民政府的专项工作报告，对法律、法规实施情况进行检查，开展视察、调研等活动；听取和反映代表和群众对本级人民政府工作的建议、批评和意见。主席团在闭会期间的工作，向本级人民代表大会报告。"《中华人民共和国地方各级人民代表大会和地方各级人民政府组织法》，《人民日报》2016 年 1 月 22 日。

③ 乔欣、王国光：《与时俱进为代表联系群众搭建更好平台》，《中国人大》2017 年第 2 期。

④ 我国现行《信访条例》第 2 条规定："本条例所称信访，是指公民、法人或者其他组织采用书信、电子邮件、传真、电话、走访等形式，向各级人民政府、县级以上人民政府工作部门反映情况，提出建议、意见或者投诉请求，依法由有关行政机关处理的活动。"《信访条例》，《人民日报》2005 年 1 月 18 日。

这一规定不仅界定了信访的概念，指明了信访的渠道，而且呼应了《宪法》第 41 条规定，表明信访具有公民监督的价值意蕴，它是实现公民监督权的重要路径。依据《宪法》第 41 条规定，公民有权对国家机关及其工作人员的批评、建议、申诉、控告和检举，而《信访条例》规定公民可以通过信访"向各级人民政府、县级以上人民政府工作部门反映情况，提出建议、意见或者投诉请求"①。由此可见，信访具有实现公民监督权的功能。信访作为公民监督权的实现路径，也为《信访条例》本身所肯定，这集中反映在其第 3 条规定中。② 虽然有学者认为"这一路径的最大特点是服从于某种政治目标，通过诉诸政治权威的方式息访止争，干扰乃至异化了国家机构的职权运作逻辑"③，但实践证明它发挥了极其重要的监督功能。例如，在 2015 年，广东省"纪委纪检监察干部监督室共收到反映纪检监察干部违纪问题的信访件 226 件，较上年同期增长 18.3%"④。所以，对于信访这一实现公民监督权的路径，正确的做法不是予以取缔，而是加以完善，不断拓宽信访渠道，提升监督的质量和效果。习近平曾就做好信访工作、妥善处理信访突出问题作出重要指示，强调要综合施策，指出："下大气力处理好信访突出问题，把群众合理合法的利益诉求解决好。"⑤

第三，纸媒监督。纸媒即纸质媒体，它是在纸质材料上印刷文字而进行信息交流、信息传播的平台，包括报纸、杂志、书籍等。毫无疑问，纸质媒体承载着宣传功能，它"以其传播速度快、信息量大、说明性强、易于保存以及可重复阅读等特点而成为了政党机关、团体以及各种组织的重要宣传阵地"⑥。纸质媒体也具有广告功能，尤其是在市场经济体制下众多的商业广告充斥纸质媒体。纸质媒体的最重要功能在于监督，"新闻如果只是为了宣传而存在，那是完全没有生命力的，一定要有监督和立

---

① 我国现行《信访条例》第 2 条规定，《人民日报》2005 年 1 月 18 日。
② 我国现行《信访条例》第 3 条规定："各级人民政府、县级以上人民政府工作部门应当做好信访工作，认真处理来信、接待来访，倾听人民群众的意见、建议和要求，接受人民群众的监督，努力为人民群众服务。"《信访条例》，《人民日报》2005 年 1 月 18 日。
③ 秦小建：《信访纳入宪法监督体制的证成与路径》，《法商研究》2016 年第 3 期。
④ 王景喜、罗有远：《信访举报严处置、内部巡察强监督、交叉办案解难题：广东立案查处 95 名纪检干部》，《中国纪检监察报》2016 年 2 月 20 日。
⑤ 习近平：《下大气力把信访突出问题处理好　把群众合理合法的利益诉求解决好》，《人民日报》2016 年 4 月 22 日。
⑥ 唐燕、唐力：《纸质媒体的宣传功能》，《科技传播》2011 年第 24 期。

场,这样才能让人们感受到你的存在"①。纸质媒体是实现公民行使监督权的重要路径,借助纸质媒体,公民可以对国家机关及其工作人员的失职渎职行为、违法犯罪行为进行揭露、评论、批评、抨击,形成强大的舆论力量,引起有关部门的关注、重视并作出回应,加以调查和处理。随着电子技术、网络技术的发展,纸质媒体受到巨大冲击,纸质媒体的生存问题为媒体人和媒体学者所共同关注。然而,虽然纸质媒体受到了新媒体的强大挑战,但纸质媒体仍然具有不可替代的影响力。纸质媒体具有"能够对信息准确识别的能力"②,所发信息具有较高的真实性,因而在新媒体不实信息满天飞的情况下依然具有存在的价值,依然是实现公民监督权不可或缺的路径。当然,纸媒监督也应该与时俱进,与新媒体监督紧密契合,取长补短,以便更好地发挥其应有的权力监督功能。

第四,网络监督。网络监督有广义和狭义之分:广义的网络监督是指社会主体包括国家机关或者公民个人通过网络媒体对特定的人物、特定的事物、特定的事件进行披露和报道,加以关注和了解,在公平、公开、公正的前提下对这些人物、事物和事件进行评价和分析,甚至出谋划策提出解决问题的对策建议,最终使得事物获得妥善解决;狭义的网络监督仅仅是指公民个人以互联网为平台,运用网络科技,对掌握公共权力的人、对行使公共权力的行为、对与公共权力行使有关的事件所进行的监督。作为公民监督权实现路径的网络监督是狭义上的,它是随着因特网技术兴起而诞生的实现公民监督权的新路径。

网络监督具有以下五个特征:(1)主体广泛。网络监督的主体不局限于个别公民,而是扩大到一大群人,即使某则对官员违法违纪违德或其他不适当行为的网络信息是某个人发布的,但该信息会很快引起公众的关注,网民或者"人肉"官员,或者抨击其不适当行为,由此形成强大的监督力量。(2)便捷快速。在网络平台,只要一台电脑一根网线,就可以获取知识、表达诉求、对违法犯罪进行揭发举报,信息一经发布就会迅速传播开来。(3)过程交互。网络监督中的信息是双向互动的,每一个接受信息的公民都可以对其接受的信息发表自身的观点和建议,与其他接受信息的网民产生互动。(4)举报匿名。网络的隐蔽性使举报人可以匿名举报,这有利于举报人的人身安全,从而使得举报人大胆地利用电子政

---

① 檀传才:《新闻监督是纸媒生存的王道》,《中国报业》2016年第2期(下)。
② 孟德宇:《数字新媒体环境下的纸质媒体发展举措探索》,《传媒与发展》2017年第1期。

务和网络投诉监督平台对国家机关及其工作人员的违法失职行为进行检举揭发。（5）效果显著。只要公民在网络上揭发国家机关及其工作人员的违法失职行为是有据可查的，如发表了相关图片、视频等，有关机关就可以介入调查；网络监督中的强大社会舆论可以促使相关机构快速处理案件，也在一定程度上保证案件审理程序和结果的客观、公正、严明。

正是网络监督的上述特点使它有别于其他公民监督权实现路径，更有利于公民监督权的实现。① 从现实看，公民的网络监督形成对国家权力的强有力制约，在反腐倡廉中发挥了重要作用，杨达才、蔡彬、周久耕、雷政富、单增德等因网民曝光其违法违纪行为而被查处，表明网络反腐已经成为腐败案件查处的一条重要路径。目前，网络监督的模式已经发生转型，"由传统的'网络爆料—纪委介入'的状态转向'纪委公布—舆论热议'的模式"②。

第五，电视问政。电视问政是电视节目主持人、民众和政府相关职能部门领导等三方在电视平台上围绕社会民生亟待解决的问题展开平等对话、进行全面问责的国内电视直播专题类节目，它始于武汉电视台2011年11月开播"电视问政"新闻节目，之后，全国掀起了一场电视问政的热潮，至今方兴未艾。各地电视台的"电视问政"节目形式各有不同，大致可以有三种模式。一是公众问责式，这种模式以揭露和民众紧密相关的典型问题为目的，以责任单位的负责人为主体，采用完全现场直播的方式，风格偏向于直接火爆，典型代表是武汉市电视台的相关节目；二是沟通会议式，这种模式以中层业务干部为主，侧重"政策解读、上情下达"和"建言献策、沟通官民"，通常为录播或准直播（演播室加短片），风格偏向于温和理性，以杭州电视台、广州电视台的相关节目为代表；三是

---

① 对此，有学者写道："网络舆论监督具有主体多元、全天候与全方位、快捷高效、安全廉价等优势，有助于促进对违纪违法案件的查办，增强反腐倡廉积极主动性与公职人员廉洁自律自觉性，有助于开辟党风廉政建设新渠道新局面。"刘红凛：《网络舆论监督的发展态势与有效运用》，《中共中央党校学报》2017年第3期。
② 这一转型可以用下列事实来说明："2014年发生的4783个网络舆论热点话题中有70多个网络舆论热点首曝渠道是源于中纪委官网，当年由网络举报而揭露的腐败案件有51件，由此可见，在网络反腐渠道上官方逐渐从'幕后'走向'台前'。2015年，官方网络反腐更是全方位'加码'，中纪委在中央纪委监察部网站上集中公布各地纪委联系方式、相关法律法规以及开通匿名举报方式，让公众参与反腐更具便捷性和时效性。"韩红、李晓秋：《网络反腐中政府官员隐私权保护的适度边界》，《重庆邮电大学学报》2016年第2期。

介于前两者之间，或以严厉的公众问责为基调而采取录播的形式予以缓冲，或以准直播或直播来进行温和探讨，以湖南、襄阳、天津等地电视台的相关节目为代表。

笔者赞同如下观点："电视问政不只是一个节目，更是一个舆论监督的平台，是一个公共电视台应该开辟的让公众参政议政的公共空间。"① 电视问政是在网络冲击下应运而生的新电视节目类型，它为公民监督权行使提供了新路径。与其他公民监督权实现路径相比，它具有形式简单便捷、画面生动有力、内容贴近民生等特点，将政府官员的办公地点从不为人知的机关办公室转变成拥有大量观众及现场监督人员的电视媒体录制现场，政府的治理信息通过电视媒体直观地披露给民众。电视媒体作为社会公共利益的维护者和民众代言人，将民众对政府工作的质询、意见和建议加以传播和表达，借电视问政的平台实现公民问政，对政府工作进行监督，使被问政的单位负责人在现场对问题进行表态并做出处理结果的承诺。由于选题多关系民生，和百姓的利益密切相关，因而"电视问政"节目能得到民众的广泛关注并产生共鸣，由此形成强大的推力，促使政府及其公职人员切实履行承诺，用好权力，执政为民。可见，"电视问政"搭建起了政府官员和公众直接对话的桥梁，拓展了公众话语权的表达路径，② 由此可以大大提升公民监督权行使的效能。

二 公民监督权的权利属性

公民监督权是一种什么性质的权利？换言之，公民监督权的权利属性是什么？人们见仁见智，众说纷纭。③ 在笔者看来，对于公民监督权权利属性的厘定，可以从不同的维度进行：在法律规定的维度，它是一种宪法

---

① 曹林：《超越人治的电视问政才能长久》，《新华每日电讯》2015年1月23日。
② 参见黄芳《电视问政：舆论监督中的公众话语权》，《青年记者》2015年12月（下）。
③ 有人认为："公民监督权是本原权利，具有'人民主权'的性质；它构成了现代监督体系的基础动力；相对于国家机关的各种监督权力而言，它是'在上'之权利。"程竹汝：《完善和创新公民监督权行使的条件和机制》，《政治与法律》2007年第3期。也有人认为：公民监督权"属于公民的参政权，属于宪法调整的公民基本权利范畴"。杜力夫：《人民代表大会制度视野下的公民监督权再探讨》，《福建师范大学学报》2010年第1期。还有人认为："'监督权'是公民实施政治参与的重要内容之一，是公民的法

权利；在权利地位的维度，它是一种基本权利；在权利内容的维度，它是一种政治权利。总起来说，公民监督权是宪法权利、基本权利和政治权利的三位一体。

（一）公民监督权是公民的宪法权利

公民监督权是公民的宪法权利，这是从法律规定的维度对公民监督权的权利属性所作出的界定，由此将公民监督权与民事权利、刑事权利等权利形态区别开来。民事权利是公民依据民事法律取得的可以实施一定行为或获取一定利益的资格；刑事权利是依据刑事法律取得的可以实施一定行为或获取一定利益的资格；宪法权利是依据宪法取得的可以实施一定行为或获取一定利益的资格。公民监督权不是公民的民事权利，也不是公民的刑事权利，而是公民的宪法权利。公民权利的宪法权利属性根植于宪法的规定，不论是西方发达国家的宪法还是中国的宪法，都对公民监督权作出了规定。当然，各国宪法大多没有直接规定公民监督权，而是以其他权利形态出现。在西方发达国家以及旧中国宪法中，公民监督权主要表现为请愿权、诉愿权、请求权、表达自由权等权利形态；在新中国历部宪法中，公民监督权主要表现为批评权、建议权、申诉权、控告权、检举权等权利形态。

众所周知，对公民权利的重视是资本主义生产方式发展的产物，将公民监督权宪法化也始于近代西方资本主义国家。最早对公民监督权作出规定的是1689年英国《权利法案》，该法案第5条规定："向国王请愿，乃臣民之权利，一切对此项请愿之判罪或控告，皆为非法。"① 美国《宪法修正案》第1条规定："国会不得制定关于下列事项的法律：建立宗教或禁止宗教自由；剥夺言论自由或出版自由；或剥夺人民和平集会和向政府请愿伸冤的权利。"② 日本不仅在《宪法》中对请愿权作出原则规定，指出"任何人对损害的救济，公务员的罢免，法律、命令以及规章的制订、

（接上页）定权利，也是公民的自觉行为。"王学泰：《公民监督权为何缺位》，《人大建设》2008年第3期。另有人认为："公民监督权是我国《宪法》第41条规定的一项独特的基本权利，也是一个综合而复杂的权利体系。公民监督权的各项权利的同质性决定了其作为同一类基本权利而存在，异质性则蕴含着公民监督权体系的复杂性。"王月明：《公民监督权体系及其价值实现》，《华东政法大学学报》2010年第3期。

① 王姝苏、顾盈颖：《1689年英国〈权利法案〉》，《检察风云》2015年第24期。
② 中国人民大学法律系国家法教研室、资料室：《中外宪法选编》，人民出版社1985年版，第227页。

修改或废除，都有和平请愿的权利，任何人不因进行此种请愿而受到不同待遇"①，而且制定《请愿法》对公民请愿权的行使作出具体规定。俄罗斯现行《联邦宪法》既规定公民有转交信息的权利，又明确规定公民请求权。②

在我国，孙中山领导资产阶级革命、推翻清政府统治之后，于1912年制定《中华民国临时约法》，该约法对公民监督权作出较为详细的规定。③ 1946年，国民党政府制定《中华民国宪法》，该宪法将《中华民国临时约法》对公民监督权的多方面规定简化为"人民有请愿、诉愿及诉讼之权"（第16条）。

新中国成立后，宪法的具体规定随着时代的变迁而历经多次修改，但不管时代如何变迁、宪法的内容如何变动，每一部宪法都对公民监督权作出了规定。1954年《宪法》第97条规定："中华人民共和国公民对于任何违法失职的国家机关工作人员，有向各级国家机关提出书面控告或者口头控告的权利。"④ 1975年《宪法》受到"文化大革命"中"左"的路线的影响，这种影响也体现在对公民监督权的规定之中，它在规定公民监督权的同时，将"文化大革命"中的一些错误做法制度化。⑤ 1978年

---

① 中国人民大学法律系国家法教研室、资料室：《中外宪法选编》，人民出版社1985年版，第176页。

② 俄罗斯现行《联邦宪法》规定："每个人都有利用任何合法方式搜集、获取、转交、生产和传播信息的权利"（第29条第4款）；"俄罗斯联邦公民有亲自诉诸于国家机关和地方自治机关，以及向这些机关发出个人的和集体的呼吁的权利"（第33条）。《俄罗斯联邦宪法》，《外国法译评》1994年第2期。

③ 《中华民国临时约法》第7条、8条、9条规定中的"人民"实际上是指公民，这些规定涉及的是对公民监督权的具体内容："人民有请愿于议会之权"（第7条）；"人民有陈诉于行政官署之权"（第8条）；"人民有诉讼于法院受其审判之权"（第9条）；"人民对于官吏违法损害权利之行为，有陈诉于平政院之权"（第10条）。张希坡：《应对恢复〈中华民国临时约法〉的条文原貌》，《法学家》1997年第2期。

④ 中国人民大学法律系国家法教研室、资料室：《中外宪法选编》，人民出版社1985年版，第49页。

⑤ 1975年《宪法》规定："公民对于任何违法失职的国家机关工作人员，有向各级国家机关提出书面控告或者口头控告的权利，任何人不得刁难、阻碍和打击报复"（第27条第3款）；"大鸣、大放、大辩论、大字报，是人民群众创造的社会主义革命的新形式。国家保障人民群众运用这种形式，造成一个又有集中又有民主，又有纪律又有自由，又有统一意志又有个人心情舒畅、生动活泼的政治局面，以利于巩固中国共产党对国家的领导，巩固无产阶级专政"（第13条）。参见中国人民大学法律系国家法教研室、资料室《中外宪法选编》，人民出版社1985年版，第55页、59页。

《宪法》作为从"文化大革命"过渡到改革开放时期的一部宪法，具有过渡性，"存在明显的缺陷，保留着 1975 年宪法的痕迹"①，这一缺陷在第 45 条关于公民监督权的规定中有明显的表现。②

我国现行《宪法》是 1982 年制定的，该宪法是"在我国发生了天翻地覆的变化的情况下制定的，它把当时理论与实践所取得的成果载入宪法，是我国历史上最好的一部宪法"，"不仅在体系上更为完善，而且在每一项内容上规定得比较完备"。③ 现行《宪法》"内容上规定得比较完备"的表现之一，就是对公民监督权的规定摒弃了"左倾"思想的影响。现行宪法对公民监督权的规定有直接和间接两种表达方式。间接表达方式是通过规定国家机关必须接受人民的监督而表明公民有监督权，这一表达方式体现在现行《宪法》第 3 条和第 27 条第 2 款的规定中。④ 由于人民是一个抽象的集合概念，其监督权必须通过其个体分子的公民实际享有和行使，所以，公民监督权是人民监督权的应有之义。直接表达方式是直接地、明确地规定公民具有监督国家机关及其工作人员的权利，这种表达方式体现在现行《宪法》第 41 条规定中。⑤

综上，公民权利是一项宪法权利，应毋庸置疑。

（二）公民监督权是公民的基本权利

公民监督权是公民的一项基本权利，这是从权利地位的维度对公民监督权的权利属性所作出的界定，由此将公民监督权与公民的普通权利区别

---

① 周叶中：《宪法》，高等教育出版社 1999 年版，第 77 页。
② 1978 年《宪法》第 45 条规定："公民有言论、通信、出版、集会、结社、游行、示威、罢工的自由，有运用'大鸣、大放、大辩论、大字报'的权利。"中国人民大学法律系国家法教研室、资料室：《中外宪法选编》，人民出版社 1985 年版，第 14 页。
③ 胡锦光、任端平：《宪法学》，中国人民大学出版社 2009 年版，第 106 页、107 页。
④ 我国现行《宪法》第 3 条规定："全国人民代表大会和地方各级人民代表大会都由民主选举产生，对人民负责，受人民监督。国家行政机关、审判机关、检察机关都由人民代表大会产生，对它负责，受它监督。"第 27 条第 2 款："一切国家机关和国家工作人员必须依靠人民的支持，经常保持同人民的密切联系，倾听人民的意见和建议，接受人民的监督，努力为人民服务。"《中华人民共和国宪法》，《人民日报》2004 年 3 月 16 日。
⑤ 我国现行《宪法》第 41 条规定："中华人民共和国公民对于任何国家机关和国家工作人员，有提出批评和建议的权利；对于任何国家机关和国家工作人员的违法失职行为，有向有关国家机关提出申诉、控告或者检举的权利，但是不得捏造或者歪曲事实进行诬告陷害。对于公民的申诉、控告或者检举，有关国家机关必须查清事实，负责处理。任何人不得压制和打击报复。"《中华人民共和国宪法》，《人民日报》2004 年 3 月 16 日。

开来。公民的普通权利是公民在社会、经济、文化、政治等领域中享有的一般性权利,通常由普通法律或法规进行确认和规定;公民的基本权利是公民在社会、经济、文化、政治等领域中享有的根本权利,与公民的生存、发展以及在社会中的地位息息相关,一般由作为根本法的宪法来确认和规定。公民的基本权利为一国公民所固有,与人的公民资格不可分,与人的法律平等地位不可分,具有能派生出其他权利的母体性。公民监督权不是公民的普通权利,而是公民的基本权利。公民监督权的基本权利属性根植于自然人的公民身份和人民的主体地位之中。习近平指出:"坚持人民主体地位,切实保障公民享有权利和履行义务。"①

有学者认为公民和人民是不同的②,也有学者主张公民和人民是统一的③。笔者认为,不论将"公民"与"人民"区分开来,还是将两者统一起来,在一个国家中构成"人民"的成员都是"公民",人民的主体地位通过公民的主体地位来表现。

从历史上看,公民的概念源远流长,在不同时期有不同的内涵。在古代,公民代表着政治上和经济上的特权地位,是指享有政治上的自由、能够实际分享政治权力的人。如,在古希腊时期,公民是一个城邦中"凡得参加司法事务和治权机构的人们""有权参加议事和审判职能的人"。④奴隶是奴隶主的私有财产,不属于公民之列。在近代,资产阶级启蒙思想家坚持自然权利、社会契约和主权在民等思想,主张国家的每一个成员都是居于平等地位、享有自由的公民。资产阶级革命时期的政治宣言将国民作为公民的同义语,1789年法国《人权宣言》第3条规定:"整个主权的

---

① 习近平:《在首都各界纪念现行宪法公布施行30周年大会上的讲话》,《人民日报》2012年12月5日。
② 有学者指出,公民与人民的区别表现在以下几个方面:就性质而言,公民是与外国人(包括无国籍人)相对应的法律概念,人民是与敌人相对应的政治概念;就范围而言,我国公民的范围要较人民的范围更加广泛,公民中除人民外,还包括人民的敌人;就后果而言,公民中的人民享有宪法和法律规定的一切权利并履行全部义务,公民中的敌人不能享有全部权利、不能履行某些光荣义务;就逻辑特征而言,公民所表达的一般是个体的概念,人民所表达的是群体的概念。周叶中:《宪法》,高等教育出版社2000年版,第251页。
③ 有学者指出:"人民就是公民,两者应该统一,人民的内容不应该经常变化,更不能今天是'人民',明天就走向了反面。"李龙:《宪法基础理论》,武汉大学出版社1999年版,第304页。
④ [古希腊]亚里士多德:《政治学》,吴寿彭译,商务印书馆1965年版,第111页、113页。

本原主要是寄托于国民。"① 资产阶级夺取政权后,颁布宪法确认"公民在法律面前人人平等",并把公民与人民统一起来。由此,公民成为自由、平等的国家主体,在形式上享有"主权在民"的权利。现代国家一般都将公民界定为具有一个国家国籍的自然人。② 国籍是一个人取得公民资格的充分必要条件:一个人只有具有了某个国家的国籍,才能取得该国法律赋予公民的各种权利和各种优惠待遇;一个人只要被认为是一个国家的公民,就应该享有该国宪法和法律规定的权利,同时必须承担该国宪法和法律规定的义务。

将公民定位于"具有一个国家国籍的自然人",是平等理念在人与人的关系上的贯彻和体现。只要具有同一个国家的国籍,就是该国公民;既然都是该国公民,那么就应该在法律上人人平等。这个意义上的公民确定了权利本位的法治理念:"公民资格意味着存在一套'先在'的关于公民权利与义务的规范体系……公民资格是由这一套规范体系来确定的。依现代法治理念,这一套规范体系以权利为中心,即所谓权利本位。"③ 公民享有和行使监督权、实现对国家权力的有效控制,正是权利本位的题中之义。这是人们所熟知的道理:为使国家权力不损害全体民众的利益,积极地谋求全体民众的福利,必须对它加以控制。而控制的最基本途径之一,就是公民充分行使监督权。当国家机关及其工作人员不履行职责甚至违法犯罪时,公民可以行使监督权,对之进行批评、申诉、控告、检举,通过法律途径追究其责任。

公民监督权是公民的一项基本权利,还在于它具有派生出其他权利的母体性。从公民监督权中派生的权利诸多,主要有知情权、表达权和信访权三种。(1)知情权。公民要行使监督权,就必须知悉国家机关及其工作人员的活动。知悉国家机关及其工作人员活动的相关信息是公民正确行使监督权的前提,如果不给予公民获取国家机关及其工作人员活动信息的权利,就等于剥夺了公民的监督权。这样,从公民监督权中衍生出公民知情权,正如有学者所说的:"公法上的知情权源自公民的参政权与监督权,已成为个人的实定法权利……服务于参政议政、监督政府依法行政的

---

① 中国人民大学法律系国家法教研室、资料室:《中外宪法选编》,人民出版社1985年版,第279页。
② 例如,我国现行《宪法》第33条规定:"凡具有中华人民共和国国籍的人都是中华人民共和国公民。"《中华人民共和国宪法》,《人民日报》2004年3月16日。
③ 谢维雁:《宪政与公民社会》,《四川师范大学学报》2002年第6期。

公共利益。"① 在我国，知情权作为一项普通权利受到法律的保护，这种保护突出表现为我国《政府信息公开条例》的制定和施行。②（2）表达权。公民要行使监督权，就必须能够自由地表达自己的意愿，表达权是公民享有和行使监督权的前提基础和必要条件，"公民通过各种渠道，发表各种不同意见，进言献策，对话争鸣，使民意集中，民情上达，使国家权力渗入社会性的营养"③。尽管目前我国法律没有使用"表达权"一词，但已经就表达权的基本形态即言论自由、新闻出版自由以及集会游行示威等作出了规定，而且我国政府签署的一些国际条约对表达权作出了规定。④（3）信访权。前面已经指出，信访是公民监督权的实现途径之一。当公民有权进行信访时，它就成为公民一项权利。我国《信访条例》的制定意味着对公民信访权利的法律化，表明信访权是从公民监督权这项宪法权利延伸出来的权利。由于它是对公民监督权实现途径的确认，因而属于程序性权利。可见，信访权也是随着我国法治发展而诞生的一项新兴权利⑤。

综上所述，可以得出这样的结论：公民监督权与公民资格不可分，反映公民在国家法律面前的平等地位，体现了公民在国家生活中的主体地位，具有母体性，派生出知情权、表达权、信访权等其他权利，因而是公

---

① 王贵松：《信息公开行政诉讼的诉的利益》，《比较法研究》2017年第2期。
② 我国《政府信息公开条例》（2008年5月1日正式实施）第1条明确规定："为了保障公民、法人和其他组织依法获取政府信息，提高政府工作的透明度，促进依法行政，充分发挥政府信息对人民群众生产、生活和经济社会活动的服务作用，制定本条例。"
③ 郭道晖：《论表达权与言论自由》，《炎黄春秋》2011年第1期。
④ 例如，1948年《世界人权宣言》规定："人人有权享有主张和发表意见的自由；此项权利包括持有主张而不受干涉的自由，和通过任何媒介和不论国界寻求、接受和传递消息和思想的自由"（第19条），"人人有权享有和平集会和结社的自由"（第20条）。1966年的《公民权利和政治权利国际公约》规定："不论国别，不论采取口头、书写、印刷、艺术或其他的方式，每一个人都有表达意见的权利，都有寻求、接受和传递信息和思想的自由。"（第19条）
⑤ 有学者对"信访权"一词的产生和演进进行考证，指出："据考证，'信访权'一词首次出现于官方正式文件中是2002年7月中共中央办公厅、国务院办公厅发布的《关于进一步做好村民委员会换届选举工作的通知》，进一步得到官方确认则是2006年2月，中共中央办公厅主任王刚在全国信访局长会议上明确提出'依法保障群众的信访权利'。由于人们对于信访权利的学术研究日益增多，将信访视为一种权利甚至是宪法权利的观点日益突出，因此，将信访作为一种权利的学术共识初步达成。"任喜荣：《作为"新兴"权利的信访权》，《法商研究》2011年第4期。

民的一项基本权利。

（三）公民监督权是公民的政治权利

公民监督权属于政治权利，这是从权利内容的维度对公民监督权的权利属性作出的界定，由此将公民监督权与经济权利、文化权利和社会权利等区别开来。政治权利是指公民可以依法享有的从事参政、议政等各种政治活动，并享受参加政治生活所带来的各种优渥与满足的权利；经济权利是公民依法从事经济活动、获得经济利益的权利；文化权利是指公民依法从事文化活动、享受文化成果的权利；社会权利是指公民依法"从少量的经济福利与保障权利到分享社会发展成果，以及拥有按照当时社会普遍生活标准的文明生活的权利"[①]。从对政治权利、经济权利、社会权利和政治权利的内涵揭示中，可以得出这样的结论：公民监督权属于公民的政治权利，而不是公民的经济权利、文化权利和社会权利。

从学界的成果看，大多数学者将公民监督权归入政治权利的类型，肯定公民监督权的政治权利属性。[②] 李龙在《宪法基础理论》一书中写道："公民在政治方面的权利。这主要包括参政权、平等权和自由权（政治自由）三大部分。参政权是个综合性概念，涉及公民参与国家政事的有关权利，一般包括选举权、被选举权、罢免权、创制权、复决权、监督权。"[③] 当然，也有学者对公民监督权的具体构成进行分析，认为这些具体构成具有不同的权利属性。例如，林来梵采用分而析之的方法就构成公民监督权体系的具体权利的政治属性进行过说明。在他看来，批评权、建议权、检举权多属于公民的政治活动参与权，是典型的政治性权利，申诉权和取得国家赔偿权在目的上已经偏向于救济性权利，而相对于其他几项权利，控告权的政治性权利属性显得较低，因此针对国家机关或其工作人

---

① 郁建兴、楼苏萍：《公民社会权利在中国：回顾、现状与政策建议》，《教学与研究》2008年第12期。

② 当然，也有个别学者将公民监督权单列为公民的一项基本权利而不是将其归入公民政治权利之中，例如，在胡锦光、任端平编著的《宪法学》教科书中，政治权利"表现为两种类型：一种是公民参与国家、社会组织和管理的活动，以选举权和被选举权的行使为基础，另一种是公民在国家政治生活中依法自由地发表意见、表达意愿的自由。通常表现为言论、出版、集会、结社、游行、示威的自由"。胡锦光、任端平：《宪法学》，中国人民大学出版社2009年版，第124页。

③ 李龙：《宪法基础理论》，武汉大学出版社1999年版，第311页。

员对个人合法权益的不法侵害的控告权则属于非政治性权利。① 在本书中，笔者不探讨构成公民监督权的每一种具体权利的属性，而研究作为一个权利整体的公民监督权的属性，得出的结论是：公民监督权是一种政治权利。

1. 公民监督权的政治权利属性根植于公民作为自然人所具有的政治性之中

亚里士多德说过："人类在本性上，也正是一个政治动物。"② 人类是政治动物，具有政治性，参加政治活动、过政治生活是人类的共同特征。何谓政治？亚里士多德、孔子等人基于伦理道德角度将它理解为以正统的伦理道德实行统治；孙中山等人基于管理角度将它定义为用公共的强制力对众人之事的治理③；马克思、恩格斯、列宁等马克思主义经典作家基于阶级分析方法将政治界定为"参与国家事务，给国家定方向，确定国家的形式、任务和内容"④，即一定的阶级为了实现和维护本阶级的根本利益所进行的夺取、组织和巩固国家政权并运用国家政权进行阶级统治和社会管理的活动。

在当今时代，法治成为世界各国的普遍选择，也成为中国共产党领导人民治理国家的基本方略。随着依法治国的推进，法治与政治的结合日益密切，法治离不开政治权力的运作，政治权力必须在法治的轨道上运行。在这样的背景下，从法学维度理解政治具有重要意义。从法学角度理解政治，必须注意以下三个方面：一是政治的法律性。国家权力、公民权利及其二者的相互关系，通过法律来规定；政治组织和政治机构的建立、政治行为的实施、政治制度的建立等，都有法律依据。二是政治的规范性。不论是国家权力的运作，还是公民权利行使，都不能任意妄为，而必须在法律规定的范围内进行。三是政治的社会性。政治不仅仅是统治者为本阶级谋求利益，而且必须在一定程度上实现社会公共利益；政治也不仅仅表现为统治者的内政外交，而且表现为社会成员的参政议政。立足这三个方面，可以将政治界定为政治关系的主体为实现特定利益而依照法律规定通

---

① 参见林来梵《从宪法规范到规范宪法》，法律出版社2001年版，第232页。
② ［古希腊］亚里士多德：《政治学》，吴寿彭译，商务印书馆1965年版，第7页。
③ 孙中山指出："政治两字的意思，浅而言之，政就是众人的事，治就是管理，管理众人的事便是政治。有管理众人之事的力量，便是政权。"《孙中山选集》，人民出版社1981年版，第292—293页。
④ 《列宁全集》第31卷，人民出版社1985年版，第128页。

过政府或政党治理国家、协助公民顺利行使权利、协调并处理国家权力与公民权利之间的关系,以确保权力运行有序、民众安居乐业的一种活动。

政治的核心内容在于处理好国家权力与公民权利之间的关系。在现代社会,国家权力与公民权利关系之法律建构的成熟度已成为衡量一个国家政治文明的重要标志。德国公法学家艾理耐克(George Jellinek)对公民与国家的法律关系的分析为我们提供了研究公民监督权的政治权利属性的思维路径,他将公民与国家的关系定位于四种:一是服从关系,即公民对国家只有义务而无权利,公民权利处在一种消极状态;二是排斥或拒绝关系,即当法律上肯定并保护公民某项自由时,公民便可坚决地排斥或拒绝来自国家权力的干预;三是请求关系,即当公民向国家发出请求时,国家需要积极履行义务;四是参与关系,即公民通过积极介入国家管理而获得参政权。① 在笔者看来,第三种、第四种法律关系蕴含着公民监督权的因子,换言之,公民监督权从第三种、第四种法律关系中产生。虽然并非所有的公民对国家的请求都是监督,但监督内含请求之意则是毋庸置疑的。正因为如此,在西方国家的宪法中,公民监督权是以公民请愿权的概念出现。虽然并非所有的公民对国家活动的参与都是监督,但监督是参与的一种方式则也是毫无疑义的,"对国家权力进行监督是公民参与国家管理、表达政见的一种重要方式,因此公民享有对国家机关及其工作人员的监督权构成了公民政治权利的一部分"②。

2. 公民监督权的政治权利属性根植于民主政治之中

政治有专制政治和民主政治之分,公民监督权与专制政治相排斥、与民主政治相贯通。在专制政治下,君主享有对立法权、司法权和行政权的绝对支配,君主依照个人的专制权威可以对一切事务乾纲独断、为所欲为。正如马克思曾在揭露和批判普鲁士封建君主时所指出的:普鲁士国王的"心意和愿望"就是"国家的根本法律""事实上,在普鲁士,国王就是整个制度:在那里,国王是唯一的政治人物。总之,一切制度都由他一个人决定",他所做的和所想的,"就是普鲁士国家所做的和所想的"③。在这种政治中的民众犹如草芥,充其量为"子民""臣民",连公民的身份都不具备,更谈不上监督权。在民主政治中,国家权力属于人民,人民有管理国家的权利。列宁曾言:"民主意味着在形式上承认公民一律平

---

① 参见徐显明《人权的体系与分类》,《中国社会科学》2000年第6期。
② 胡锦光:《宪法学原理与案例教程》,中国人民大学出版社2006年版,第318页。
③ 《马克思恩格斯全集》第1卷,人民出版社1956年版,第412页。

等，承认大家都有决定国家制度和管理国家的平等权利。"① 正是从"大家都有决定国家制度和管理国家的平等权利"中，公民监督权应运而生。

从各国宪法规定看，大多对公民监督权作出了规定。据统计，1976年后继续有效的宪法当中有 75 部宪法对请愿权作出了规定。② 众多国家不仅将公民监督权作为基本权利加以规定，而且将它纳入政治权利体系之中。对各国基本权利体系中所包含的政治权利进行考察，可以发现主要由四个方面构成，即公民资格的取得与保护、对公共事务的参与和决定权、发表政治见解以及从事政治性活动的自由权利以及对国家权力的监督权（主要是指请愿权）。③

3. 公民监督权的政治权利属性根植于其政治功能之中

公民监督权具有极为重要的政治功能，它可以遏制政治权力腐败、保障政治权力的规范行使、推动政治生活的顺利进行、促进政治文明的健康发展。这具体可以从以下四个方面来说明。

第一，公民监督权行使有利于培育公民的"公民意识"。公民意识是指一个人基于对自己公民身份的认识而形成的观念，这种观念具体包括两个方面：一方面是公民对国家权力公共性质的认可以及对国家权力运行的监督，另一方面是公民对公共利益的自觉维护、对公共活动的积极参与。

第二，公民监督权行使有利于政府权力的规范行使，实现执政为民。一方面，公民监督权使公民对于国家机关及其工作人员的违法行为进行举报和控告，能够披露权力行使过程中出现的问题，引起相关国家机关及其工作人员的重视并加以矫治，从而实现对权力偏离轨道的防范和矫正。另一方面，公民监督权使得公民的诉求和建议得以向国家机关及其工作人员表达，从而国家机关及其工作人员能够及时地了解公民的呼声与愿望，在决策时吸纳公民的合理建议，考虑公民的正当诉求。在吸纳民意和民智的基础上作出政治决策、公共决策，可以提高政治决策、公共决策的科学化水平。

第三，公民监督权有利于实现社会的和谐稳定。公民监督权使公民能够就其认为的对某一问题的处理结果不正确而向国家的有关机关申述理由、请求重新处理，这既是公民寻求权利救济的途径，也是公民宣泄不满的方式，从而既使公民的合法权利得到维护，也使公民在合法权利得到救

---

① 《列宁选集》第 3 卷，人民出版社 1995 年版，第 201 页。
② 参见陈云生《成文宪法比较研究》，华夏出版社 1987 年版，第 151 页。
③ 参见胡锦光《宪法学原理与案例教程》，中国人民大学出版社 2006 年版，第 310 页。

济的基础上实现心理平衡，避免因"有冤无处申"而造成心理失衡、因心理失衡而导致对国家机关及其公职人员乃至整个社会的仇恨、因对国家机关及其公职人员或整个社会的仇恨而产生破坏社会秩序的行为。

第四，当代政治是宪法政治，公民监督权的政治功能集中表现为它在实现宪法的规定、原则和精神方面的作用。这一点有学者进行过分析，其观点主要有四个方面：一是通过对民意、民智的吸收与采纳促使公共决策更加理性与亲民；二是顺畅政府与民众之间的沟通与对话，既拉近政府与民众的距离，又加强对权力的管束与控制；三是培养公民的民主意识，提高公民的政治参与能力，打好宪政实现的民众基础；四是及时为民众提供情绪宣泄的渠道，缓和社会矛盾，维护社会稳定。①

古代先贤早就有言："徒善不足以为政，徒法不能以自行。"② 公民监督权的政治功能从应然变为实然，有赖于公民对监督权的切实享有和行使。从我国现实看，由于公民监督权主体的个体性和分散性特征以及监督机制和监督渠道等方面存在不足，因而公民监督权的运行效果还不理想。况且，公民监督权仅仅是一种诉求、一种主张，这种诉求或主张没有直接强制性，它需要国家机关的权力运作才能得到切实保证。所以，要使公民监督权从法律权利转变为实在权利，要使公民监督权成为公民切实享有的政治权利，就要加强公民监督权与国家机关监督权的对接，完善公民监督权的保障系统。

三 公民监督权的法理依据

公民监督权作为公民的一项基本政治权利受到宪法保护，或者说，公民监督权宪法制度的构建，既不是源于神的启示，也不是源于人们毫无根据的逻辑推演。公民监督权宪法制度奠定在坚实的理论基础之上，具有充足的法理依据。法理是指导立法、执法、司法和守法等法律活动的理念和精神，贯穿于法律制度的构建和实施之中。不同的法律制度有不同的理念和精神，人民主权、权力制约、依法治国、基本人权"构成了宪法内在精神的统一体"③，是公民监督权制度的内在精神支柱，它们构成了公民

---

① 杨海坤、章志远：《公民请愿权基本问题研究》，《现代法学》2004年第4期。
② 《孟子·离娄上》。
③ 周叶中：《宪法》，高等教育出版社2000年版，第94页。

监督权的法理依据，证成了公民监督权宪法保护的正当性。具体说来，公民监督权是人民主权的逻辑结论，是权力制约的客观要求，是依法治国的基本诉求，是基本人权的题中之义。

（一）公民监督权是人民主权的逻辑结论

主权是一个国家的基本特质，主权归属决定一国内部政治秩序的基本形态。主权及其归属问题如此重要，因而它随着民族国家的兴起成为政治学、法学的一个重要研究课题。主权理论既是时代的产物，又对时代发展产生重大影响。主权思想从君主主权到人民主权的发展，人民主权从思想主张到社会实践，是政治文明发展的重要表现。然而，人民主权是一项抽象的政治法律理念，必须落实到公民基本权利的保护才能得到真切的、有效的实现。公民基本权利是人民主权的具体化，公民监督权作为公民的一项基本权利是人民主权的具体表现。①

1. 人民主权理念的产生和演进

马克思曾经指出："因为主权这个概念不可能有双重的存在，更不可能有对立的存在……不是君主的主权，就是人民的主权——问题就在这里。"② 的确，在主权问题上，存在着君主主权和人民主权两种对立的思想。

君主主权思想肇始于西欧中世纪晚期。那时候的意大利处于封建割据状态，人民希望统一，但把统一的希望寄托于贤明的君主。对于这种情况，恩格斯曾这样写道："在这种普遍的混乱状态中，王权是进步的因素，这一点是十分清楚的。王权在混乱中代表着秩序、代表着正在形成的民族［Nation］而与分裂成叛乱的各附庸国的状态对抗。在封建主义表层下形成着一切革命因素都倾向王权，正像王权倾向它们一样。"③ 马基雅弗利（Niccolò Machiavelli）就是君主主权思想的代表，"他认为只有建立起统一的中央集权政治，才能抑制内乱，抗御外侮，维护国家的主权和民

---

① 正如宪法学家韩大元所认为的：公民监督权"这一概念装置确切地表达了一种唯名式的纯真而又豪迈的理念，即：在人民成为国家主人公的时代，承认人民的请愿权在理论上是自相矛盾的，而'监督权'这一用语则可超越传统请愿权的悲情意义，体现出人民当家做主的宪法理想"。韩大元：《宪法学专题研究》，中国人民大学出版社 2004 年版，第 406 页。
② 《马克思恩格斯全集》第 1 卷，人民出版社 2002 年版，第 38 页。
③ 《马克思恩格斯全集》第 21 卷，人民出版社 1965 年版，第 453 页。

族的尊严"①。博丹（Jean Bodin）是历史上第一个系统论述国家主权学说的人，他认为主权是在一个国家中进行指挥的超乎公民和臣民之上的、不受法律限制的最高权力，具有永恒性、非授予性、不可转让性、不受法律约束等特征。②霍布斯、黑格尔等人发展了君主主权思想，例如黑格尔从逻辑概念的演化中论证君主主权的合理性③。

洛克将君主主权转向人民主权，他的人民主权思想是通过议会主权主张来体现的。鉴于君主专制和个人大权独揽的种种弊端，洛克主张将国家权力分立法权、行政权和外交权，前者交由议会行使，后两者交由国王行使，三种权力之间不是平行的关系，立法权高于其他两种权力，处于最高地位；由于议会是民选的，所以人民对议会有最后的控制权。④卢梭是那个时代人民主权思想的集大成者。在卢梭那里，主权是一种普遍的强制性的力量，是公意的体现和运用⑤；人民主权是不可转让、不可分割的，也是至高无上、神圣不可侵犯的。人民主权理念的形成具有划时代的意义，资产阶级将人民主权思想作为反对封建主义的思想武器之一，用它对封建君主制度发起猛烈进攻。资产阶级在建立自己的政权后，制定宪法确认人民主权原则。⑥

---

① ［意大利］马基雅弗利：《君王论》，徐继业译，光明日报出版社1996年版，"四百年来一奇人（代序）"第3页。
② 参见马啸原《西方政治思想史纲》，高等教育出版社2002年版，第218—219页、第241—242页。
③ 在《法哲学原理》一书中，黑格尔告诉人们："如果没有自己的君主，没有那种正是同君主必然而直接地联系着的整体的划分，人民就是一群无定形的东西，他们不再是一个国家，不再具有只存在于内部定形的整体中的任何一个规定，就是说，没有主权，没有政府，没有法庭，没有官府，没有等级，什么都没有。"［德］黑格尔：《法哲学原理》，范扬、张企泰译，商务印书馆2009年版，第298页。
④ 洛克指出："如果没有得到公众所选举和委派的立法机关的批准，任何人的任何命令，不论采取什么形式或以任何权力为后盾，都不能具有法律效力和强制性。"［英］洛克：《政府论》下篇，叶启芳、瞿菊农译，商务印书馆1983年版，第82页。
⑤ 卢梭认为："正如自然赋予了每个人以支配自己各部分肢体的绝对权力一样，社会公约也赋予了政治体以支配它的各个成员的绝对权力。正是这种权力，当其受公意所指导时……就获得了主权这个名称。"［法］卢梭：《社会契约论》，何兆武译，商务印书馆1980年版，第41页。
⑥ 宪法对人民主权原则的规定，在不同的国家有不同的表述方式。有的国家以直接方式表达，例如，法国1791年《宪法》规定："第一条主权是统一的、不可分的、不可剥夺的和不可动移的；主权属于国民；任何一部分人民或任何个人皆不得擅自行使之"（第3篇第1条）；"一切权力只能来自国民，国民只得通过代表行使其权力"（第3篇第2

马克思、恩格斯对君主主权思想进行了批判，否定主权在君。他们认为，主权在君是资产阶级私有观念在政治领域中的表现，君主不仅将物质资料而且将人民当作自己的私有财产，"国王宣布人民是他的私有财产，只不过表明私有者就是国王"①。在马克思、恩格斯看来，君主主权思想运用唯心主义思想方法分析主权问题的产物，"如果黑格尔从作为国家基础的各现实的主体出发，那么他就没有必要以神秘的方法把国家变成主体"②。他们批判地吸纳了资产阶级的人民主权思想，主张主权在民，指出："人民的主权不是从国王的主权中派生出来的，相反地，国王的主权倒是以人民的主权为基础的。"③ 那么，如何实现人民主权？马克思、恩格斯从"人是人的最高本质"这一命题出发，认为"必须推翻那些使人成为被侮辱、被奴役、被遗弃和被蔑视的东西的一切关系"④，实现人的解放，实行人民民主。唯其如此，人民主权才能得以实现，人民不再是政治国家的奴隶，而成为政治国家的主人。

中国共产党以马克思主义为指导，扬弃西方资产阶级的人民主权理念，将人民主权界定为"国家一切权力属于人民"，并将它作为构建社会主义制度的核心理念和根本准则，通过建立人民代表大会制度使人民主权理念规范化、制度化。从1954年宪法开始，历部宪法都对"一切权力属于人民"作出明确规定，人民主权在新中国不仅仅是一种政治理念，而且是一种政治制度和政治实践。当今中国已经进入中国特色社会主义新时代，以人民为主体、坚持人民主权依然是这个时代的主题。习近平反复强调："人民利益是我们党一切工作的根本出发点和落脚点"⑤；"尊重人民主体地位，保证人民当家做主，是我们党的一贯主张……扩大人民群众有序政治参与，保证人民广泛参加国家治理和社会治理"⑥；必须"健全民主制度，丰富民主形式，拓宽民主渠道，保证人民当家做主落实到国家政

（接上页）条）。有的国家以间接方式表达，例如，美国1787年《宪法》规定："本宪法授予的全部立法权，属于由参议院和众议院组成的合众国国会"（第1条第1款）；"众议院由各州人民每两年选举产生的众议员组成"（第1条第2款）。

① 《马克思恩格斯选集》第1卷，人民出版社1995年版，第15页。
② 《马克思恩格斯全集》第3卷，人民出版社2002年版，第31—32页。
③ 《马克思恩格斯全集》第1卷，人民出版社1956年版，第279页。
④ 同上书，第10页。
⑤ 习近平：《牢固树立以人民为中心的发展思想》，《党建》2017年第2期。
⑥ 习近平：《在庆祝中国共产党成立95周年大会上的讲话》（2016年7月1日），《人民日报》2016年7月2日。

治生活和社会生活之中"①。

2. 从人民主权到公民监督权

在当今时代，主权原则是国际法的一项基本原则，这项原则与人权紧密相连。习近平指出："主权原则不仅体现在各国主权和领土完整不容侵犯、内政不容干涉，还应该体现在各国自主选择社会制度和发展道路的权利应当得到维护，体现在各国推动经济社会发展、改善人民生活的实践应当受到尊重。"② 人民主权理念既表明一个国家的内部事务是本国人民的事情，不容许他国干涉。正如习近平所主张的："国家不分大小、强弱、贫富，主权和尊严必须得到尊重，内政不容干涉，都有权自主选择社会制度和发展道路。"③

既然一个国家的内部事务是本国人民的事情，因而人民有权利也有义务对国家权力运行进行监督。由此，人民主权理念成为公民监督权制度建设的思想指南：既然国家主权属于人民，既然国家权力来自人民，那么国家机关的行为就必须符合人民的意志，国家机关及其公职人员行使权力就必须受到人民的监督。可见，公民监督权是人民主权原则发展的必然逻辑，是人民主权理念的具体体现。

一方面，人民是一个抽象的集合概念，人民主权也是一项抽象的立国原则。如果缺乏具体的制度设计，如果不转化为公民的基本权利，这项立国原则就可能异化为少数人的统治或者多数人的暴政。因此，"抽象人民主权的原则必须落实为具体的制度安排，必须下落为'人民'如何行使'主权'，下落为对公民基本权利的保护"④。公民监督权将抽象的人民主权原则还原为实在的公民基本权利，充分体现了人民主权原则的精义。

另一方面，人民主权并不表明每一个人都直接参与国家事务的管理，在不同的社会条件下人民主权有不同的表现形式。在人口较少、国土面积小、国家事务简单的国家里，公民可以直接地参与国家事务的管理；在地域辽阔、人口众多、国家事务复杂、公民素质参差不齐的国家，每一个公

---

① 习近平：《决胜全面建成小康社会 夺取新时代中国特色社会主义伟大胜利——在中国共产党第十九次全国代表大会上的报告》，《人民日报》2017年10月28日。

② 习近平：《携手构建合作共赢新伙伴 同心打造人类命运共同体——在第七十届联合国大会一般性辩论时的讲话》（2015年9月28日，纽约），《人民日报》2015年9月29日。

③ 习近平：《共同构建人类命运共同体——在联合国日内瓦总部的演讲》（2017年1月18日，日内瓦），《人民日报》2017年1月20日。

④ 高景柱：《从君主主权、人民主权到公民权利》，《山西师大学报》2010年第5期。

民都行使管理国家的权力是不可能的。在现代社会，有些国家在某些方面、某些领域实行直接民主，但在制度设计上以代议制民主为主体，即人民选举产生代议机关，代议机关代表人民行使国家权力。这样，人民主权原则就转化为二元分离的公民权利与国家权力。在宪法规定的公民政治权利中，公民监督权是一项重要的内容。

综上所述，允许人民享有广泛的权利和自由是宪法所规定的人民主权的必然体现。而在宪法规定的公民基本权利中，包括了公民监督权这项基本的政治权利。由此，公民监督权是人民主权原则的具体体现。习近平在中国共产党第十九次全国代表大会上作报告时指出："人民当家做主是社会主义民主政治的本质特征……扩大人民有序政治参与，保障人民依法实行民主选举、民主协商、民主决策、民主管理、民主监督。"①

（二）公民监督权是权力制约的客观要求

权力制约是指对国家权力的一种监督、约束与控制，即按照一定的原则、运行一定的方式实现权力资源的合理配置，约束权力运行的过程，监控权力运行的效果，以保障权力的规范行使、防止和纠正权力运行的偏误。权力制约的必要性根植于权力的扩张性之中，这种扩张性正如博登海默（Edgar Bodenheimer）所认为的："不受限制的政治权力乃是世界上最有力的、最肆无忌惮的力量之一，而且滥用这种权力的危险也是始终存在的。"② 为了防止权力滥用就要制约权力，要制约权力就要保障公民监督权，公民监督权是权力制约的客观要求。

1. 权力制约思想概览

在历史上，权利制约的思想源远流长。早在古希腊时期，亚里士多德就从人性恶的假定出发阐述控制权力的必要性。③ 继亚里士多德以后，古

---

① 习近平：《决胜全面建成小康社会 夺取新时代中国特色社会主义伟大胜利——在中国共产党第十九次全国代表大会上的报告》，《人民日报》2017年10月28日。
② ［美］博登海默：《法理学——法哲学及其方法》，邓正来、姬敬武译，华夏出版社1987年版，第346—347页。
③ 亚里士多德认为，"常人既不能完全消除兽欲，虽最好的人们（贤良）也未免有热忱，这就往往在执政的时候引起偏向"。为了防止执政者在执政的时候发生偏向，一方面必须实行法治，因为"法律恰恰正是免除一切情欲影响的神祇和理智的体现"；另一方面必须在政体的议事机能、行政机能和审判机能之间保持平衡，"不让任何人在政治方面获得脱离寻常比例的超越地位"，参见［古希腊］亚里士多德《政治学》，吴寿彭译，商务印书馆1965年版，第169页、268页。

罗马历史学家波里比阿（Polybius）提出了朴素的分权制衡思想，他认为如果执政官、元老院和平民会议等相互独立的部门之间能够相互制约，那么就能减少执政官的恣意妄为，将元老院约束在公众的意愿下同时确保平民会议也不会凌驾于政府之上，这样才能最终避免权力专横和蜕变。到近代，权力制约思想进一步发展，启蒙思想家提出并阐释了"三权分立"的主张。基于"一切有权力的人都容易滥用权力，这是万古不易的一条经验，有权力的人们使用权力一直到遇有界限的地方才休止……从事物的性质来说，要防止滥用权力，就必须以权力约束权力"①的认识，孟德斯鸠主张将国家权力分为立法权、行政权和司法权并交给不同的部门来行使，同时各个部门之间必须形成一种制衡关系，以此限制权力专横、防止滥用权力。正是在权力制约思想的指导下，资产阶级在夺取政权后，建立了分权制衡的政治制度。

马克思主义经典作家扬弃了西方学者的权力制约思想，认为权力制约不仅在于实现权力分开，更重要的在于加强权力监督。巴黎公社最早在实践中贯彻落实权力监督原则，公社的市政委员均由各区选举产生，如果民众对这些委员行为不满，可以随时提出对他们的罢免。在总结巴黎公社经验时，恩格斯指出："公社一开始想必就认识到……应当保证本身能够防范自己的代表和官吏，即宣布他们毫无例外地可以随时撤换。"②马克思、恩格斯的权力监督思想被中国共产党人继续继承和发扬。毛泽东曾将民主作为中国共产党走出政权兴衰更替"历史周期率"的新路，主张"人人起来监督政府"。习近平针对现实中权力滥用、违法违纪等现象③，反复强调要加强权力运行的制约和监督："要健全权力运行制约和监督体系，有权必有责，用权受监督，失职要问责，违法要追究，保证人民赋予的权力始终用来为人民谋利益"④；"要加强对权力运行的制约和监督，让人民

---

① ［法］孟德斯鸠：《论法的精神》（上册），张雁深译，商务印书馆1961年版，第154页。
② 《马克思恩格斯选集》第3卷，人民出版社1995年版，第55页。
③ 习近平揭露和痛斥现实中存在的权力滥用、违法违纪现象："一些人无视党的政治纪律和政治规矩，为了自己的所谓仕途，为了自己的所谓影响力，搞任人唯亲、排斥异己的有之，搞团团伙伙、拉帮结派的有之，搞匿名诬告、制造谣言的有之，搞收买人心、拉动选票的有之，搞封官许愿、弹冠相庆的有之，搞自行其是、阳奉阴违的有之，搞尾大不掉、妄议中央的也有之，如此等等。有的人已经到了肆无忌惮、胆大妄为的地步！"习近平：《全面加强和规范党内政治生活》，《中国领导科学》2017年第2期。
④ 习近平：《在首都各界纪念现行宪法公布施行30周年大会上的讲话》，《中国人大》2012年第3期。

监督权力，让权力在阳光下运行，把权力关进制度的笼子。强化自上而下的组织监督，改进自下而上的民主监督，发挥同级相互监督作用，加强对党员领导干部的日常管理监督"①。

虽然资产阶级学者和马克思主义者对权力制约的表述存在差异，但其共同之处也相当明显：一是都认为立法、行政、司法三者无论在职能上还是在权力上都应当以某种形式加以分立；二是都主张权力制约的宗旨在于防止权力的腐败、专横和滥用，以保护和实现公民权利。

2. 实现权力制约必须保障公民监督权

近代思想家的分权学说为制约权力的制度建设和实践提供了理论指南，"从这时候起，权力分立理论就不再是一种英国的理论；它已经变成了一种关于立宪政府的普适标准"②。随着资产阶级革命的胜利，分权学说从一种思想主张转变为一种制度实践，分权制约成为西方国家普遍的政府组织原则，构成了西方宪法制度的核心和基础，对近现代西方政治民主化进程产生了深远的历史影响。从西方各国的宪法规定看，分权制衡模式主要有三种。一是英国模式。立法权、行政权和司法权分开，但三权之间地位不平衡，立法权是三权的重心，而且上议院权力弱于下议院权力。二是美国模式。构成国家权力体系的行政权、立法权和司法权之间相互平衡、相互牵制。三是法国模式。在由行政权、立法权和司法权构成的国家权力体系中，行政权是重心，总统是宪法的保证人。

分权制约具有"强力对付强力"③ 的特征，对于保障国家权力的良性运行、防止权力恣意横行、保障公民利益具有重要作用。然而，从历史看，分权制约思想几乎从产生的时候起，就受到了怀疑、批判甚至某种程度的否定。美国学者詹姆斯·W. 西瑟（James W. Ceaser）说道："当代对分权的攻击并非始创，对基本体制的批判由来已久。"④ 我国也有学者曾以行政立法存在的问题为例说明分权制约的不足："行政立法数量众多，专业性强导致权力机关精力有限、能力不足，很难进行强有力的监

---

① 习近平：《决胜全面建成小康社会 夺取新时代中国特色社会主义伟大胜利——在中国共产党第十九次全国代表大会上的报告》，《人民日报》2017 年 10 月 19 日。

② ［英］M. J. C. 维尔：《宪政与分权》，苏力译，生活·读书·新知三联书店 1997 年版，第 90 页。

③ ［英］洛克：《政府论》（下篇），叶启芳、瞿菊农译，商务印书馆 1983 年版，第 95 页。

④ ［美］詹姆斯·W. 西瑟：《自由民主与政治学》，竺乾威译，上海人民出版社 1998 年版，第 211 页。

督,而行政机关作为同一系统的机关,其监督力度可想而知。"① 在我们看来,问题的关键在于不能将分权制约作为束缚权力能动性的桎梏。要解决这一问题,就必须完善权力制约的方式,在坚持和完善分权制约的基础上,强化公民权利对国家权力运行的制约和监督。

公民权利制约国家权力,就是通过宪法和法律赋予公民政治权利并创造条件使这些权利转化为公民的现实权利,对国家机关的决策和行为进行监督,从而形成对国家权力的制约。这是权力制约最主要、最基本的方式,是人民主权的必然要求,是宪法基本精神的具体体现。宪法确立了主权在民原则,宪政国家的一切权力属于人民,人民的主权者地位常常以公民权利在社会中的地位来表现,因此,只有公民的各项权利能够切实得到尊重与保障,人民主权才能最终实现。不过,在现实社会中,国家权力在运行过程中极有可能侵害公民权利。为了将国家权力约束在公民权利所划定的范围内,减少因国家权力恣意妄行而侵害公民权利的概率,就必须加强对公民监督权的保障。因为对于国家权力运行是否符合公民的诉求、是否侵害公民权利,公民是最有发言权的。一方面,对于违反法律程序、超越法律权限、滥用国家权力的各级国家机关及其公职人员,公民可以通过各种有效的法律途径追究其法律责任;另一方面,对那些表面上看似积极行使职权、履行职能而实际上尸位素餐、不能真正增进公民幸福与社会福祉的国家机关工作人员,公民可以通过合适的途径要求其承担政治责任。这样,不仅可以保证国家权力在宪法和法律的轨道上运行,而且可以保证国家权力运作产生良好的现实效应,从而切实实现国家权力的应有功能。

(三) 公民监督权是依法治国的基本诉求

依法治国即法治,是指国家政权掌握者按照民主原则把国家事务法律化、制度化,通过法律组织和运行国家权力以保障和实现公民权利、维护稳定秩序和促进社会发展的治国主张、制度体系和运行状态。法治作为一种治国思想源于古希腊,作为一种治国实践则肇始于近代西方。在当今时代,法治已经超越了时间和空间的限制,成为人类文明的共同成果,成为各国宪法实施的基石和保障。然而,依法治国也不是纯粹的口号或单纯的思想,依法治国方略贯彻落实到实践中才能发挥作用。公民行使监督权是依法治国的践行方式,公民监督权行使有利于全面推进依法治国。

---

① 严小庆:《行政立法控权模式探析》,《云南行政学院学报》2003 年第 1 期。

1. 法治要义

尽管在人类思想史上法治的观点纷呈、法治的定义多样，但人们大都承认良法之治和法律统治是法治的要义所在，法治是良法之治与法律统治的有机统一。一方面，法治是良法之治。良法之"良"，既表现为法律具有正义、人权、自由、平等、公平、安全等内在价值，又表现为法律具有普遍性、确定性、可操作性、统一性（不矛盾性）、稳定性、平等性、公开性等外在特征。另一方面，法治是法律统治。良法必须施行，否则法治仍是空谈，法律统治是法治的关键，也是法治的核心。所谓法律统治，是指法律在国家生活中居于至高无上的地位，所有社会主体在法律范围内活动；如果有社会主体违反了法律规定，则依法追究其法律责任。法律统治以公民的法律信仰为思想前提。美国法学家伯尔曼（Harold J. Berman）说："法律必须被信仰，否则它形同虚设。"① 《中共中央关于全面推进依法治国若干重大问题的决定》言："法律的权威源自人民的内心拥护和真诚信仰。"②

法治的两重要义决定了它与人治的根本差异。由于人治寄望于个人权威和道德教化，往往与专制集权结合在一起，因而不能有效防止权力滥用、不能保障民众利益、不能保障国家长治久安。与人治相反，法治所具有的良法之治和法律统治的要义使法治之下的国家权力受到控制、公民权利获得切实保障，有利于国家长治久安。因此，历史发展到今天，人治逐渐遭到摈弃，法治作为治国理政的基本方略为多数国家所采用。综观各国宪法规定，其法治内容主要由以下五个方面构成：一是宪法是国家的根本大法，其他一切规范性法律文件都必须符合它的规则、原则和精神，所有社会主体都将它作为行动的根本准则；二是法律平等；三是对公民的权利和自由，未经正当法律程序，不得剥夺；四是国家机关的组织与权力必须由宪法和法律加以规定，国家机关及其工作人员的权力行使必须符合宪法和法律规定；五是司法机关独立行使司法权。

中国的法治研究和实践都起步较晚。旧中国没有留给我们法治的传统，相反封建专制传统比较多。在20世纪50年代曾发生的人治与法治之争中，"法治论"居于下风。在新中国成立后的30多年时间里，"法治"

---

① ［美］伯尔曼：《法律与宗教》，梁治平译，生活·读书·新知三联书店1991年版，第14页。
② 《中共中央关于全面推进依法治国若干重大问题的决定》（2014年10月23日中国共产党第十八届中央委员会第四次全体会议通过），《中国法学》2014年第6期。

一词被束之高阁。从20世纪70年代末开始,学术界又一次展开人治与法治的讨论,"法治论"最终受到肯定。改革开放以来,我国民主法制建设取得重大成就,为依法治国基本方略的确立和施行奠定了良好的制度基础;社会主义市场经济体制的建立和不断完善,为依法治国基本方略的确立和施行提供了经济条件。1996年3月,《国民经济和社会发展"九五"计划和2010年远景目标纲要》顺应时代的要求,确立了"依法治国"的根本方针和奋斗目标。1997年9月,党的十五大报告对依法治国的概念进行阐释①,并宣布依法治国是"党领导人民治理国家的基本方略"②。1999年3月,全国人民代表大会第九届第二次会议通过的《宪法修正案》对依法治国基本方略予以确认。2014年10月,中共十八届四中全会通过的《中共中央关于全面推进依法治国若干重大问题的决定》将"全面推进依法治国"确立为当今中国的时代课题。2017年10月,党的十九大报告将"坚持全面依法治国"确立为"新时代中国特色社会主义思想"的重要内容。

2. 公民监督权对全面推进依法治国的意义

确立依法治国基本方略的价值和意义,不仅在于它是一种文明进步的治国理念,更在于它是一项文明进步的治国行动。然而,全面推进依法治国是一项极为艰巨的复杂工程,不仅需要加强和改善党的领导、充分发挥国家机关在法律制定和实施的作用,而且需要公民的积极参与,切实发挥公民的监督职能。确认和保障公民监督权,是发挥公民监督职能的前提,对全面推进依法治国具有重要意义。

公民监督权对于全面推进依法治国的意义,渊源于宪法和法律之间的关系。众所周知,宪法是国家的根本大法,具有至高无上的权威,既是制定普通法律的依据,也是社会主体的根本行为准则。因此,依法治国实质上是依宪治国。所谓依宪治国,是指确立宪法至高无上的地位和权威,依照宪法的基本原则、基本规范和基本精神进行治国理政,使宪法得到所有社会主体认同、使宪法被所有社会主体遵循。从宪法在依法治国中的地位

---

① 江泽民在党的十五大报告中指出:"依法治国,就是广大人民群众在党的领导下,依照宪法和法律规定,通过各种途径和形式管理国家事务,管理经济文化事业,管理社会事务,保证国家各项工作都依法进行,逐步实现社会主义民主的制度化、法律化,使这种制度和法律不因领导人的改变而改变,不因领导人看法和注意力的改变而改变。"

② 江泽民:《高举邓小平理论伟大旗帜 把建设有中国特色社会主义事业全面推向二十一世纪——在中国共产党第十五次全国代表大会上的报告》,《求是》1997年第18期。

和功能中，可以得出两个基本结论。其一，人权是宪法的基本原则，公民监督权是宪法规范的内容。公民监督权的行使和保障是依宪治国的具体表现，当然也是依法治国的具体表现。其二，制约国家权力是宪法的基本精神，这一精神表现为国家机关必须行使宪法和法律规定的权力，承担不侵犯公民权利、保障公民权利实现的义务。公民监督权的行使和保障可以有效防范国家机关滥用权力侵害公民权利。

制定良法是全面推进依法治国的基础和前提，因而公民监督权对全面推进依法治国的意义首先表现为它是制定良法的重要保障。从应然上说，全国人民代表大会及其常务委员会是由人民选举产生的，因而它作为立法机关能够制定良好的法律。但是，从实然看，立法机关制定的法律并非总是良好的，不仅在形式上存在规范不一致甚至相冲突的现象，甚至在内容上也存在着以国家权力为本位的倾向。公民监督权的行使可以有效地防止和克服这种现象。目前，一些国家构建了参与主义的立法模式，让公民参与立法、监督立法。例如，我国现行《立法法》第 5 条是对参与主义立法模式的规定①。参与主义的立法模式打破了立法仅仅表达国家机关意志的局限，使公民的诉求能够在法律中得到表达，从而使法律以权利为本位。另外，为了保证公众对立法活动的参与，许多国家还通过相关法律明文规定要将立法信息公之于众，使公众能够了解正在制定的法律文件的内容，了解与个人切身利益相关的各项规定；对重大立法事项，民众有权知晓是否举行立法听证以及听证的时间、地点。这些举措都方便了公民在立法中及时提出意见、反映要求。

良法必须施行，唯其如此才能发挥制约国家权力、保障公民权利、维护社会稳定、促进社会发展的功能。良法的顺利施行，离不开公民对执法和司法的监督。

一方面，公民对执法的监督。执法是国家行政机关及其工作人员依法行使行政权力、履行行政职责的活动。行政权力是一种执行性、管理性、主动性的权力，虽然有学者认为"行政权也应当具备谦抑性""行政权的谦抑性具备自然属性"，② 但行政权力的更突出特征是扩张性、强制性、单向性、垄断性等，因而在行政执法中容易产生侵权问题。因此，公民监

---

① 我国现行《立法法》第 5 条的内容是："立法应当体现人民的意志，发扬社会主义民主，坚持立法公开，保障人民通过多种途径参与立法活动。"《中华人民共和国立法法》，《人民日报》2015 年 3 月 19 日。

② 张弘：《论行政权的谦抑性及行政法的相应对待》，《政法论丛》2017 年第 3 期。

督应该将执法作为重心。由于行政行为与公民个体的权利收益或利益得失有着密切联系，因此公民对行政机关的行为甚为关注。公民对行政执法的监督，可以有效防范和遏制行政权力的膨胀和扩张，可以及时发现行政执法中的一些错误、疏漏以及违法行为从而得到补救或矫治。

另一方面，公民对司法的监督。司法是国家司法机关运用法律处理案件的专门活动，它是解决矛盾、救济权利的最后防线，其公正性引人关注。实现司法公正，有赖于良好的司法体制和司法人员的良好素质，也离不开公民监督权的行使。公民对司法的监督可以采取多种多样的方式①，但不论采取什么样的方式，都必须符合一定的原则、程序与限度。否则，这种监督一旦超过限度，就可能演变为公民对司法独立的不当干涉。

（四）公民监督权是基本人权的题中之义

人权是处于一定社会历史条件下的人为维持生存和发展而应当享有的不可剥夺、不可转让的权利，它具有抽象性，需要通过具体权利形态来展现，对人权的保护往往通过对具体权利形态的保护加以实现。虽然有人认为"根据每个人生下来在权利方面就和他同时代人平等的同样原则，每一代人同他前代的人在权利上都是平等的"②，但人权的社会属性使得它不能超出一个国家的政治经济文化条件，人权的保障要从一个国家的基本国情和具体实际出发。在我国，"从基本的生存权、发展权，到公民权利和政治权利的保障，再到尊重公民的参与权和监督权，这是一个不可分割又循序渐进的过程"③。公民监督权是我国公民的一项基本权利，也是公民实现其他普通权利的重要基础和重要前提。要保障人权，就必须保障公民监督权。

---

① 对于公民监督司法的方式，有学者进行过如下说明："公民个人可以通过旁听庭审直接监督法官的审判活动，促进法官秉公执法；公民个人如果发现法庭审判有失公正，可以向各级权力机关、检察机关和审判机关反映自己的意见，促进诉讼救济程序的提起，最终使错误的司法裁判得到纠正；公民个人可以对法官的审判工作提出批评建议，促进其改进工作，提高审判水平和质量；对于有违法犯罪行为的法官，公民个人有权向有关部门进行检举或控告。"熊秋红：《试论公民对司法的监督》，《诉讼法论丛》第6卷，法律出版社2001年版，第214页。
② [美]潘恩：《潘恩选集》，马清槐译，商务印书馆1981年版，第98页。
③ 中华人民共和国国务院新闻办公室：《国家人权行动计划》（2012—2015年），《人权》2012年第4期。

1. 人权理念及其宪法化

虽然权利的观念在私有制形成的过程中已经萌芽，但人权作为一个明确的概念来使用却是近代以来的事情。被视为近代人权理论最早奠基人的弗尔默鲁斯（Volmerus）于 1537 年首先提出人权概念，并把它同法治联系在一起。自然法学派的创始人格老秀斯在 1625 年更明确地说明，人权是人作为人的自然权利，它是人作为万物之灵、作为有意识和思想的理性动物所固有的品质，其重要性是用来规范一个理想的政治制度。① 洛克第一次对人权的基本内容作出明确概括，认为它包括财产权、生命权、平等权、自由权等方面，这些权利是人与生俱来的、是为人所固有的、是不可剥夺的，因而是"天赋人权"。卢梭提出，人与生俱来就拥有不可让渡的基本人权，"一个人如果放弃人权，就是放弃做人的资格"②。尽管"天赋人权"因其唯心性、形而上学性、过分强调个人权利等原因而受到后人的诟病，但是不可否认它对人类政治文明产生了巨大的推动作用。在"天赋人权"思想的影响和推动下，人类政治文明的发展进入一个新的历史阶段。③

马克思主义创始人不仅肯定了资产阶级人权思想的进步性，而且在批判"天赋人权"理念的基础上提出更加进步的人权思想。马克思、恩格斯揭露资产阶级人权的阶级本质和虚伪性，指出：资产阶级的"人权本身就是特权"④，"被宣布为最主要的人权之一的是资产阶级所有权"⑤。他们以唯物史观为指导，从人类解放的高度来阐扬人权，主要观点有以下几个方面。（1）人人都应该享有基本权利，"一个人不仅有责任为自己本人，而且为每一个履行自己义务的人要求人权和公民权"⑥。（2）人权不是天赋的，而是根源于经济。恩格斯说："一旦社会的经济进步，把摆脱封建桎梏和通过消除封建不平等来确立权利平等的要求提到日程上来，这种要求就必定迅速地获得更大的规模。……这种要求就很自然地获得了普遍的、超出个别国家范围的性质，而自由和平等也很自然地被宣布为人

---

① 朱锋：《人权与国际关系》，北京大学出版社 2000 年版，第 10 页。
② ［法］卢梭：《社会契约论》，何兆武译，商务印书馆 1980 年版，第 16 页。
③ 《马克思恩格斯选集》第 3 卷，人民出版社 1995 年版，第 356 页。
④ 《马克思恩格斯全集》第 3 卷，人民出版社 1960 年版，第 229 页。
⑤ 正如马克思所言："从今以后，迷信、非正义、特权和压迫，必将为永恒的真理，为永恒的正义，为基于自然的平等和不可剥夺的人权所排挤。"《马克思恩格斯选集》第 3 卷，人民出版社 1995 年版，第 356 页。
⑥ 《马克思恩格斯全集》第 16 卷，人民出版社 1964 年版，第 16 页。

权。"①(3) 人权的主体是市民社会的成员,是社会的人,因而人权是现实的、具体的。马克思说:"为什么市民社会的成员称作'人',只是称作'人',为什么他们的权利称作人权呢?这个事实应该用什么来解释呢?只有用政治国家和市民社会的关系,政治解放的本质来解释。"②(4) 人权受制于社会条件,"权利决不能超出社会的经济结构以及由经济结构制约的社会的文化发展"③。(5) 人权是无产阶级解放的根本凭据,无产阶级是"一个被彻底的锁链束缚着的阶级",要砸碎锁链、获得解放,"它不能再求助于历史权利,而只能求助于人权"④。

随着社会主义国家政权的建立和完善,马克思主义人权理论和实践也不断丰富和发展。从20世纪80年代开始,我国学者以马克思主义为指导,批判性地借鉴西方学者的观点,在人权问题上展开研究,形成了下列六点共识。(1) 人权的主体是处于一定社会历史条件下的人,是具体的、现实的人。人的本质不是单个人所固有的抽象物,而是一切社会关系的总和。个人离不开社会、离不开集体,人权包括个人人权和集体人权。(2) 人权有三种基本表现形态,即应有权利(伦理权利、道德权利)、法律权利和实在权利。应有权利是人作为人应该享有的权利,当人的应有权利法律化之后就表现为法律权利,实在权利是人权在现实中被人们实际享有的状态。(3) 人权的核心内容是基本人权,即人与生俱来的、不可转让、不可剥夺的那部分权利。中外学者一般都承认基本人权,但在何为基本人权的问题上存在分歧。西方学者一般把财产权、自由权视为基本人权的核心内容,我国学者普遍认为生存权和发展权是最基本的人权。(4) 人权具有社会性。人所具有的自然属性使人权具有普遍性,但是人权作为一种普遍权利只能在形式上存在,因为人更重要的属性是社会性,不同社会、不同阶级有不同的人权。(5) 人权具有历史性。"人权从一开始仅对于政治权利的关注到现在同时对于经济、社会和文化权利的强调,内容不断丰富和发展,并且随着社会生产力和生产方式的进一步提升,人权的内容会得到进一步发展。"⑤ (6) 人权不是绝对的。主要表现为:只

---

① 《马克思恩格斯选集》第3卷,人民出版社1995年版,第447页。
② 《马克思恩格斯全集》第1卷,人民出版社1956年版,第437页。
③ 《马克思恩格斯选集》第3卷,人民出版社1995年版,第305页。
④ 《马克思恩格斯全集》第1卷,人民出版社1956年版,第466页。
⑤ 彭玉:《如何对待人权?——从马克思主义人权观切入》,《中国社会科学报》2017年1月18日。

有在遵守宪法和法律的前提下，人权才能实现；权利与义务是统一的，没有无权利的义务，也不存在无义务的权利；人权归根到底受到社会经济发展程度的制约。

人权具有脆弱性，容易受到外界的侵害，而仅靠其自身难以得到保障，只有通过政治法律手段才能得到有效保障。事实上，人权经历了一个从思想理念到政治宣言再到宪法规定的历史发展过程，这也是一个人权理念规范化的过程。1776年美国《独立宣言》被马克思评价为人类历史上"第一个人权宣言和最先推动了十八世纪的欧洲革命"[1]，它宣布"人人生而平等，他们都从他们的'造物主'那边被赋予了某些不可剥夺的权利，其中包括生命权、自由权和追求幸福的权利"[2]。在美国独立之后，1791年出台了10条宪法修正案，史称《权利法案》，该法案是美国人权保障的宪法基石。1789年法国《人权宣言》宣称："不知人权、忽视人权或轻蔑人权，是造成公众不幸和政府腐败的唯一原因，所以决定把自然的、不可剥夺的和神圣的人权阐明于庄严的宣言之中。"[3] 该宣言成为1791年宪法的序言，它宣布的人权原则作为宪法基本原则一直沿袭至今。继美、法两国之后，主要资本主义国家都注重将资产阶级人权理念规范化。

随着社会主义国家的建立，人权成为社会主义国家的宪法基本原则，指导社会主义国家的法治建设，推动社会主义国家政治文明的发展。社会主义中国在最初的宪法即1954年宪法中以规定公民基本权利和基本义务的方式体现基本人权原则，这一方式为后来历部宪法所采用。随着改革开放的深化和法治建设的发展，2004年《宪法修正案》对人权原则作出明确的、直接的规定，指出："国家尊重和保障人权。"我国宪法对人权理念的贯彻有三种方式：一是直接确认人权原则，二是规定公民基本权利和义务，三是构建人权保障制度。

2. 公民监督权是基本人权的题中之义

人权理论的规范化、法律化、制度化，使人权理念走出学者的书斋，跨入法治的理性时代，为人权保障提供了法律依据。宪法的基本内容是公民权利与国家权力的关系，宪法的这一基本内容表明人权被具体化为公民基本权利，并同国家权力发生必然联系。而公民监督权是宪法规定的公民

---

[1] 《马克思恩格斯全集》第16卷，人民出版社1964年版，第20页。

[2] 参见中国人民大学法律系国家法教研室、资料室《中外宪法选编》，人民出版社1985年版，第282页。

[3] 同上书，第279页。

基本权利。于是,可以合乎逻辑地推出这样的结论:公民监督权是人权保障不可或缺的内容,是人权保障的题中之义。

公民监督权是人权的具体内容,是公民的基本权利,因而公民不能放弃。从这个意义上说,公民监督既是一种基本权利,也是一项基本义务。英国学者德里克·希特(Derek Heater)的下列告诫对我们同样具有警示意义:"如果公民不愿献身于共和国的公共事务,那么,它就将瓦解于内部的纷争和腐败,最终演变为权威主义,甚至是专制主义形式的国家。"① 所以,公民的直接参与公共事务极其必要,对政府进行监督是公民的责任。公民监督权是防止权力恶性膨胀、发挥权力善性的强大力量,因而必须"畅通公民对国家机关及其工作人员提出批评、建议、申诉、控告、检举的渠道"②。

---

① 参见[英]德里克·希特《何谓公民身份》,郭忠华译,吉林出版集团有限责任公司2007年版,第64—65页。
② 国务院新闻办公室:《国家人权行动计划》(2012—2015年),《人民日报》2012年6月12日。

第二章 公民监督权行使限度的设立依据和设立原则

人在其本质是社会关系的总和，人的行为不能随心所欲、天马行空。不管在法律纸张上如何书写公民权利的内容，不管在法律规定中对公民权利予以怎样的保障，在现实中公民权利的行使是有限度的，其实现是有条件的。就公民监督权而言，在合理限度内正确行使既可以防止权力腐败，也可以防止权利滥用，但如果超过一定限度则势必导致侵害他人权利、危害公共利益的结果。因此，发挥公民监督权的积极功能、防止公民监督权滥用，就需要设置一定的行使限度，确定其行使边界。需要指出的是，为公民监督权行使设立一定的限度是为了更好地保障它，使之成为公民实际享有的权利，保障是目的，限制只是手段。因此，在设立公民监督权行使限度时，务必谨慎、克制，不仅要有充分的理据，而且要遵循必要的原则。

一 公民监督权行使限度的设立依据

公民监督权的行使是法治国家建设和政治文明发展的重要环节，建设法治国家和发展民主政治离不开公民监督。通过公民监督，既可以形成对国家权力的强大制约，使国家权力规范运行，又可以激发公民们的政治参与热情，营造公民参与政治的良好环境。然而，如果公民监督权行使超过一定的限度，就会违背公民监督权的本意、背离公民监督权宪法化的目的。从一定意义上说，对公民基本权利进行一定限制是国家的合宪行为，即国家对公民基本权利的限制符合宪法规定，国家机关有权防范、制止和惩罚公民滥用基本权利侵害公共利益和他人权利的行为。就作为基本权利的公民监督权而言，虽然宪法和法律为它的行使规定了诸多方法与路径，但这并不意味着公民在行使该权利时可以为所欲为，不受任何约束。事实上，基于两个方面的原因，公民监督权存在滥用的可能：一方面，由于公民也是人，是人就会有自己的情感、私欲、偏见或疏漏。正如亚里士多德所言："常人既不能完全消除兽欲，虽最好的人们（贤良）也未免有热忱。"① 另一方面，由于信息不对称，作为监督主体的公民也会产生认识盲区，出现跟风心理、非理性的狂热乃至极端的暴力倾向。因此，公民在行使监督权时，既要有"督"又要有"度"。在这里，笔者从理论和现实两个方面阐释公民监督权行使限度的设立依据。

（一）公民监督权行使限度设立的理论依据

为公民监督权行使设立一定的限度，具有充分的理论依据，这些理论依据主要有人性恶的假定理论、权利限制理论、权利义务一致理论以及"伤害原则"理论等。

1. 人性恶假定理论

人性是人之所以为人的规定性，这种规定性不是单一的，它表现为自然属性、社会属性和思维属性等方面的统一，由需要、欲望、情感、意志、理性等要素构成。人性是善还是恶？这是一个千古之谜，也是一个令人着迷的问题。对这个问题，历史上无数有智慧的头脑都动过脑筋，但人们给出的答案不一，归纳起来有四种观点：一是人性本无善恶，二是人性本善，三是人性本来善恶并存，四是人性本恶。对人性的不同认识导致不同的制度主张，不同的人性预设对制度的设计和安排产生不同的影响。

虽然我国先秦时期荀子就提出了"人之性恶，其善者伪也"②的主张，但中国传统政治文化的人性预设是以人性善为主导的，相信人皆有仁义礼智信的善良本性，因此主张实行"仁政"，倡导"为政在人"的"贤人政治"。这种人性预设致使人们注重掌权者的道德自律，从而导致中国传统社会人治横行、法治不兴。对于这一点，邓小平曾有过说明，他指出："旧中国留给我们的，封建专制传统比较多，民主法制传统很少。"③中国共产党以马克思主义的人性理论为指导，认识和强调为国家权力的行使和公民权利的行使两者设置边界同样重要。在马克思主义看来，不管是国家权力的行使还是公民权利的行使，都是自然人的行为。自然人具有自然属性同时具有社会属性，其自然属性并不因为其社会属性而消除，而仅

---

① [古希腊]亚里士多德：《政治学》，吴寿彭译，商务印书馆1965年版，第169页。
② 《荀子》，中华书局2007年版，第268页。
③ 《邓小平文选》第2卷，人民出版社1994年版，第332页。

仅会因为其社会属性而改变。人的行为受到多种因素影响,人性的影响至关重要。为国家权力的运行和公民权利的行使设立限度,是实现社会属性和自然属性的和谐统一的客观要求。

马克思说过,对国家权力运行的考察,应该立足于"权力承担者"的社会特质而不是私人特质。① 国家权力是一种公共权力,因而国家权力不得作为谋取私利的工具,因而加强对国家机关及其工作人员的监督也就具有必要性。公民权利虽然通过"定分"而获得公共秩序的意蕴,但它在更大程度上意味着私人利益,这就是马克思所说的:"任何一种所谓的人权都没有超出利己主义的人,没有超出作为市民社会的成员的人,即作为封闭于自身、私人利益、私人人性、同时脱离社会整体的个人的人。"② 这样,如果不对公民权利加以规制,如果不为公民权利设置边界,那么,一些人就可能为了牟取私人利益而滥用公民权利。这既是从人性符合逻辑推出的结论,也是从我国社会主义建设的历史中得出的经验教训③。在新的历史时期,习近平进一步强调:"欲知平直,则必准绳;欲知方圆,则必规矩。"④

西方传统政治文化的人性思想预设以人性恶为主导,认为人皆有趋乐避苦、趋利避害的利己心,这种利己心会引导民众基于自我保护而求利,可能驱使掌权者为了私利而滥用公共权力。因此,这种人性预设致使人们注重人性的外在的制度约束,从而形成西方法治主义的传统。西方法治主义的突出主题是限制政府权力,但其中也不乏监督普通人行为失范的预防,举例如下。在古代,亚里士多德是最早立足于人性恶预设而提出实行法治主张并进行论述的思想家,他的法治思想中包含着以监督防止人性恶导致行为偏向的内容。亚里士多德说,他"不敢对人类的本性提出过奢

---

① 马克思说:"国家的职能和活动是和个人有联系的(国家只有通过个人才能发生作用),但不是和肉体的个人发生联系,而是和国家的个人发生联系,它们是和个人的国家特质发生联系的……因此很明显,个人既然是国家职能和权力的承担者,那就应该按照他们的社会特质,而不应该按照他们的私人特质考察他们。"《马克思恩格斯全集》第 1 卷,人民出版社 1956 年版,第 270 页。
② 《马克思恩格斯全集》第 1 卷,人民出版社 1956 年版,第 439 页。
③ 对于社会主义建设的经验教训,邓小平曾有过如下总结:"我们过去发生的各种错误,固然与某些领导人的思想、作风有关,但是组织制度、工作制度方面的问题更重要。这方面的制度好可以使坏人无法任意横行,制度不好可以使好人无法充分做好事,甚至会走向反面。"《邓小平文选》第 2 卷,人民出版社 1994 年版,第 333 页。
④ 习近平:《全面加强和规范党内政治生活》,《中国领导科学》2017 年第 2 期。

的要求"①，由于人具有内在的恶性，因而对人的行为设置一定限度就具有必要性，"人间相互依仗而又互为限制，谁都不得任性行事，这在实际上对各人都有利。人类倘若由他任性行事，总是难保不施展他内在的恶性"②。在近代，大卫·休谟（David Hume）强调，人们在考虑制度安排时，必须以"人人应当被假定为无赖"为准则③。在他看来，既然每个人都可能成为一个无赖，因而制度设计就不能寄托于人性的自我完善，不仅要对无赖行为设计有效的制约机制，而且要防止和遏制人们萌发各种无赖冲动。美国的建国者们以人性恶预设作为建章立制的人性基础，他们认为，人不是天使，人具有自利性，人的行为可能出现偏差，所以必须对人的行为进行规制，既包括对国家权力运行的规制，也包括对公民权利行使的规制。在现代，斯蒂芬·L. 埃尔金（Stephen L. Elkin）等人强调制度设计必须考虑人性的弱点，他们指出："人类的本性是容易犯错误，采用严格的规则是合理的，无论是在追求私利或追求最无私的理想时都是如此"④，所以，"除了对程序或对权威以及对实质性理想的限制外，我们还应当接受对形式的限制"。⑤

可见，基于对人性恶的预设，西方众多的法律思想家力图通过构筑完备的法律监督体系来将人性之"恶"关进笼子，防患于未然，以保证人类社会能够健康有序发展。西方宪制思想的这些内容启示我们：对权力横行的防范与对权利滥用的防范都是全面推进依法治国的必然选择。作为宪制监督体系之下的公民监督权，在行使的过程中也必须充分考虑人性恶的假定，通过设定监督权行使的限度而进行合理规制，防微杜渐，确保公民监督权的行使能一直处在正确的轨道上。

2. 权利必受限制理论

权利限制被学界普遍赞同，但是对于权利限制这一概念，学界的解释

---

① ［古希腊］亚里士多德：《政治学》，吴寿彭译，商务印书馆1965年版，第166页。
② 同上书，第319页。
③ 对此，大卫·休谟写道："政治家们已经确立了这样一条准则，即在设计任何政府制度和确定几种宪法的制约和控制时，应把每个人都视为无赖——在他的全部行动中，除了谋求一己的私利外，别无其他目的。" David Hmne. On the Interdependency of Parliament. In Essays Moral, Political and Literary. Edited by T. H. Green and T. H. grose. London：longmans, Green. 1882. pp. 117–118.
④ ［美］斯蒂芬·L. 埃尔金等：《新宪政论——为美好的社会设计政治制度》，周叶谦译，生活·读书·新知三联书店1997年版，第164页。
⑤ 同上书，第144页。

众说纷纭、看法纷呈。① 在笔者看来，尽管人们在生存和发展活动中会不停地与各种权利打交道，但是对于每一种权利享有和行使并非毫无拘束，它们常常会受到诸多因素的限制。权利限制这一问题的探讨既涉及道德价值层面的考量，又与法律规范设置密切相关，因而十分复杂，但究其本质来说，权利限制的理由主要有以下两个方面。

一方面，权利限制是确保权利有序运行的要求。权利有序运行的理想状态是各种权利并存且互相之间都处在一种融洽和谐的状态。但事实上这种状态很难存在，因为我们几乎无法避免不同权利之间的冲突。一旦权利冲突发生，就必须对相互冲突的权利进行调适，恢复权利之间的平衡，使得相互冲突的权利还原到原先的协调状态。而在这一调适的过程中就需要对某些权利做出限制，这是一种必要的妥协。权利冲突可以分为两大类，一是不同种类权利之间的冲突；二是不同主体权利之间的冲突。就公民监督权而言，"不同种类权利冲突"的典型表现是言论自由权和名誉权、隐私权之间的冲突，这些冲突源于公民在监督的过程中不负责任地滥发言论所造成的对公职人员名誉权或隐私权的侵害；"不同主体权利"的冲突集中表现为个体权利与整体权利之间的冲突。例如，为了实现公民的监督权，就需要对公职人员隐私权做出适当的限制，可能要牺牲一部分隐私权的权能。由于"权利冲突的实质其实就是在各方的利益追求过程中形成

---

① 学界对于权利限制的解释，举例如下：1)"权利限制是指立法机关为界定权利边界而对权利的客体和内容等要素以及对权利的行使所做的约束性规定"（丁文：《权利限制论之疏解》，《法商研究》2007年第2期）；2)"基本权利限制是立法来干预基本权利的保护范围，此时，保护范围已经先于立法而产生……基本权利形成本身也存在界限，这些界限包括形式上的界限和实质上的界限，前者比如法律保留，后者比如比例原则、基本权利的核心与基本权利的内在限制"（王锴：《论立法在基本权利形成中的作用与限制——兼谈"公有制"的立法形成》，《法治研究》2017年第1期）；3)"无论行为出于有意或无意，直接或间接，属于法律行为或事实行为，以及是否以强制等，凡因国家行为而致个人的权利无法完善行使者，均可构成权利限制"（王祯军：《从权利限制看不可克减的权利的价值功能》，《南京航空航天大学学报》(社会科学版)，2009年第6期）；4)"权利有产生恶行的倾向，不能任由公民无限制地行使基本权利。于是，限制基本权利就有了理由……而在限制目的的引导下，我们可以发明限制基本权利的形式。学界上对此的通说是内在限制与外在限制。首先，内在限制从基本权利的构成和特点上作出限制。例如我国选举权的主体必须是年满18周岁的公民。其次，外在限制包括宪法和法律的限制。宪法限制是直接且合理的，法律限制是通过法律保留实现基本权利的限制"（吴英杰：《快递实名制下公民基本权利限制的合宪性考量》，《上海政法学院学报》2017年第1期）。

的一种紧张对立的关系"①,因此,解决权利冲突的妥当方式就是通过法律对某些权利行使予以规范与限制,以实现各方利益平衡。

另一方面,权利限制是权力良性运行的要求。依据民主政治的基本理论,在权力与权利的相互关系中,存在这样一种基本判断:权力来源于且服务于权利,权力应以权利为界限,受权利的制约。虽然在现实中存在着权力扩张以及权力侵害权利现象,但权力作为公共利益的代表者,其基于政治权威和法律授权,其存在和运行具有先验的正当性。所以,权利也应当尊重和支持权力常态化的有序运行。同时,保持权力的稳固性也有助于统摄权利体系的运转并且防止权利的滥用。这就需要在权利与权力之间维持一种平衡,虽然公权力不能过于强势,但过于弱小的公权力也并不足取,因为一旦政府对社会的控制力减弱,对社会秩序的维护就会力不从心、对公共服务的贡献就会减损。倘若如此,公民权利也不能得到有效保障。总之,只要权力还有继续存在的必要,只要权力还有继续施展的领域,那么为了维持其良性运行,就必须对公民权利的行使有所限制,从而保证国家权力行使和社会机制运行能够保持在良好的状态中。

总之,"当国家在必要的时候可以对公民的基本权利进行适当地限制,这是任何一个法治国家宪法的应有之义,也是保障公民基本权利的重要手段"②,权利限制具有的正当性,这一理论适用于任何权利的行使,当然适用于公民监督权的行使。基本权利限制理论为国家通过立法确定公民监督权的内容、行使边界、行使方式以及侵权的认定和责任的承担等提供了理论基础,为维护良好的监督秩序、营造融洽的监督氛围、更有效地实现公民监督权的价值提供了理论依据。

3. 权利义务相统一理论

在人与猿猴刚刚揖别的原始社会,权利或义务的观念是不存在的。③随着私有制的产生和发展,产生了权利和义务观念,不过,早期的权利和义务是分离的,一部分人享有更多的权利而构成特权,另一部分人则承担更多的义务,甚至仅仅承担义务而没有权利。这样,"从奴隶制时代到封

---

① 刘作祥:《权利冲突及解决冲突三原则》,《北京日报》2008年2月18日。
② 周钟敏:《基本权利限制理论正当性的根据》,《社会科学界》2016年第6期。
③ 在《家庭、私有制和国家的起源》一文中,恩格斯写道:"在氏族制度内部,还没有权利和义务的分别;参与公共事务,实行血族复仇或为此接受赎罪,究竟是权利还是义务这种问题,对印第安人来说是不存在的;在印第安人看来,这种问题正如吃饭、睡觉、打猎究竟是权利还是义务的问题一样荒谬。"《马克思恩格斯选集》第4卷,人民出版社1995年版,第159页。

建制时代,由于社会的政治经济结构,基督教教义神学思想,以及教会法等因素的影响,造就和构筑了以义务为本位的价值观"①。从近代开始,随着人权和法治理念的兴起和发展,权利与义务相统一成为权利义务关系问题的主导观念。马克思说:"没有无义务的权利,也没有无权利的义务。"② 权利与义务相辅相成,具有辩证统一性。每个人在行使权利的同时会受到法律所确定的一种限制,这种限制就是"义务"。法律设定"义务"限制的目的,在于确保权利人在行使其权利的同时承认与尊重他人权利和社会公共利益。《中共中央关于全面推进依法治国若干重大问题的决定》贯彻权利义务相统一理念,要求公民"牢固树立有权力就有责任、有权利就有义务观念"③。

权利义务相统一的思想理论不是理论家们毫无根据的逻辑推演而得出的结论,它根植于权利和义务两者的相互关系之中。首先,权利与义务之间具有逻辑相关性。权利与义务分别以对方的存在作为自身存在的前提,一方只有在与另一方的关系中才能获得其本质属性。④ 其次,权利与义务之间存在功能和价值的互补性。就功能互补性而言,权利是要求某些人可以做出某些行为或获得某些利益,而义务则是要求人们不得作出某些行为或是不可获取某些利益,这样泾渭分明的规定,既维护了社会整体秩序的安宁稳定,也为个人合法权益的享有和行使提供了保障。从价值互补性来说,权利是直接体现法律的价值目标的,而义务则是保障法律权利与法律价值的目标的实现。再次,权利与义务之间具有结构关系上的对应性。在一定的法律范围内,公民、社群、国家三者之中的某一方享有某一权利时,就意味着其他各方承担着不侵犯这一权利的义务;而某一方承担着某种义务时,其他方也同样拥有监督这一义务实现的权利,由此实现社会整体的权利与义务的总量均衡。一旦破坏了这种均衡态势,势必造成社会秩序的混乱,最终致使任何人的权利都不能得到保障。

权利义务相统一理论为公民监督权行使限度的设立提供了重要依

---

① 贺电、孙洪波:《法治:权利义务平衡之治》,《广东社会科学》2014年第6期。
② 《马克思恩格斯选集》第2卷,人民出版社1995年版,第610页。
③ 《中共中央关于全面推进依法治国若干重大问题的决定》,《光明日报》2014年10月29日。
④ 这一点可以参见黑格尔的下列表述:"每一方只有在它与对方的联系中才能获得它自己的规定,此一方只有反映了另一方,才能反映自己。另一方也是如此。所以每一方都是它自己的对方。"[德]黑格尔:《小逻辑》,贺麟译,商务印书馆1980年版,第254页。

据。公民有行使自己监督权的自由，但是在行使这一权利的同时又负有保守国家秘密、维护公共利益、不得侵害他人名誉和隐私等义务。权利义务相一致的理论有助于公民更好地行使监督权，更好地发挥其在整个监督体系中的作用。但是需要注意的是，为公民监督权行使设立限度，根本目的不是在于削弱公民的该项权利，而是在于更好地保护这项权利。这一根本目的为公民监督权的行使设立限度奠定了正当性、合理性根基。一个制度的正当性与合理性来源于其所保护的价值的正当性与合理性，设立公民监督权行使的限度是为了预防权利与权利、权利与权力之间发生矛盾和冲突。将对公民监督权行使的限制写入宪法和法律，从表面看缩小了公民监督权行使的范围，降低了公民监督权的保护水平，但是实质上却是通过限制国家权力来更好地保护了公民监督权的行使，因为通过宪法和法律确定公民监督权行使的范围、程序和方式后，公权力机关就只能在宪法和法律的框架内来规制公民监督权行使，也就意味着可以防范和阻止国家机关通过恣意执法来限制公民监督权的行使。舒国滢的下列观点适用于公民监督权行使限度的设立："对于个人而言，其所享有的权利之所以需要受到限制，是因为存在着与这一价值同等重要的或较之更高的价值，没有这样的价值或价值冲突的存在，那么限制权利本身就是不合理和非道德的。"[①]

4. "伤害原则"理论

马克思将自由提升到"类本质"的高度，指出自由是人的"全部精神存在的类本质"[②]，"人的类特性恰恰就是自由的自觉的活动"[③]。自由对人来说是不可或缺的，失去自由的人与动物无异。但是，作为人的类本质的自由，不是原生意义上的自由，不是"想干什么就干什么、爱干什么就干什么"的任意妄为。如果任由每一个人都无条件地随意行使个人自由，那么社会必将陷入混乱，所以，自由的行使也必须受到一定的限制。这就是通常人们所说的：你有伸拳头的自由和权利，但以你的拳头不碰到他人的身体为限度。法律应该明确在何种情形下个人行使权利是受限制的。现实生活中还有一种问题也需要引起重视，即使法律可以赋予其他公民和社会力量限制和干预个人行使权利的行为，但他们对个人权利予以干涉的步骤、范围以及程序也都需设定严格的尺度，否则可能会侵害公民

[①] 舒国滢：《权利的法哲学思考》，《政法论坛》1995年第3期。

[②] 《马克思恩格斯全集》第1卷，人民出版社1995年版，第171页。

[③] 同上书，第46页。

个人的合法权益。关于这一点，可以运用英国思想家密尔（John Mill）的"伤害原则"理论进行分析。

在密尔看来，只有当个人的自由行为超越了其最大限度的涵摄范围，且如不加以限制必将会损害社会或他人的利益时，社会才能对其干涉。这一原则常常被援用于如何划定个人自由行使权利的尺度以及社会在何种情形下得以干涉个人的私生活领域。① 密尔认为，如果一个人滥用法律所给予的自由，其结果必将引起对他人和社会的"伤害"。对这样的"伤害"的界定存在于自我对行为的认知是否会伤害他人、他人是否意识到自己所受的伤害以及社会对这种伤害的评价这三个方面的相互关系中，这就要求通过法律的明确规定划分出个人天赋自由的范围以及社会和他人的最大容忍限度，以确保互不相扰、和谐共存。密尔发现，在现实中常常存在一种利用社会舆论等方式对个体形成压迫甚至侵害的现象，这就是民主社会里的多数人的暴政问题，多数人的暴政之比起政府不恰当地行使权力更为可怕，因此，他得出结论："关于集体意见对个人独立的合法干涉，是有一个限度的，要找出这个限度并维持它不受侵蚀，这对于获致人类事务的良好情况，正同防御政治专制一样是必不可少的。"②

其实，在密尔提出并论证伤害原则理论之前，这一原则就被人类的立法所遵循，法律责任的确立就是这方面的一个例证。依据法理学界的通论，法律责任是法律所规定的公民或社会组织因损害法律关系上的法定或约定义务所产生的对于相关主体所应当承担的不利后果，它以存在损害为前提和依据，当然这种损害可以是物质方面的，也可以是精神方面的，还可以是制度方面的。自法律诞生之日起，它就与法律责任联系在一起，法律责任意味着制裁，意味着威慑，"对法律观念来说，主要是必须附有制裁手段；换言之，不守法要处以刑罚或惩罚"③。法律责任的设置，意味着对原生意义上的自由的限制，因为这种自由会造成对他人利益和社会公

---

① 对此，密尔写道："人类之所以有理有权可以各别地或集体地对其中任何分子的行动自由进行干涉，唯一的目的只是自我防卫……唯一的目的只是防止对他人的危害。若说为了自己的好处，不论是物质上的或者是精神上的好处，那并不成为充足的理由。"［英］约翰·密尔：《论自由》，程崇华译，商务印书馆2009年版，第10页。
② 同上书，第4—5页。
③ ［美］汉密尔顿、杰伊、麦迪逊：《联邦党人文集》，程逢如等译，商务印书馆1980年版，第75页。

共利益的损害。在当今中国，"伤害原则"理论是在立法中广泛采用①；中国共产党作为执政党，在制定党规党法时也采用"伤害原则"理论。②

"伤害原则"理论对于理解和把握探讨公民监督权行使限度的设立具有启发性。这一理论表明，公民对监督权的行使不能以侵害社会公共利益或他人合法权利为代价，这就是个人与社会、个人与他人之间的合理分界，在这条分界内，"伤害原则"为是否限制以及如何限制公民个人行使监督权的行为提供了指引。当前，公民在行使监督权的时候，凭借个人好恶或社会盲从对公职人员进行言论攻击的现象时常出现。依据"伤害原则"理论，法律应该正确地规范、引导社会舆论和道德评判，使之既能约束不当言行的产生，又能保障他人的合法权益不受侵害。

（二）公民监督权行使限度设立的现实理由

习近平在庆祝中国共产党成立95周年大会上讲话时指出："时代是思想之母，实践是理论之源。实践发展永无止境，我们认识真理、进行理论创新就永无止境。"③ 习近平的这一思想给我们深深启示：对于公民监督权行使限制的思考不仅要坚持理论的维度，也要立足于社会现实。从我国公民监督的现状来看，随着时代的发展，公民的世界观、价值观都在发生着变化，传统的公民监督方式暴露出许多问题，传统的公民监督路径亟待完善。随着科技的发展，新的监督工具与监督平台的引入又带来了许多值得关注的新问题，例如，不当使用新的监督手段恶意攻击他人、损害他人权利，甚至将监督权异化为个人或集体谋取不法利益的工具等。现实中公民监督权不当行使的现象较为严重，为公民监督权行使设立必要限度的

---

① 例如，《宪法》第51条规定："中华人民共和国公民在行使自由和权利的时候，不得损害……"《民法总则》第132条规定："民事主体不得滥用民事权利损害国家利益、社会公共利益或者他人合法权益。"《刑罚》第13条规定："一切危害国家主权、领土完整和安全，分裂国家、颠覆人民民主专政的政权和推翻社会主义制度，破坏社会秩序和经济秩序，侵犯国有财产或者劳动群众集体所有的财产，侵犯公民私人所有的财产，侵犯公民的人身权利、民主权利和其他权利，以及其他危害社会的行为，依照法律应当受刑罚处罚的，都是犯罪，但是情节显著轻微危害不大的，不认为是犯罪。"

② 例如，《中国共产党纪律处分条例》第6条规定："党组织和党员违反党章和其他党内法规，违反国家法律法规，违反党和国家政策，违反社会主义道德，危害党、国家和人民利益的行为，依照规定应当给予纪律处理或者处分的，都必须受到追究。"《中国共产党纪律处分条例》，《人民日报》2015年10月22日。

③ 习近平：《在庆祝中国共产党成立95周年大会上的讲话》，《党建》2016年第7期。

现实理由也就有据可循。

1. 公民监督权的不当行使侵害公职人员私权利

科技的发展和民主法治建设的加快使得公民权利行使的范围和方式较之以往已经大大拓展，而互联网的出现更是使当今时代成为一个"民意狂欢的时代"①。人们在感慨生活的酸甜苦辣、议论时事的五花八门之时，也乐于使用媒体去监督国家权力行使。媒体监督的效果与日俱增，但媒体侵害公职人员私权利的现象也时有发生。在公民监督权的行使过程中，由于公民没有合理地使用媒体监督而被诉侵犯名誉权的案件时有出现。

"伍皓起诉事件"就是这样一个案例。2010年10月6日，一群网友在微博上成功劝解了一名因不满强拆而准备自焚的拆迁户，时任云南省委宣传部副部长的伍皓在微博上也发表了对强拆的一些看法。10月9日，《中国青年报》刊发了李鸿文所写的题为《网友过河了，官员就别假装摸石头》的评论②。一帖激起千层浪，招来了网民对伍皓的粗言谩骂。之后，伍皓在微博上宣布，李鸿文的评论故意对他所发的多条微博进行断章取义，恶意曲解他对强拆的看法，因此将以侵犯其名誉权为由起诉李鸿文、《晶报》及《中国青年报》。虽然事件的最后是伍皓以"领导让我以最大的宽容对待李鸿文对我的故意曲解"③ 为由而没有起诉，支持李鸿文的一方也认为官员应该有容忍公民进行批评的肚量，但是李鸿文的评论的确有不够周延的地方，存在着断章取义之嫌，因为从伍皓发的几条关于拆迁问题的微博看，"他是反对强拆的，他也不愿意看到更多的强拆悲剧"④。

"落马官员起诉网站"是另一个案例。原安徽省宣城市委副书记杨某因利用职务便利为他人在职务提拔、工作调动、经营活动等事项上谋取利益并非法收受或者索取贿赂，于2006年8月被原巢湖市中级人民法院以犯受贿罪判处刑罚。2012年3月，杨某刑满释放后，得知凤凰网等网站登载了多篇将他的私生活描述得混乱不堪的文章。杨某认为，这些网络文章对他私人生活的描述是捏造和虚构的，严重侵害了他的名誉，于是将凤

---

① 阿计:《民意时代的"意见盛宴"》，《江淮法治》2007年第6期。

② 李鸿文在《网友过河了，官员就别假装摸石头》的评论中提到，"云南一位在网络中享有盛名的官员""借机发挥"，直指伍皓，并对其发表在微博上的关于强拆的言论进行批驳。参见《云南宣传部官员伍皓不起诉媒体改告个人》，《江淮晨报》2010年12月12日，第A08版。

③ 朱迅垚:《伍皓"起诉"事件的法律局促》，《南方日报》2010年12月15日。

④ 胡挺:《伍皓"起诉门"带来的思考》，《检察风云》2011年第2期。

凰网等网站告上法庭。① 我国宪法、民法、刑法等都有对保护公民隐私权、名誉权的规定。② 从法律的角度说，杨某的个人隐私权、名誉权不因其职务犯罪被判处刑罚而被剥夺。一些公民因痛恨腐败，对被判处刑罚或被"双开"官员的糜烂私生活进行深扒，并在网络上公开发布，不但有违法治精神，而且可能因此被当事人起诉。网络是公民对国家权力运行进行监督的重要平台，网络监督是公民实现监督权的重要途径，但公民对网络平台的利用、对网络监督的运用不得违反法律规定。否则，不仅公民自己要承担法律责任，而且影响到媒体的公信力。

媒体有时在没有对事实进行调查核实的情况下就刊发公民监督公职人员的相关报道，这或许是出于打击贪腐、强化监督的目的，但媒体的失实报道会由于新闻媒体的传播特性而放大它的负面效用，致使公众对被报道官员产生恶劣印象，不仅损害官员的个人形象，而且影响政府的公信力。因此，对公民监督权行使给予一定限制是必要的。这也引出另一个重要的问题，即如何处理公民监督权与公职人员私权利之间的关系，这个问题我们将在下一章讨论。

2. 公民监督权的不当行使破坏司法独立

利用媒体进行监督是公民言论自由权、批评建议权的合理延伸，对遏制司法腐败、促进司法公正、维护社会正义、进行法治宣传具有不可忽视的重要作用。但是，媒体对司法的监督是一柄"双刃剑"，媒体的不当监督会阻碍司法制度的正常运转，其典型表现就是人们常说的"媒体审判"③。我国司法并未完全独立以及以社会效果作为评价标准对司法人员业绩进行考核的客观现实，往往使司法人员为"汹涌民意"所裹挟而忽视"事实依据和法律准绳"，结果导致司法不公。多年来，媒体的不当监

---

① 舒锐：《落马官员起诉网站为反腐报道提了个醒》，《民主与法制时报》2016年3月15日。

② 《宪法》第38条规定："中华人民共和国公民的人格尊严不受侵犯。禁止用任何方法对公民进行侮辱、诽谤和诬告陷害。"《民法总则》第109条规定："自然人的人身自由、人格尊严受法律保护。"《刑法》第246条规定："以暴力或者其他方法公然侮辱他人或者捏造事实诽谤他人，情节严重的，处三年以下有期徒刑、拘役、管制或者剥夺政治权利。"

③ "'媒体审判'主要表现为在案件审理前或判决前就在新闻报道中抢先对案件进行确定式报道，对涉案人员做出定性、定罪、量刑等结论。很显然，'媒体审判'并非真正意义上的审判，而是指媒体对案件信息的事先报道和评论给法院带来了压力，进而可能影响法官裁决的现象。"雍自元：《"媒体审判"辨析》，《法学杂志》2017年第3期。

督干扰司法的现象时有发生。

"王文军涉嫌故意伤害致死、滥用职权案"是这方面的一个案例。2014年12月13日,太原市公安局小店分局龙城派出所民警王文军、郭铁伟、任海波在处置"龙瑞苑"工地警情期间,发生一起民工周某某非正常死亡事件,该事件引起社会广泛关注。据媒体报道,"5月18日上午9时,太原市中级人民法院在一号法庭依法公开开庭审理被告人王文军、郭铁伟、任海波涉嫌犯故意伤害罪、滥用职权罪一案"①。但是,"媒体审判"导致案件久拖不决。有学者注意到:"案件尚未侦查完毕之前,以某报刊为主的媒体即违背新闻报道客观性、中立性原则,通过倾向性报道与评论对被告进行有罪推定,以片面事实引导民间舆论集结,为检察院侦查、公诉与法庭审理保持独立性设置较强障碍,以至于该案一审休庭后,经最高人民法院批准,历经四次延期……"②

在另一个受到被众多人用作诟病媒体审判的案件中,当事人则因为媒体审判的影响而被判处死刑。2010年10月20日,西安音乐学院学生药家鑫开车撞了人,不仅不进行施救,反而担心被索赔而刺死伤者。该案件经媒体披露后成为舆论的焦点。一些网络将药家鑫说成是"官二代""富二代",更加激起民众的愤怒。公众的监督行为随着案件的发展而出现极端的情绪,逐步演化为媒体审判,在案件判决之前,网络上已经"喊打喊杀声"一片。最后,药家鑫被判处死刑。原本一个由交通肇事引发的故意杀人案件,却因为网络这一新媒体的介入而将当事人及其家人、被害人及其家人、法院等案件的所有相关方推到舆论风暴的中心。如今,药家鑫案件的舆论喧嚣已经远去,但我们不应该停止对媒体审判的反思。③

如果说民众出于一时激愤或是急功近利而过度使用监督权还情有可原的话,那么某些借助舆论左右司法判决结果而谋取不法利益的行为则不仅仅是在滥用监督权,而是违法犯罪,应该追究法律责任。2009年12月19日,中央电视台《经济半小时》报道称:"网络黑社会操纵舆论,花5万

---

① 杨彧:《太原中院庭审王文军等人涉嫌犯故意伤害罪滥用职权罪案》,《山西日报》2015年5月19日。
② 雍自元:《"媒体审判"辨析》,《法学杂志》2017年第3期。
③ 参见靖鸣、李姗姗《微博舆论监督中的集群行为及其成因探析——以"药家鑫事件"为例》,《新闻与写作》2012年第1期;《网络与司法:困境与契机并存——由药家鑫案引发的法律思考》,《河北法学》2013年第1期;商登珲:《新媒体视野下媒介审判与司法公正的博弈——以"药家鑫案"为例》,《西南石油大学学报》2013年第3期。

元可左右法院判决。"① 在这类案件中,涉案人员与新闻单位"合作",帮助别人打官司。从此类案件中可以看出,"部分媒体人的动机不纯,其报道不是为了加强对司法机关的监督,而是通过干扰司法活动来牟利"②。利用媒体通过干扰司法活动以牟取利益,这种行为背离了公民监督的本质,必须加以遏制。

笔者不否认媒体作为公民监督的载体所承载的宣扬社会良知、为民请命的价值和功能,不否认媒体监督的出发点是为了维护社会的公平正义。但是,现实中某些媒体在司法案件中的不当"参与",的确激发了公众的不满情绪,给司法机关带来了巨大压力,干扰了法院的独立审判工作。正如林山田所言:"现代大众传播工具如新闻报纸、无线电广播与电视等之发达,往往对于法官的独立性构成威胁。由于大众传播工具对于司法领域之报道,而对司法之影响程度亦日益上增,因为整个社会舆论,均为大众传播工具所控制,有些法官之审判,就可能受此等有组织之传播系统所控制之舆论所左右,而失却独立审判之立场,此种现象亦应尽力排除。"③为了发挥公民监督权行使在促进司法公正方面的积极效应,防止公民通过媒体的不当"参与"而干扰司法独立、影响司法公正,就有必要为公民监督权行使设立限度。

二 公民监督权行使限度的设立原则

从前文的论述中我们已经得出结论,公民监督权行使应该存在一定的限度,应该受到必要的限制。那么,应该如何设定这样一个限度?合理地设定限度的标准是否存在?这些问题将我们的研究引向公民监督权行使限度的设立原则。在建构对公民监督权法律规制的过程中,基本原则的确立是其中关键的一环。有学者写道:"对公民基本权利进行限制是有其正当性和必要性的,同时这种限制也必须遵循一定的原则,使这种'限制'本身也要接受严格的'限制',才能避免公民基本权利以'限制'之名遭

---

① 中央电视台:《网络黑社会操控舆论 花5万元可左右法院判决》,http://finance.ifeng.com/news/industry/20091219/1604065.shtml,访问时间2017年4月28日。
② 程靖:《试论我国现阶段媒体监督的问题及误区》,《咸宁学院学报》2008年第8期。
③ 林山田:《刑事程序法》,五南图书出版有限公司2004年版,第62页。

受侵害。"① 借鉴国外经验，结合我国实际，我国公民监督权行使限度的设立应当遵循公共利益原则、法律保留原则、最小限制原则和正当程序原则。

（一）公民监督权行使限度设立的公共利益原则

在各国宪法文本和学术研究中，对公共利益的表述不尽相同，主要表述有公共事物、公共福利、公共福祉、公共安全、公共政策等。公共利益是一个不确定性概念，因为它具有模糊性、变动性、阐释性和适应性等特征②，全面而准确地揭示其内涵是一件困难的事情。从学界观点看，在公共利益的界定主体上形成了三种主张，即立法机关、司法机关和行政机关；③ 与公共利益的界定主体相对应，公共利益的界定程序也有三种，分别是立法程序、司法程序和行政听证。④ 不过，完全依靠以上这三种主体

---

① 谭博文：《公民基本权利之限制》，《法制博览》2015年第4期（下）。
② 有学者指出：公共利益是一个模糊性概念，不论是内涵还是外延都存在模糊性，属于典型的不确定性概念；公共利益是一个变动性概念，在不同的法律规范中也可能存在不同的表述、具有不同的内涵；公共利益是一个阐释性概念，在法律适用中，需要把公共利益与具体的案件事实紧密地联系起来，对具体个案所涉及公共利益的内涵作出明确而详细的阐述；公共利益是一个适应性概念，在复杂社会中，法院将会不时面临全新的法律问题、疑难的法律案件，需要在法律适用中对法律规范作出适应性解释。参见梁上上《公共利益与利益衡量》，《社会科学文摘》2017年第1期。
③ 由立法机关、司法机关或行政机关来界定公共利益的具体论述，参见下列文献：陈新民《德国公法学基础理论》，山东人民出版社2001年版，第195—196页；［美］波斯纳《法理学问题》，苏力译，中国政法大学出版社1994年版，第257页；［美］克里斯托弗·沃尔夫《司法能动主义——自由的保障还是安全的威胁？》，黄金荣译，中国政法大学出版社2004年版，第81—83页；［英］丹宁勋爵《法律的正当程序》，刘庸安等译，法律出版社1999年版，第2页；张千帆《"公共利益"的困境与出路——美国公用征收条款的宪法解释及其对中国的启示》，《中国法学》2005年第5期；刘连泰《"公共利益"的解释困境及其突围》，《文史哲》2006年第2期；胡鸿高《论公共利益的法律界定——从要素解释的路径》，《中国法学》2008年第4期。
④ 通过立法程序、司法程序或行政程序来界定公共利益的具体论述，参见下列文献：［美］约翰·哈特·伊利：《民主与不信任：关于司法审查的理论》，朱中一等译，法律出版社2003年版，第107—108页；［美］迈克尔·D.贝勒斯《程序正义——向个人的分配》，邓海平译，高等教育出版社2005年版，第60页；邢益精《宪法征收条款中公共利益要件之界定》，浙江大学出版社2008年版，第83—84页；杨峰《财产征收中"公共利益"如何确定》，《法学》2005年第10期；房少坤、王洪平《论我国征收立法中公共利益的规范模式》，《当代法学》2006年第1期；林来梵、陈丹《城市房屋拆迁中的公共利益界定——中美"钉子户"案件的比较》，《法学》2007年第8期。

中的任何一种来界定公共利益，都存在或多或少不周延的地方。具体而言，单由立法机关通过立法程序来界定公共利益时，可能存在对立法机关民主性和立法者法律知识能力的质疑；当完全由司法机关通过司法程序来界定公共利益时，又要面对司法本身的被动性和时效性的问题；由行政机关通过行政程序来界定公共利益，可能导致立法权与行政权全部集中到行政机关身上，这样做无疑违背权力制衡原则，对自由、民主、法治造成伤害。

为了准确界定公共利益这一概念，我们回顾一下美国学者亚历山大·米克尔约翰（Alexander Meiklejohn）的下列观点："第一，公共利益并不是凌驾于个人的愿望和利益之上的另一种不同的利益。它并不包含在个人利益和愿望之外的任何东西……第二，既然人的利益总是处于冲突之中，它们无法都变成现实。把它们简单相加是不可能得到公共利益的。保护一方常常意味着限制另一方。由于这个原因，公共利益不会是纯粹的私人利益总和……第三，政府在利益之间所作的判断依据是诸如联邦、正义、安宁、防务、福利、自由等一般原则。为了这些表达在公正法律当中的共同福祉，任何个人在任何情形下都可以被要求承担生命、自由、财产和幸福等方面的牺牲。"①

结合学界观点，笔者将公共利益界定为关乎社会公众全体共同拥有的各种生存和发展的利益。公共利益既不同于政府利益，也不同于私人利益。从性质上讲，政府利益主要是以政府为主体而享有的利益，公共利益主要是以绝大多数社会成员为主体、为绝大多数社会成员共同享有的利益，私人利益则主要是以单个人为主体、为个人所享有的利益。古人云："天下熙熙，皆为利来；天下攘攘，皆为利往。"② 从人性的角度讲，人具有最大限度地攫取自身利益的倾向。然而，社会的资源不可能满足每一个人的无穷欲望，社会存在和发展要求对这种倾向进行限制。因此，对公共利益的确认和维护就十分重要，它直接或间接涉及多数成员的实质性利益，影响到全社会成员的共同生活利益。不论由谁来判别公共利益，不论通过什么程序判别公共利益，都必须把握公共利益的公共性特征，如果采用列举的方式，公共利益包括但不限于国家利益、公平正义、社会秩序安

---

① ［美］亚历山大·米克尔约翰：《表达自由的法律限度》，侯建译，贵州人民出版社2003年版，第68页。

② 齐豫生、夏于全：《〈史记〉皇家藏本 文白对照》，北方妇女儿童出版社2002年版，第939页。

宁、公共福利、平等自由等。公共利益也是一种普遍的利益，是一种人人都可以享有的利益和好处，因而公共利益原则应该成为一种普遍性原则。假如一个国家的每一个人相信为了私利可以为所欲为，他在思考时并不是把自己当作一个"公民"，而是当作一个农夫、工人、雇佣者或投资者，致力于谋取个人利益而罔顾公共利益，那么这个国家的稳定和繁荣是难以想象的。

公共利益的内涵、特征及其重要性，决定了将其作为一项基本法律原则的重要性。法律是全体人民共同意志的集中反映，在确认和维护公共利益方面承担着十分重要的任务。法律是国家之"公器"，理所当然"只能追求对于社会大众而言'公共'的利益"①，而不能被当作"私器"，不能用之谋求私利。宪法作为全体人民共同意志的最高体现，作为社会的根本大法，必须也必然将公共利益纳入其中。从各国宪法文本和宪政实践看，不仅维护公共利益是宪政建设的重要内容，而且相对于个人权利，公共利益居于优先地位，个人权利的行使不得损害公共利益。② 那么，为什么公共利益具有相对于个人利益的优先性？这个问题的答案根植于公民所具有的双重价值中。在第一章中，笔者已经指出，公民是在一个国家中居于平等地位、享有自由的自然人。由于公民是自由的，因而他们具有两种不同的价值，他们关心国家，也关心自己。在一个国家中，每一个自然人作为一个公民参与公共事务，为公共利益进行思考、发言、筹划和行动；与此同时，每一个自然人作为一个独立的个体成员，追求自己的私人利益。为了防止对私人利益的偏重而使社会陷入混乱之中，宪法确立了公共利益的优先地位，并形成对私人利益、个人权利的制约。

公共利益原则是一切社会主体在实施行为时应该遵循的基本原则，公

---

① 张千帆：《"公共利益"是什么？——功利主义的定义及其宪法上的局限性》，《法学论坛》2005年第1期。
② 例如，法国1789年《人权宣言》有这样的规定："意见的发表只要不扰乱法律所规定的公共秩序，任何人都不得因其意见甚至信教的意见而遭受干扰"（第10条），"财产是神圣不可侵犯的权利，除非当合法认定的公共需要所显示必需时，且在公平而预先赔偿的条件下，任何人的财产不得受到剥夺"（第17条）。这些内容因为《人权宣言》入宪而成为宪法的精神。美国宪法序言宣称：美国人民制定宪法的一个重要目的，就在于提供共同防务，促进公共福利。意大利1947年宪法规定："私人经济之积极性不受限制。唯私人经济积极性之发展不得与公共利益相违背，亦不得采取使公安、自由和人格尊严遭受损害的方式"（第41条），"为了公共利益，私有财产在法定情况下得有偿征收之"（第42条）。

民监督权行使也不例外。在公民监督权行使限度问题上，公共利益的普遍性一方面表现为要求任何公民监督权的行使不得侵害他人利益、不得损害社会秩序和稳定，另一方面表现为对公民监督权行使的限制必须是全社会每一个理性人都想限制的言行，比如捏造事实和诽谤名誉等；公共利益的中立性体现为在对公民监督权设定限度时不能偏向某些特定人群，当然这不否定政府创造一定的条件促使公民在关注公共问题、表达共同诉求时趋向正确合理的方向。总之，随着公民权利意识的增强和技术工具的普及，公民行使监督权的欲望与方式都显著拓展，公民监督权的行使都拥有比过去更为广阔的舞台、更为多样的途径。但是无论如何，公民监督权不是绝对的，公民监督权行使不能侵害公共利益，公民只有在遵守和维护公共利益的范围内行使监督权才是合法与合理的。这也意味着公共利益原则应成为法律对公民监督权进行规制的一个基本原则。

为了更好地说明这个问题，笔者从人类历史发展和我国现实情况等方面作进一步分析。

1. 基于人类社会发展的分析

公共利益是维系人类社会生存和发展的基础和前提。这是马克思揭示出的真理："人的本质不是单个人所固有的抽象物，在其现实性上，它是一切社会关系的总和。"① 每一个个人的生活都不是孤立的，他需要与整个社会群体发生联系，这样他就需要在联系中遵守整个社会群体的游戏规则，也就是需要遵守公共利益原则。社会稳定源于社会群体有共同利益的维系，这些共同利益脱胎于每一个个人利益与他人利益的交融之中。尽管这些共同利益可能并不一定符合所有人的利益取向，但它代表着整个社会群体中大多数甚至绝大多数人的利益，这些共同利益在整个群体内部构建了一个荣辱与共的利害关联网，而每一个利害关联网内部的群体就是一个利益共同体。

虽然整个社会有无数不同的利益群体，由于每个利益群体的具体情况都不相同，其所认定共同利益的范围和内容也会有所偏差，但是在绝大多数社会中必定能找出一些能够体现社会绝大部分利益群体所共同追求的一些最根本的利益，这些最根本的利益构成公共利益，一般包括国家安全、公平正义和公序良俗等。这些公共利益确保整个社会的正常运转，因而每一个群体和群体成员都有责任维护这些公共利益。在某些特定的情况下，个人利益可能与共同利益相违背。在这种情况下，个人利益必须服从公共

---

① 《马克思恩格斯选集》第 1 卷，人民出版社 1995 年版，第 56 页。

利益甚至作出牺牲。只有维护公共利益这一整体和根本的利益，才能确保每个群体和群体成员的局部利益得到实现。

通过对人类社会发展的分析，可以得出这样的结论：要保障每个公民自身监督权的正常行使，就必须清醒地认识到公民监督权行使的前提和基础是公共利益，公共利益对监督权行使的限制正是为了更好地发挥监督权的作用。没有公共利益这一前提，对公民个人监督权的行使来说就是"皮之不存，毛将焉附"。因此，必须把对公共利益的尊重与保护落实到公民监督权行使的各个环节之中，而对公民监督权行使设立限度中也不可缺少这一指导性原则的贯彻。

2. 基于我国现实情况的分析

我国公民监督权行使的现状要求把社会公共利益放在首位。随着各种新媒体技术的快速发展与普及，公民们得以更加便利地参与政治活动，这也使得言论自由与监督公共权力的空间大大扩展。[1] 利用网络等新媒体平台进行监督已经逐渐成为我国公民监督的主流趋势，再加上对传统监督方法的综合使用，当前形成了一种"知无不言、言无不尽"的多样化监督表达格局。

然而，各种质询声音与诉愿表达的同时释放与集中爆发，也使得公民监督权行使不可避免地出现鱼龙混杂、泥沙俱下的现象，甚至在一定时间和一定范围内出现了混乱、失控的情形。例如，长久以来对各种媒体舆论的"把关人制度"[2] 在新媒体方式的冲击下逐渐不能自持，各种舆情喷涌而出。此时，许多公民自主意识极大增强，利益诉求极度膨胀，伴以强烈的感情色彩和自我认知来表达自己的观点和立场。这种激情爆发所展现出的行为与方式多是以自我释放为滥觞，常常罔顾国家、社会、集体的利益以及其他公民的合法权益，如果不加以正确引导与恰当规范，放任自流，任其发展，那么公民监督就会沦为各种猜疑、谩骂、诽谤等非理性声音和不良情绪泛滥的场所。因此，公民在行使监督权时，必须坚持公共利益优先原则，要始终把尊重和保护社会公共利益和他人合法权利放在优先考虑

---

[1] 中国互联网络信息中心 2017 年 1 月 22 日发布的《中国互联网络发展状况统计报告》显示："截至 2016 年 12 月，我国网民规模达 7.31 亿，互联网普及率达到 53.2%，超过全球平均水平 3.1 个百分点，超过亚洲平均水平 7.6 个百分点。"喻思娈、张洋：《〈中国互联网络发展状况统计报告〉发布：我国网民达 7.3 亿》，《人民日报》2017 年 1 月 23 日。

[2] 霍洪田：《"把关人"在网络媒体中的角色重构》，《编辑之友》2013 年第 4 期。

的地位上，使社会公共利益和他人合法权利成为公民行使监督权中的红线与底线。

将公共利益作为公民监督权行使的基本原则，也是发达国家给我们的启示：基本权利的行使在发达国家大都受到了公共利益的限制，这样的限制已经成为许多国家宪法的基本原则和基本精神。① 在发达国家的宪法实践中，引用公共利益原则限制公民监督权的行使多体现在对言论自由或表达自由的规制上。言论自由或表达自由虽然是法治国家公认的公民基本权利，也是公民行使监督权的基础所在，但滥用言论自由和表达自由也是公民监督权不当行使的一种突出表现，因此各国的宪法实施中都较为关注这类公民自由权利的有限行使②。即使在言论自由受到充分保障的美国，出于维护公共利益的需要，也对言论自由做出了一些限制。例如，妨害他人权利的言论要受到限制，许多州法律规定禁止任何人使用扩音器或其他喧闹乐器在街巷做扰乱公共安宁秩序的宣传；辱骂他人的言论受到限制，因为辱骂他人不仅是对社会公德的违反，还会招致怨恨与冲突，因此这样的言论既不是为了促进正常的人类交往，也无益于社会文明与公共秩序的维护；毁谤性言论要受到限制，恶意攻击的言论应负担民刑责任。③ 甚至有美国学者认为，美国宪法修正案第 1 条从形式上看保护的是个人权利，而在实质上保护的是公共利益，用美国人自己的话说，它"保障着政治共同体所有成员的共同目的"④。概言之，各国的宪法实施均要求公民在行

---

① 例如，美国《宪法》序言宣布："我们合众国的人民，为建立完善的联邦，树立正义，保障国内安宁，提供共同防务，促进公共福利，并使我们自己和后代得到自由的幸福，特此制定这一美利坚合众国宪法。"日本《宪法》第 12 条规定："受本宪法所保障的国民的自由与权利，国民必须以不断地努力保持之。此种自由与权利，国民不得滥用，并应经常负起为公共福利而利用的责任。"《人权宣言》的基本原则为法国现行宪法所秉持，而《人权宣言》第 10 条宣布："意见的发表只要不扰乱法律所规定的公共秩序，任何人都不得因其意见甚至信教的意见而遭受干扰。"《俄罗斯联邦宪法》第 55 条第 3 款规定："联邦法律只能在为捍卫根本的宪法制度、道德以及其他人的健康、权利和合法利益，保障国防和国家安全所必需的限度内，限制人和公民的权利与自由。"
② 日本最高法院的一则判决中就曾写道："新宪法下的言论自由永远必须受到公共福祉的制约，不允许公民无限制地恣意妄为。"刘迪：《现代西方新闻法治概述》，中国法制出版社 1998 年版，第 33 页。
③ 参见杨日旭《美国宪政与民主自由》，台北黎明文化事业公司 1989 年版，第 107—119 页。
④ [美] 亚历山大·米克尔约翰：《表达自由的法律限度》，侯建译，贵州人民出版社 2003 年版，第 45 页。

使权利和自由的同时不得损害社会公共利益。只有社会公共利益得到维护，每一个公民个体的权利才会得到保障，由此，公民在行使监督权受到公共利益原则的限制也是宪法实施的题中之义，维护公共利益的目的使得对公民监督权行使的限制是正当的、合理的。

（二）公民监督权行使限度设立的法律保留原则

有学者考察发现："法律保留原则作为一个发迹于欧洲的公法概念，其思想源头最远可以追溯到中世纪。1215 年的英国大宪章就包含法律保留原则的内涵。1886 年，奥托·迈耶在其撰写的《德国行政法原理》一书中则明确提出了法律保留原则的概念。"[1] 所谓法律保留原则，是指当国家权力对公民的权利，特别是对公民的基本权利进行限制时，必须以法律的明文规定为依据，否则公共权力的行使缺乏正当性依据，它是"现代国家构建以宪法为元规范的法律秩序的重要支持"[2]，其核心理念在于民主、法治和公民权利的保障。目前，该原则已见诸许多国家或国际组织的立法中[3]，我国宪法和法律也对它作出了规定[4]。对公民基本权利进行限制必须由法律明确规定，这已经成为了现代法治国家的一项基本原则，国家机关只有在法律授权的情况下才有进行限制的资格和做出限制的行为。在对作为宪法基本权利之一的公民监督权进行限制时，必须坚持法律保留原则，对此，笔者从立法主体的合法性、立法内容的合宪性和立法语言的明确性等三个方面进行分析。

---

① 王玉全：《论法律保留原则的类别与二元判断基准》，《黑龙江省政法管理干部学院学报》2017 年第 1 期。

② 汪庆华：《法律保留原则、公民权利保障与八二宪法秩序》，《浙江社会科学》2014 年第 12 期。

③ 例如，德国《基本法》第 2 条第 2 款规定："人人享有生命和身体之不受侵犯的权利。人身自由不可侵犯，只有依据法律才能对此类权利予以干预。"联合国《世界人权宣言》第 29 条第 2 款规定："人人在行使他的权利和自由时，只受法律所确定的限制。"《公民权利和政治权利国际公约》第 19 条第 2 款、第 3 款规定"人有自由发表意见的权利"，而该"权利的行使带有特殊的义务和责任，因此得受某些限制，但这些限制只应由法律规定"。

④ 有学者对我国宪法和法律进行分析后发现："我国《宪法》第 100 条规定了地方人民代表大会及人大常务委员会制定地方性法规的权力，同时《地方人民代表大会及地方人民政府组织法》《立法法》又特别对此做出了更为具体的规定，地方立法权也因这几部实定法规定而有所依托。"廖红：《新〈立法法〉下我国地方立法界限探究——以法律保留原则为视角》，《湘潭大学学报》2016 年第 4 期。

1. 立法主体的合法性

法律保留原则的产生和发展中充分体现了对人权的尊重和对民主法治的执着。法律保留原则被现代国家奉为限制公民基本权利行使所要遵循的一项重要原则，其根本目的就在于限制公权力对公民权利的不当干预，尤其是防止行政机关自由裁量权的滥用。通过强调对公民基本权利的限制应由立法机关制定的法律来框定，从而排除其他权力的任意干涉，由此可以最大限度地保障公民权利。我国《立法法》规定全国人大及其常委会行使国家立法权，并且强调设定"对公民政治权利的剥夺和限制人身自由的强制措施和处罚"必须由全国人大或其常委会制定法律加以规定（第8条规定），属法律的"绝对保留"事项。《立法法》也规定行政机关不仅有根据法律授权的立法权，还拥有自身固有职权所产生的立法权，即制定行政法规和规章的权力。[1]

实践中，一些行政机关在授权立法时，常常凭借自由裁量权而随性行动，甚至游离于监督之外。于是乎，常出现行政机关"依法"对公民权利随意限制、肆意蚕食的怪异现象。坚持法律保留原则正是解决这些问题的关键。当前对公民言论自由等基本政治权利的保障尚未列入法律保留的事项中，而除少数几条绝对保留的事项外，其他众多的公民权利都在全国人大及其常委会可以授权国务院运用行政法规、规章进行限制的范围内。有学者认为，现行的做法似乎"放大了宪法在基本权利保护制度上的缺失，这种因宪法保障制度的不健全导致的'制度断裂'会使宪法明示和隐含的公民基本权利的行使在授权法中被'虚化'甚至'空洞化'"[2]。这种担忧是不无道理的，因此未来要特别关注将涉及公民监督权中类似公民言论自由这类重要的基本权利纳入法律保留的范围内，一律由全国人大及其常委会通过制定法律予以规范。这样既可以为公民监督权的合理行使提供明确的法律标识，又可以将限制权利行使的范畴框定在位阶较高的国家立法中，促使行政机关的立法也只能在法律规定的范围内细化，达到从源头上阻断行政权力对公民监督权的侵害。

---

[1] 我国现行《立法法》第9条："本法第八条规定的事项尚未制定法律的，全国人民代表大会及其常务委员会有权作出决定，授权国务院可以根据实际需要，对其中的部分事项先制定行政法规，但是有关犯罪和刑罚、对公民政治权利的剥夺和限制人身自由的强制措施和处罚、司法制度等事项除外。"

[2] 秦前红：《论我国宪法关于公民基本权利的限制规定》，《河南政法管理干部学院学报》2005年第2期。

2. 立法内容的合宪性

宪法是国家民主政治的法律化、制度化的集中反映。在我国的法律体系中，宪法居于主导地位，它"是国家的根本法，具有最高的法律效力"①；宪法居于至上地位，"一切法律、行政法规和地方性法规都不得同宪法相抵触"②。同时，各个部门法是宪法原则和精神的进一步落实与发展，各个部门法在法律实施的过程中需要宪法加以规范和引导，否则就会偏离宪法的轨道。而从宪法本身来看，其原则化和宣言化的表达形式需要通过各个部门法的细化和补充而具体落实其思想理念和制度设计。因此，法律条文的内容与宪法精神的契合度是检验立法内容是否正当的根本标尺。所以，《中共中央关于全面推进依法治国若干重大问题的决定》强调："宪法是党和人民意志的集中体现，是通过科学民主程序形成的根本法。坚持依法治国首先要坚持依宪治国，坚持依法执政首先要坚持依宪执政。"③

宪法在国家和社会生活中具有至高无上的地位，因而各个部门法都应以宪法作为自己的立法依据，且在内容上不得与宪法的规范、原则和精神相抵触，否则就会因违宪而无效。公民监督权是宪法赋予公民的一项基本权利，在就公民监督权行使进行法律规制时，不得违背宪法的原则和精神，否则这种规制将丧失其正当性和合法性。

3. 立法语言的明确性

法律必须是公开的和明确的，只有明确的法律才符合法治原则的要求。明确的法律语言表述是明确的法律规定的具体表现形式，明确性是法律语言的最基本要求，也是法律保留原则自如运用的重要基石。④

---

① 《中华人民共和国宪法》序言，《人民日报》2018 年 3 月 22 日。
② 《中华人民共和国宪法》第 5 条第 3 款，《人民日报》2018 年 3 月 22 日。
③ 《中共中央关于全面推进依法治国若干重大问题的决定》，《光明日报》2014 年 10 月 29 日。
④ 关于法律语言明确的重要性，有学者进行过如下说明："从法律明确性原则的内容要求来看，其所具有的一项重要功能就在于通过明确、具体的法律规范，为法律的受众提供明确的行为指引，以免受众在模糊的法律规范面前'无所措手足'从而使社会秩序缺乏基本的可预见性和相对稳定性；此外，明确的法律规范可以减少司法机关、执法机关恣意行使司法权、行政权从而侵犯民众合法权益的机会。因此，基本人权的尊重和保障亦要求规制或限制基本权利的法律应具有相对的明确性。"饶龙飞、叶国平：《论法律明确性原则：依据、标准和地位——基于违宪审查角度的解读》，《贵州警官职业学院学报》2016 年第 5 期。

法律在对公民权利自由进行限制时，语言必须准确、具体。所谓准确、具体是指所用于表达法律内容的语言应该是清楚、恰当、合适的，同时这种语言表述应符合一般民众的正常理解和基本判断。模棱两可、语焉不详的法条表述，或者含糊不清、晦涩难懂的法律规定，势必会给法律的适用和遵守带来很大的不便，"至少对某些希望受它指引的人来说，是具有误导性和干扰性的"①。此外，明确的法律规范不仅使公民能够根据法律规定约束自己的行为，预测自己的不当行为可能产生的法律责任，在法律给定的范围内享受权利、履行义务；更重要的是，它还能在国家权力和公民权利之间划定一条明确的界限，这条界限有助于防范国家权力的滥用，避免行政机关和司法机关妄加侵害公民权利。通过各方权利义务之间的平衡，保障法律实施的统一性和权威性，进而也促进公民真正切实地享受和行使自己的权利。

为公民监督权行使设立限度，就要从源头的立法上保障法律语言的明确性，通过明确的法律语言尽可能地明确界定公民监督权行使的行为规范，使人们清楚地明白什么样的监督行为受到法律保护，什么样的监督行为受到法律的克减，由此使公民在行使监督权时拥有明确的行为指引，避免发生因对法律的误解而触犯法律的红线。相反，如果关于公民监督权行使的法律规定含糊不清、模棱两可，就会使民众进退失据、无所适从。另外，如果缺乏含义明确的限制条款，还可能使执法人员和司法人员按照自己的理解和需要随意地甚至任意地执行和适用法律，这将会直接导致对公民监督权行使的不当干涉。

（三）公民监督权行使限度设立的最小限制原则

对公民监督权行使进行限制是必要的，但这种限制不能是无限的。公民监督权的行使是宪法语境下的公民基本政治权利的表达形式，只有当公民监督权的行使与公共利益和其他公民的合法权益相冲突时，才能对其进行限制，而这种限制必须符合最小限制原则。最小限制原则又称为最小限制手段原则，是指"对公民的言论和行为进行限制时，应当选择达到限制目的所要求的最小范围、最低程度、最小代价的限制手段"②。该原则要求政府选择限制性最小的方法或者侵害程度最小的手段对个人权利进行

---

① ［英］约瑟夫·拉兹：《法律的权威——法律与道德论文集》，朱峰译，法律出版社2005年版，第187页。

② 齐小力：《论表达自由的保障与限制》，《中国人民公安大学学报》2010年第2期。

管理、控制、干预或限制。只要公民行使权利的行为没有损害国家安全、社会秩序、善良风俗和他人权利，就不应该对其进行限制。最小限制原则具体由适当性原则、必要性原则和比例原则等三个分支原则构成的，这三个原则在公民监督权行使的限制上都是适用的。

适当性原则又称妥当性原则，是指对公民权利自由进行限制时必须在手段和目的上合法妥帖，该原则要求所使用的限制手段只要能够在特定范围内达成立法者的预期目的即可。适当性原则的核心在于实现"限制目的"，这种目的不仅是各种限制手段所要达到的直接目的，而且这种目的还在于要保护一种在公共利益与公民权利的平衡博弈中所形成的整合性利益，可见其重要性之大。在公民的监督过程中，设定限度的目的手段以及由此可能造成的对公民监督权的损害或负担应具有经济性，即实现目的的手段应该是尽可能的简单且有效、所造成的损失也尽可能小，以此收到最优调控结果。否则，单纯地偏重于限制手段的使用而忽略价值目的的指引，其结果就会适得其反，甚至可能使公民监督热情受到压抑。

必要性原则又称最小可能侵害原则、最温和手段原则、不可替代原则等。这一原则的适用首先以适度为前提，其次要求在采取各种限制手段的时候确保这些手段是合法、有效、合适的，并且在有多种手段可供选择时，必须选择对公民权利造成的损害最小、干预的程度最低的手段。必要性原则的精髓就在于从保护公民权利出发，力图以付出最小的代价换取对社会公共利益和公民基本权利保障的最大化。"最小化限制"是这一原则的目的所在，从消极的角度实施对公民监督权利的积极保护则是这一原则核心精神。在为公民监督权设定限度的过程中，坚持必要性原则的目的在于，对公民监督权这一关乎公民切身利益的宪法权利进行规制时要保持谨慎与克制，只有在万不得已的情况下才需对某些行为方式进行限制，而且在设置限制时要统筹考量各种因素的影响，从而在最小的程度上对公民的监督权施加负担，以防止公权力对其进行过度的束缚和伤害。

比例原则是指限制公民行为与自由所要牺牲的私益与立法和行政所要保护的公益应该相协调并成比例。比例原则是最能体现法治国家理念、最能检验基本人权保障的一项基本法律原则。在公民监督权行使限度的设定中，这一原则有着充分的施展空间。例如，国家要通过某一措施限制公民言论自由的行使时，按照比例原则的要求，其对公民所造成的实际损害与其所保护的公共利益之间应当保持一定合理与平衡的比例，如果两者之间比例悬殊，也就是限制所带来的利益与由此造成的损害之间差异过大，那么即便限制措施的目的和手段是合法的、有效的、必要的，也不能以牺牲公民言论自由的权利为代价来满足这一国家的限制性权力的实施。正如有学者所说的："目的和手段之间的关系必须具有可观的对称性，禁止任何国家机关采取过度的措施；在实现法定目的的前提下，国家活动对公民的侵害应当减少到最低程度。"① 在公民监督权限度设置问题上，适用比例原则就是"从价值取向上来规范国家权力与其所采取的措施之间的合理关系"②，它将引导国家权力在作出限制性行为的规定时保持明智与理性。对公民监督权行使的既保障又限制，"体现了公民监督权不受侵犯性和受制约性这一自我矛盾的基本性质"。对公民监督权行使的保障具有充足的理论，对公民监督权的限制也能找到充分的依据，但是，值得注意的是，对公民监督权的限制"又有可能在保障其他权利甚至'公共利益'的名义下被滥用，由此就必须对'限制'进行'限制'"。在这种情况下，就必须坚持比例原则，"比例原则恰是后一种'限制'所须遵循的基本原则"。③

（四）公民监督权行使限度设立的程序正当原则

程序正当是指权力主体在权力运行时所遵循的步骤、所采取的措施应当是适当并合乎情理的，并且应当在最低限度内体现对当事人所享有的公开、公正的程序权利的保障。程序正当原则发端于英国法律中的"自然正义"，在英国普通法里具体化为两个基本程序规则：一是任何社会组织或者公民个人不能作为自己案件的法官；二是任何社会组织或者公民个人在行使权力而可能使别人受到不利影响时必须听取对方意见。前者由1610年"波翰姆医生案"的司法判决所确定④，后者由1865年"古柏诉

---

① ［德］哈特穆特·毛雷尔：《行政法学总论》，高家伟译，法律出版社2000年版，第106页。
② 周佑勇：《论德国行政法的基本原则》，《行政法学研究》2004年第2期。
③ 饶龙飞、陈建晖：《比例原则的中国宪法规范依据》，《山东科技大学学报》2016年第4期。
④ "波翰姆医生案"：当时内科医生波翰姆没有取得医师协会的许可证便在伦敦城内营业而被传唤到医师协会的一个理事会，受到罚款和监禁。波翰姆医生以非法监禁为由向法院起诉。法院认为，根据当时法律的规定，对无证医生的罚款一半归国家，一般由医师协会自己所有。这样，医师协会在自己的裁决中便有了经济上的利益，使自己成了自己案件的法官，这违反普遍的正义和理性，因而医生协会的裁判无效。由此确立了"不能作为自己案件的法官"的宪法判例。

万兹乌斯区工程管理局案"的司法判决所确定①。从 20 世纪开始，对程序法的重视日益升温，世界上许多国家都纷纷开展程序法的立法工作，并在法律中规定正当程序原则，由此，程序正当被确立为法律的基本原则。

正当程序原则承载着对人类"程序正义"这一法律价值的美好追求，不仅体现了对程序参与者人格尊严的尊重，还可以使参与者真切地预见其权利在未来的实现。此外，正当程序原则的贯彻还有助于提高公民的规则意识和法律素养，而当人人都具有程序意识时，就更有利于将现代文明社会最低限度的正义要求灌注到法治国家建设的每个角落中。正当程序原则的实践效应已经为心理学研究所证实："程序公正有利于人们产生积极的态度和行为的结论已经在组织管理领域研究中得到了充分的证实……如果政策的制定过程越公正，民众对政府的信任感越强，对政策的接受性越强，对政府的满意度也越高。"② 就公民监督权而言，国家和政府对其行使限度的设定，同样应当遵循正当程序原则，符合正当程序原则中的避免偏私、公民参与和程序公开等要求。

1. 避免偏私

所谓避免偏私，是指权力主体在行使权力的过程中排除私人欲望和个人利益的影响，站在客观公正的中立立场，依据法律规则作出维护公民权利、有利于公共利益的决定，其具体内容包括两个方面：一是没有利益牵连。这体现在作出裁决行为的机关及其裁决人员、裁决人员的亲属应避免与即将做出的具体裁决存在私人关系上的利益纠葛。二是没有个人偏见。这就要求在裁决主体的眼中，所有的相对人地位平等、机会均等，要求裁决主体平等对待相对人。避免偏私原则是最低限度的程序正义即程序中立的具体体现，这是因为程序中立的本身也要求运用程序作出具有最终法律结果之决定的主体严守中立地位，不偏向程序参与者的任何一方。无论在

---

① "古柏诉万兹乌斯区工程管理局案"：英国 1855 年出台的一部法律规定，在伦敦建造建筑物必须在 7 天前告知当地工程管理局，否则管理局有权拆除该建筑物。到 1863 年，伦敦居民古柏没有按照法律规定告知其所在的万兹乌斯区工程管理局就动工建房，万兹乌斯区工程管理局当其建到第二层时在一个深夜派人拆除了该房。于是，古柏向法院起诉，要求工程管理局赔偿损失，但工程管理局辩称：其行为是依职权作出的，是在合法的条件下"不折不扣地做了法律规定可以做的事"。法院经设立后认为，工程管理局在行使其职权之前没有听取古柏的意见，违背了公平听证原则，其行为无效，因而判决原告胜诉，被告承担赔偿损失。

② 杜帆、吴玄娜：《程序公正、不确定性对公共政策可接受性的影响：情感信任、认知信任的中介作用》，《心理科学》2017 年第 2 期。

司法程序中，还是在行政程序中，避免偏私原则都是极其重要的。

在对公民监督权行使设置限度时，由于事关公民与国家机关及其公职人员之间的许多敏感而棘手问题，因而不仅要求国家机关在实际适用具体法律程序时不存在偏私，同时还要求国家机关在权力行使的外在形式上也不能让人产生对其可能存在偏私的怀疑。因此，需要建立和完善与"避免偏私"原则相关的职权分离制度、回避制度、禁止单方接触制度等一系列制度的设计。关于建立禁止单方接触制度的必要性，有学者作出过如下说明："如果官员与一方当事人单方面接触，就很难排除这些官员与当事人之间产生利益关系或造成偏私的疑虑；而且单方面接触涉及与行政活动有关的信息，其他不在场的当事人实际上被剥夺了为自己利益辩护的机会，这是不公平的。"① 而就回避制度而言，其制度价值在于防止"自己做自己案件的法官"这种现象的出现。如果程序的主持者与他所执掌的案件存在千丝万缕的利害关系，就无法让人们信服他能秉公执法，人们也很难相信通过这样的程序能产生公正的结果。总而言之，在避免偏私原则下设置种种制度的目的均是为了确保程序主持人在形式和实质上都保持公正无私和不偏不倚的立场，从而促使公民得以心服口服地去认同程序的结果。

2. 公民参与

公民参与的主体是自己的利益或权利可能会受到程序结果直接影响的公民，公民参与的内容是公民切实参与到作出某一决定的过程并对决定结果的形成发挥影响和作用。公民参与是人民获得政治解放的产物，也是人民当家做主的重要标志，从政治奴役中获得解放的人们"宁愿自行管理自己的事务，也不愿意别人主宰自己的命运"②，从而积极地、主动地参与权力运行的过程。公民在参与政治生活的过程中，不仅可以积极地在权力决策中发声，而且能够更加直观地监督政府的行为，同时确保自己的利益不被损害。在实践中，参与原则强调的是公民在整个程序运行过程中的实质参与，这是保证参与原则实际发生作用的前提。如果公民只是徒有其表地参与到程序中，没有机会真正阐明自己的观点，这样的参与也是没有意义的。参与过程实际上是权力主体与权利主体相互间围绕权利内容进行沟通交流的一个过程，这一过程也使得相对人能够有机会积极主动地为自

---

① 应松年：《行政程序立法研究》，中国法制出版社 2001 年版，第 136 页。

② R. S. Summers: Evaluating and Improving Legal Process-A Plea for "Process Values". Cornell Law Review. Vol 60, November 1974, No. 1. pp. 25-26.

己争取更多的权益。通过这样的沟通交流，权力主体与相对人之间达成相互间的理解信任与意思表达的一致，借此消除摩擦与冲突发生的可能性，最终使结果具有公正性和可接受性。这是因为，人们一旦参与了决定作出的过程，不仅有机会表达自己的观点和意见，也知晓决定作出的理由和原因，这样就比较容易接受决定的结果，或许他们的诉求没有在决定中完全实现，但基于理性认知依然服从这些决定。

为了确保相对人真正能够有效地参与到权力运行过程中，防止权力的恣意妄为，公民参与原则在具体落实中就要求在制度上使公民有机会、有条件提出自己的意见主张。比如"公平听证制度"就体现了这样的要求。这一制度要求政府认真负起当事人意见听取的义务，尤其是在做出对公民的不利决定时，必须通过举证、质证、辩论等交涉过程，给予公民能够充分真实地表达意愿的机会，这样，最终的事实真相才会逐步明晰，法律适用才能渐趋准确。所以，"英国自然公正原则和美国正当法律程序，都将'公平听证'作为其实现的主要内容"[1]。在现实中，由于政府对公民监督权行使的管控直接关系到公民的监督行为是否被定性为合法有效，更直接关系到如何对这些行为进行处理的问题，而公民的监督行为本就直指包括这种管控行为在内的所有政府权力的行使，因此，两者之间爆发摩擦和冲突的可能性很大。将公民参与原则引入政府行为与公民监督两者交互的全过程中，更有利于建立一个公平公正、高效顺畅的官民交流体制。这不仅有利于消解国家权力和公民权利之间的摩擦、矛盾和冲突，也有利于抑制国家权力的专横恣肆、保障公民监督权充分实现。

3. 程序公开

程序公开是指构成决定程序的每一个环节、每一个步骤、每一个阶段让当事人和社会公众知晓，以当事人和社会公众看得见的方式进行作出决定的过程。程序公开的目的在于通过满足公民的知情需要，使公民能够进行有效的政治参与，从而实现公民监督权。程序公开是程序正义的基本要求，是现代民主政治的题中之义，是实现公民监督权的重要保障。

在权力运行的过程中，无论是吸纳公民参与，还是接受公民监督，相关信息的公开都是重要的前提。"没有公开则无所谓正义"[2]，美国法学家伯尔曼的这一名言道出了程序公开的重要性，这一重要性具体体现在两个

---

[1] 叶必丰：《行政法的人文精神》，湖北人民出版社1999年版，第212页。

[2] [美] 哈罗德·J. 伯尔曼：《法律与宗教》，梁治平译，生活·读书·新知三联书店1991年版，第48页。

方面。一方面，有利于增加权力运行的透明度，加强公众对权力的监督，防止权力腐败，保护公民的合法权益。在现代社会，公民有权了解政府的活动，而政府对其制定的政策、法规以及作出的具体决定，都有义务向公众公开，接受公众的监督。另一方面，建立政府与公众间的沟通渠道，有利于公民参与公共事务，增强公民对政府机关的信赖。当前，"政府职能正在由社会管理为主转向为社会提供服务为主，权力不再是强制，而是履行职责和为公众提供服务"①。政府与公众间只有存在公开、透明的交流渠道才能使公民在充分、确实了解政府活动的基础上，积极参与国家事务和社会事务的管理。

程序公开的内容应当是全方位的，不仅权力的整个运行过程要公开（比如事前对职权依据的公开、事中对履职过程的公开、事后对决定事项的公开），而且权力行使主体自身的有关情况也要公开。② 但是，当公开的内容涉及国家秘密、个人隐私、商业秘密时要做特殊处理。公开应当采用适当的方式，根据公开对象的不同采取不同的方式。一般而言，对一般社会民众进行公开，可以采用查阅资料、媒体报道、会议旁听、公榜、刊载等方式；对具有特定身份的人进行公开，则可以采用说明理由、卷宗阅览、告知送达等途径。③ 政府部门在对公民监督权的行使进行监管的过程中，坚持职务程序的公开化原则，对于构建和谐的干群关系，满足和保障公民的监督权、知情权、参与权都是十分重要的。

---

① ［法］狄骥：《宪法论》，钱克新译，商务印书馆1962年版，第482页。
② 在实践中，关于权力主体所需要公开的内容一般包括：权力主体的基本信息（如法定名称、法定代表人姓名、办公地点和联系方法）、机构设置、人员编制、职责权限、财政收支，以及内部工作人员的录用、考核、奖惩、任免、个人财产、品德状况、廉洁自律情况等。
③ 参见周佑勇《行政法专论》，中国人民大学出版社2010年版，第89—90页。

第三章　公民监督权的行使限度与滥用禁止

在公民权利问题上，存在着绝对主义和相对主义两种立场。绝对主义立场将公民权利看作是绝对的，典型表现是以天赋人权和社会契约为思想基础、以"权利先于功利、权利先于义务、权先于权力、权利先于立法"①为基本内容的权利本位主张②。相对主义立场将公民权利看作是相对的，集中表现为权利相对性理论以及以这一理论为基础而形成的权利滥用禁止主张，"权利如同任何其他事物一样，也是有其限度的。拥有了权利的同时，也就意味着拥有了限度。权利相对性理论来自权利限度理论，有权利就有限度，超越了权利的限度，就可能走向权利滥用。承认权利的限度，就是承认权利的相对性；承认权利的限度，就是承认权利的滥用"③。公民监督权是公民的基本权利，关于公民权利的两种立场必然反映在这一基本权利的行使上。例如，美国联邦高院法官戈德堡（Goldberg）坚持绝对主义立场，认为美国宪法修正案第 1 条和第 14 条赋予公民和报业批评官员职务行为的绝对的、无条件的特权，而不管这种特

---

① 黄文艺：《权利本位论新解——以中西比较为视角》，《法律科学》2014 年第 5 期。
② 我国诸多学者赞成权利本位主张，参见以下资料：刘旺洪《权利本位的理论逻辑——与童之伟教授商榷》，《中国法学》2001 年第 2 期；张文显、于宁《当代中国法哲学研究范式的转换——从阶级斗争范式到权利本位范式》，《中国法学》2001 年第 1 期；胡连生《公民权利本位：现代民主政治的基本走向》，《长白学刊》2004 年第 3 期；钱大军《再论"权利本位"》，《求是学刊》2013 年第 5 期；黄文艺《权利本位论新解——以中西比较为视角》，《法律科学》2014 年第 5 期；凌斌《权利本位论的哲学奠基》，《现代法学》2015 年第 5 期；何进平、江游《权利本位新论》，《社会科学战线》2015 年第 2 期；李建华《权利本位文化反思与我国民法典编纂》，《法学家》2016 年第 1 期。当然，也有学者反对权利本位，参见以下资料：童之伟《权利本位说再评议》，《中国法学》2000 年第 6 期；崔宏岩《中国法学由"义务本位"向"权利本位"转向的探讨与批判——兼与张文显先生商榷》，《法制博览》2013 年第 3 期。
③ 刘作翔：《权利相对性理论及其争论——以法国若斯兰的"权利滥用"理论为引据》，《清华法学》2013 年第 6 期。

权的滥用和过分行使可能带来什么危害。更多的人坚持相对主义观点，认为该权利行使受到诸多因素的限制，这种思想支配了各国有关公民监督权行使的立法和司法的实践。① 在笔者看来，公民监督权行使不是随心所欲的、不是绝对的，同任何其他权利行使一样具有相对性，受到一定的约束，具有行使限度。公民监督权行使必须保持在一定限度内，否则就构成权利滥用，就会导致法律责任。

一 公民监督权的行使限度

公民监督权必须受到制约，已经成为人们的共识，而公民监督权如何受到制约？哪些因素构成公民监督权行使的限度？这些问题才是公民监督权行使的难点所在。为了使公民正当行使监督权，为了防止国家权力对公民监督权行使的不当干预，就要厘清公民监督权行使限度的具体因素。公民监督权行使既受到一个国家的政治制度、经济状况、文化素质等法外因素的影响，又受到义务、责任等法内因素的制约。从国际社会看，对公民权利包括公民监督权行使设立限度，通常以立法形式进行。② 我国法律设立的权利行使限制也适用于公民监督权行使，综观我国法律规定，限制公民权利行使的因素主要有社会秩序、公职人员人格权和法律规范等，这三个方面构成公民监督权行使的限度。

（一）社会秩序

社会秩序是人类存在和发展的基本条件，也是个人生存和发展的重要

---

① 参见侯建《舆论监督权与名誉权问题研究》，北京大学出版社2002年版，第71—73页。
② 例如，《公民权利和政治权利国际公约》第19条规定："……二、人人有自由发表意见的权利，此项权利包括寻求、接受和传递各种消息和思想的自由……也不论口头的、书写的、印刷的、采取艺术形式的或通过他所选择的任何其他媒介。三、本条第二款所规定的权利的行使带有特殊的义务和责任，因此得受某些限制，但这些限制只应由法律规定并为下列条件所必需：甲）尊重他人的权利或名誉；乙）保障国家安全或公共秩序，或公共卫生或道德。"我国《宪法》规定："中华人民共和国公民在行使自由和权利的时候，不得损害国家的、社会的、集体的利益和其他公民的合法的自由和权利"（第51条），"中华人民共和国公民……对于任何国家机关和国家工作人员的违法失职行为，有向有关国家机关提出申诉、控告或者检举的权利，但是不得捏造或者歪曲事实进行诬告陷害"（第41条）。

保障。社会秩序所具有的价值和意义，使得它成为人类自与猿猴相揖别以来就努力追求的目标。这一点，博登海默作出过如下说明："凡是在人类建立了政治或社会组织单位的地方，他们都曾力图防止不可控制的混乱现象，也曾试图确立某种适于生存的秩序形式。"① 社会秩序的形成有赖于国家权力的规范运行，有赖于公民权利的规范行使。监督权是公民的一种基本权利，但公民对监督权的行使不得危害社会秩序，社会秩序是公民监督权行使的限度之一。

1. 社会秩序及其规定性

博登海默曾经从秩序与无序的对比中解释其规定性，指出："秩序的概念，意指在自然界与社会进程运转中存在着某种程度的一致性、连续性和确定性。另一方面，无序概念则表明，普遍存在着无连续性、无规律性的现象，亦既缺乏可理解的模式——这表现为从一个事态到另一个事态的不可预测的突变情形。"② 就是说，秩序是一种有条理、有规律、不混乱的状态，与无序、混乱、突变、无规律等相对立。

秩序既存在于自然界，也存在于人类社会。自然秩序是一种自发的现象，而社会秩序则是人的自觉活动的结果③。然而，"人们自己创造自己的历史，但是他们并不是随心所欲地创造"④，人们创造历史的活动受到社会历史条件和社会发展规律的制约⑤。社会历史条件和社会发展规律制约着人们创造历史的活动，也使得社会秩序得以形成。社会秩序与自然秩序一样具有一致性、连续性和稳定性特征，但比自然秩序具有更为复杂的情形，具有社会性、功能性、连续性、稳定性、可预测性等特征。

社会秩序具有多方面的规定性，其基本规定由两个方面构成。

---

① ［美］博登海默：《法理学——法哲学及其方法》，邓正来、姬敬武译，华夏出版社1987年版，第207页。
② ［美］博登海默：《法理学——法哲学及其方法》，华夏出版社1987年版，第207页。
③ 社会秩序是人的自觉活动的结果，可以从恩格斯的下列观点中得到印证："在社会历史领域内进行活动的，是具有意识的、经过思虑或凭激情行动的、追求某种目的的人；任何事情的发生都不是没有自觉的意图，没有预期的目的的。"《马克思恩格斯选集》第4卷，人民出版社1995年版，第247页。
④ 《马克思恩格斯选集》第1卷，人民出版社1995年版，第585页。
⑤ 马克思指出："历史进程是受内在的一般规律支配的……在表面上是偶然性在起作用的地方，这种偶然性始终是受内部的隐蔽着的规律支配的。"《马克思恩格斯选集》第4卷，人民出版社1995年版，第247页。

第一，社会结构均衡。社会结构是社会的基本构成部分之间相互关联的方式，是组成社会的"各相关要素之间是相互影响、相互联系的有机统一体"①。从不同视角看，社会结构的构成要素有不同方面。例如，从社会基本矛盾的视角看，社会结构是由生产力、经济基础和上层建筑等要素相互联系、相互影响的有机统一体；从社会分工的视角看，社会结构由相互联系、相互影响的经济、政治、文化、生态等多要素构成；从社会阶层的角度看，社会结构由国家管理者阶层、私营企业主阶层、专业技术人员阶层、工人阶层、农民阶层、其他阶层（这一阶层主要由办事人员、商业服务业从业人员、无业失业半失业者等构成）等子系统构成②；按照收入的不同，社会结构的子系统可以分为高收入者、中等收入者、低收入者和无收入者；在法学领域，社会结构是由权利结构、权力结构、权利与权力结构等方面构成的有机系统，其中权利与权力结构是核心。不论哪个意义上的社会结构，如果失去均衡性，社会就陷入无序与混乱之中。这是由社会基本矛盾运动的规律决定的③。

社会秩序意味着社会结构的均衡。在当今中国，改革开放不断向纵深发展，社会结构发生重大变化，社会结构的均衡受到影响。有学者根据全国第五次人口普查数据，指出我国的社会结构是"倒丁字型"，其具体表现是："社会中下层或下层比例、数量巨大，工人、农民、农民工占据了社会群体的主要比例，中间层弱小，中产明显缺失。"④ 不仅如此，利益的多元化以及贫富差距的扩大致使社会矛盾凸显，"仇官""仇富"现象

---

① 安广峰：《马克思社会结构理论的当代价值》，《人民论坛·学术前沿》2016年第23期。
② 文池：《我国社会阶层结构：新变化·矛盾·策略》，《中共云南省委党校学报》2017年第2期。
③ 马克思曾对社会基本矛盾运动的规律进行过如下阐释："人们在自己生活的社会生产中发生一定的、必然的、不以他们的意志为转移的关系，即同他们的物质生产力的一定发展阶段相适应的生产关系。这些生产关系的综合构成社会的经济结构，即有法律的和政治的上层建筑竖立其上并有一定的社会意识形式与之相适应的现实基础……社会的物质生产力发展到一定阶段，便同它们一直在其中运动的现存生产关系或财产关系（这只是生产关系的法律用语）发生矛盾。于是这些关系便由生产力的发展形式变成生产力的桎梏。那时社会革命的时代就到来了。随着经济基础的变更，全部庞大的上层建筑也或慢或快地发生变革。"《马克思恩格斯选集》第2卷，人民出版社1995年版，第32—33页。
④ 李强：《我国正在形成"土字型社会结构"》，《北京日报》2015年5月25日。

的存在彰显了富裕与穷人之间和管理层与被管理层之间的矛盾①。毫无疑问，要维护社会秩序，就要正确认识和处理社会结构各要素之间的关系，就要采取措施解决社会矛盾，实现社会结构的均衡。具体而言，要"坚持全面规划和突出重点相协调，既着眼于全面推进经济建设、政治建设、文化建设、社会建设、生态文明建设、对外开放、国防建设和党的建设，又突出薄弱环节和滞后领域，集中攻关，提出可行思路和务实举措"②，在全面推进依法治国中以权利与权力的协调性为核心，同时坚持权利的平等性及权利义务的统一性。

第二，社会主体的有规则行为。所谓社会主体，是指处在一定社会关系中从事实践活动的自然人及其组织，包括公民（具有国籍的自然人）、国家机关、非政府组织、企业事业单位、民族等，其中公民最为基本。虽然有大量的研究证明人类具有要求稳定性和连续性、进而要求在相互关系中遵守规则的心理倾向，但"人性并不是一系列稳固确定、自相一致的特征，而是一些经常发生冲突的基本倾向……要求承认个人权利的欲望在任何时候都不可能完全从人的头脑中消除"③。因此，需要有社会规则对人的行为进行调控。社会秩序与社会规则有着必然联系，它是社会主体依照规则行为的状态。马克思指出："规则和秩序本身对任何要摆脱单纯偶然性或任意性而取得社会的固定性和独立性的生产方式而言，是一个必不可少的要素。"④ 社会规则有多种，如道德、宗教、法律等，因而社会秩序也有多种，如道德秩序、宗教秩序、法律秩序等。由于法律具有普适性、连续性、明确性、概括性，因而法律秩序是一种最优的社会秩序。现代国家大多追求法律秩序，通过专门性的立法活动创制法律规范，并运用

---

① 关于"仇富""仇官"现象，可参考下列资料：张和娜《当前"仇富"心理的成因与矫治》，《产业与科技论坛》2017年第4期；朱志玲《仇官：结构性怨恨的主要形态》，《领导科学》2016年第32期；娄娴《试论仇富仇官心态的形成》，《才智》2016年第4期；冯小明《试析仇富现象产生的原因及治理对策》，《湖南行政学院学报》2015年第3期；张佩铭《善用"仇官"者》，《领导科学》2015年第4期；郝其宏《仇富型网络群体性事件的成因及其治理》，《齐鲁学刊》2014年第2期；曹林《"仇官仇富"的背后逻辑》，《廉政文化》2013年第3期。

② 习近平：《关于〈中共中央关于制定国民经济和社会发展第十三个五年规划的建议〉的说明》，《人民日报》2015年11月4日。

③ ［美］博登海默：《法理学——法哲学及其方法》，华夏出版社1987年版，"作者致中文版前言"，第4—5页。

④ 《马克思恩格斯全集》第25卷，人民出版社1974年版，第894页。

一定的力量和机制予以保障和实现,从而所有的社会主体敬畏法律、信奉法律,依据法律规定进行各种社会活动,享有权利,承担义务。

2. 社会秩序是公民监督权行使的限度

虽然人类历史的车轮滚滚向前,呈现出不断发展、不断进步的趋势,但历史也向我们展示,"在这一领域,尽管各个人都有自觉预期的目的,总的说来在表面上好像也是偶然性在支配着"①。尽管人类从产生的那一天起就在追求有秩序的生活,但是"人类对于秩序的追求,时常为偶然情形所阻碍,有时还被普遍的混乱状况所挫败……人类在政治、社会和经济生活中制订计划,往往由于事件发生的先后顺序不可预测的变化,而受到干扰"②。构建和维系社会秩序是一项艰巨任务,因为在不同国家、不同时期,总会有一些野心家想方设法激化民众对现有秩序的不满,煽动民众发动暴力,从而达到自己掌控权力的目的;总会有一些生活放荡不羁的人蔑视规则,不尊礼教和习俗,追求不加约束的生活;总会有自私自利、贪婪成性之人,他们欲壑难填,为了满足自己的私利,不择手段,侵害他人利益和社会公共利益。与社会秩序相对抗的现象贯穿人类发展的历史长河,这种对抗的程度和力量在不同国家和不同历史时期具有差异性。在专制集权社会,国家暴力工具是维护社会秩序的主要工具;在民主法治国家,公民监督是维护社会秩序的基本方式,公民监督权行使对于消除扰乱社会秩序的因子、构建和维护社会秩序具有极为重要的作用。

众所周知,公民监督权的客体主要是国家机关及其工作人员的公务行为,公务行为与国家权力行使相联系。依据民主法治的理念,权力与责任相伴随,国家机关及其工作人员只有在履行职责时,才能动用相应的权力。正如习近平所说的:"有权必有责,用权受监督,失职要问责,违法要追究,保证人民赋予的权力始终用来为人民谋利益。"③ 这是法律构建的权力秩序,也是法律构建的权利与权力秩序。如果国家机关及其工作人员滥用权力,则既破坏了既定的权力秩序,也破坏了既定的权利与权力秩序,因为滥用权力势必侵害公民权利。公民监督权是确保权力有序运行、防止权力滥用、维护权利与权力秩序的重要力量。一方面,公民通过行使监督权,向国家有关部门检举、揭发国家机关及其工作人员的违法犯罪行

---

① 《马克思恩格斯选集》第4卷,人民出版社1995年版,第247页。
② [美]博登海默:《法理学——法哲学及其方法》,邓正来、姬敬武译,华夏出版社1987年版,第213页。
③ 《习近平谈治国理政》,外文出版社有限责任公司2014年版,第142页。

为，国家有关部门依法采取行动，依法制裁违法犯罪行为，恢复被违法犯罪行为所破坏的权力运行秩序。另一方面，公民通过行使监督权，向国家机关建言献策，对公职人员的公务行为直陈弊缺。而国家机关及其工作人员听取民意、集中民智，使公务行为更加符合民意，有利于构建权利与权力之间的和谐关系。

任何事物都是矛盾的统一体，公民监督权行使也是如此。公民监督权的正当行使有利于社会的和谐，但如果公民监督权行使不当，也会成为破坏社会秩序的力量。这无须繁杂的理论阐释，现实的事实就可以证明。在此，我们以无理上访为例进行说明。笔者在第一章中已经提到，信访是我国公民监督权的重要实现途径，信访权作为一种新权利被一些学者进行了学理分析。虽然有学者对信访制度颇有微词，例如，早在2005年，于建嵘就在其公开发表的《中国信访制批判》一文中对信访制度的缺陷进行了分析①，但是，我国当前的现实情况决定了信访制度存在的必要性，"信访工作是党的群众工作的重要组成部分，是用特殊方法做党的群众工作、做人的思想工作，通过依法妥善解决信访问题，密切党群干群关系，维护社会和谐稳定，巩固党的执政基础"②。民众通过信访渠道揭发、检举、控告各级党政机关工作人员的违法、失职行为，在保障上访人的合法权益、推进社会治理、纠正不正之风、促进勤政为民等方面发挥了重要作用。然而，也有一些人利用信访制度，为谋求私利而滥用信访权利，进行无理上访。所谓无理上访，是指"上访人反映的问题已按法律、法规、政策和事实依据处理终结，但上访人拒不接受处理结果，就同一问题重复上访，提出无理要求"③。无理上访现象的产生原因主要有两个方面。一方面是上访人的贪欲。当上访人私欲膨胀而将超过限度的利益诉求作为上访的目的，那么这种上访就因失去正当性而成为无理上访。另一方面是政策考核指标的偏差。在一票否决的政绩考核制度之下，一些地方政府"花钱买平安"。于是，有些上访者抓住了基层政府"花钱买平安"的心

---

① 于建嵘认为，信访制度存在诸多缺陷，这些缺陷主要有三个方面："（一）信访体制不顺，机构庞杂，缺乏整体系统性，导致各种问题和矛盾焦点向中央聚集。（二）信访功能错位，责重权轻，人治色彩浓厚，消解了国家司法机关的权威，从体制上动摇了现代国家治理的基础。（三）信访程序缺失，立案不规范，终结机制不完善，不断诱发较严重的冲突事件。"参见《中国信访制批判》，《中国改革》2005年第2期。

② 谈燕：《解决信访问题根本靠法治》，《解放日报》2016年2月20日。

③ 谭鹏：《妥善解决无理上访，促进社会和谐稳定》，《云南行政学院》2004年第7期。

态，通过无理上访来获取满足私欲。① "基层法治实践中，由于无法有效遏制无理上访，无理上访有扩大化趋势，并出现了'谋利型上访'。"② 无理上访的危害在于不仅破坏了《信访条例》所意图构建的信访秩序，而且损害了全面依法治国的社会根基。

社会秩序是公民监督权行使的必要限度，对于滥用监督权、扰乱社会秩序的行为，必须加以制止。由于滥用监督权而扰乱社会秩序的行为不尽相同，因而应对的具体措施也存在差异。从整体上说，防止公民滥用监督权造成对社会秩序的破坏，可以采取以下方面的措施。

第一，引导民众树立权利与义务相统一的理念。权利和义务是辩证统一的关系，权利的实现以义务为条件，公民享有的权利是根据公民所尽的义务确定的，如果不履行义务，那么权利就失去了存在的基础。因此，我国《宪法》明确规定："任何公民享有宪法和法律规定的权利；同时也必须履行宪法和法律规定的义务。"③ 一些公民，例如无理上访者，过分关注自我利益，忘记了自己的责任和义务。权利与义务相统一的理念有利于公民正确认识自己的利益诉求，从而从思想源头遏制对监督权的滥用，防止监督权滥用所导致的社会混乱，发挥监督权在建立和维护社会秩序方面的功能，因此，必须"高度重视道德对公民行为的规范作用，引导公民既依法维护合法权益，又自觉履行法定义务，做到享有权利和履行义务相一致"④。

第二，纠正社会上存在的片面的甚至错误的观点和做法。例如，在"稳定压倒一切"的观念之下，一些人存在着"上访就是维权"的看法，

---

① 有学者曾对湖北省桥镇的调查发现，2003 年以来出现了以谋利为目的的"上访专业户"11 人，他们"以上访为业"，2008 年占上访总人数（125 人）的 9%，占上访总人次的 29.5%。与那些因为自身权益受到侵害而反复上访的"钉子户"不同，上访专业户的上访具有谋利的明确目的，有的是为了强占他人的利益，有的是为了从政府捞取诸如低保、钱物的照顾。这些谋利型的上访者尽管在伦理、道义上可能站不住脚，但是他们精于钻法律政策的空隙，精准地掌握"踩线不越线"的原则，因而基层干部往往无可奈何，当上访专业户胡搅蛮缠让官员们烦不胜烦时，他们就批条子要求下级给上访者发放一点小恩小惠。这种丧失底线的"救火"式治理，为上访专业户的进一步蔓延创造了空间。资料来源：田先红《从维权到谋利——农民上访行为逻辑变迁的一个解释框架》，《开放时代》2010 年第 6 期；田先红《桥镇谋利型上访调查》，《决策》2012 年第 8 期。

② 陈柏峰：《无理上访与基层法治》，《中外法学》2011 年第 2 期。

③ 《中华人民共和国宪法》第 33 条第 4 款，《人民日报》2004 年 3 月 16 日。

④ 《习近平谈治国理政》，外文出版社有限责任公司 2014 年版，第 141 页。

一些基层政府存在着"花钱买平安"的做法。这些看法和做法有失偏颇。一方面，上访的问题非常复杂，并非权利话语所能简单概括的，无理上访超越了维权的范畴。另一方面，基层政府"花钱买平安"的做法满足了上访者的无理诉求，产生了鼓励更多人进行无理上访的社会效应。因此，为了防止公民监督权滥用，一要培养公民正确的权利意识，例如，"需要向媒体和社会展现上访潮中无比荒诞的无理上访（特别是谋利型上访），这有助于社会全面理解上访潮"①；二要纠正基层政府有失偏颇的做法，强化基层政府的治权，摒弃"上访一票否决"的政绩评价标准；三要提高基层政府的治理能力，摒弃"花钱买平安"的做法，以法治思维和法治方式解决民众的上访问题。为此，要积极推进五年普法规划的实施，加强法治教育，提高全社会的法治思维能力和水平。②

第三，借鉴发达国家和地区的做法，建立申诉专员制度。申诉专员制度是一项针对政府的失当行政行为进行监督与实施救济的制度，申诉专员可以根据市民投诉或者主动立案调查，得出结论，向行政机关提出建议和批评，也有权驳回市民的无理申诉。该制度是公民权利对政府责任的要求日益提高的产物，自1809年《瑞典宪法》率先建立起来之后，陆续被诸多国家移植，并被这些国家根据本国国情予以创新。我国香港地区也建立了申诉专员制度，居民可以就政府部门和主要公营机构的行政失当行为向专员公署投诉，并由公署展开独立调查。③ 申诉专员制度为我国信访制度改革提供了启示，我国也可以建立信访专员制度，通过法律赋予信访专员调查权、建议权、公开调查结果权和向有关部门及其领导报告的报告权，通过法律规定信访专员的工作程序，"直访可借鉴初步查讯与调解程序，

---

① 陈柏峰：《无理上访与基层法治》，《中外法学》2011年第2期。
② 《中共中央关于全面推进依法治国若干重大问题的决定》指出："推动全社会树立法治意识。坚持把全民普法和守法作为依法治国的长期基础性工作，深入开展法治宣传教育，引导全民自觉守法、遇事找法、解决问题靠法。坚持把领导干部带头学法、模范守法作为树立法治意识的关键，完善国家工作人员学法用法制度，把宪法法律列入党委（党组）中心组学习内容，列为党校、行政学院、干部学院、社会主义学院必修课。把法治教育纳入国民教育体系，从青少年抓起，在中小学设立法治知识课程。"《中共中央关于全面推进依法治国若干重大问题的决定》，《光明日报》2014年10月29日。
③ "从1989年香港申诉专员制度始建至今，这一制度已经成为监察政府工作、解决市民申诉的有效途径，对排查社会纠纷、接受社会诉求、化解社会矛盾、安定社会秩序及提升公民对政府的信任水平所产生的积极作用有目共睹。"孙光强：《香港申诉专员制度对完善内地信访制度的启示》，《东南大学学报》2016年增刊。

上访可以借鉴全面调查程序。在上访程序中,决策与执行的区分可通过全面调查结论的处理方式得以体现:信访机构只负责调查;对个案处理结果的介入则是领导机关的事务,它严格来说已经超出信访工作的范围",信访机构的工作程序"是信访机构独立地行使职权,而不是充当有权机关的收发室"。① 信访专员制度可以消除一些人的"小闹小解决、大闹大解决、不闹不解决"心理,改变"好哭的孩子多吃奶"现象,引导民众表达自己的合理诉求,因而有利于解决无理上访问题,有利于遏制谋利型上访现象。不仅如此,信访专员制度有利于解决公民和政府矛盾、实现公民与政府的良性互动。

(二) 公职人员人格尊严

让人民过上有尊严的生活,是我们党和政府的奋斗目标。前国务院总理温家宝 2010 年 3 月在第十一届全国人民代表大会第三次会议上作政府工作报告时表示:"要让人民生活得更加幸福、更有尊严。"② 习近平在第七十届联合国大会上发言指出:"大家一起发展才是真发展,可持续发展才是好发展……我们要将承诺变为行动,共同营造人人免于匮乏、获得发展、享有尊严的光明前景。"③ 一个人享有人格尊严,意味着他具有主体性价值,能够自主地持有某种观点、作出某种决定以及采取某项行动,对决定自身的命运享有完整的自主权;意味着他存在的价值及拥有的能力能够得到社会和他人的尊重、认可,并借此体面地生活。因此,现代法律以人格权的方式对公民的人格尊严予以保障。由于公民监督的对象是公职人员,因此,作为公民监督权行使限度的,不是普通公民的人格尊严,而是公职人员的人格尊严。公职人员与普通人一样享有人格受到尊重的权利,公民行使监督权不得损害公职人员人格尊严。

1. 人格尊严的概念诠释

与其他许多概念一样,对人格尊严的理解也是智者见智、仁者见仁。有人从伦理学角度将它理解为主体的一种内在素质,体现人之所以成为道德主体的内在潜能;有人从哲学角度将它与人的理性联系在一起,认为

---

① 毛玮:《香港申诉专员制度值得借鉴》,《组织人事报》2014 年 6 月 3 日。
② 温家宝:《政府工作报告——2010 年 3 月 5 日在第十一届全国人民代表大会第三次会议上》,《新华每日电讯》2010 年 3 月 16 日。
③ 习近平:《携手构建合作共赢新伙伴 同心打造人类命运共同体——在第七十届联合国大会一般性辩论时的讲话》(2015 年 9 月 28 日,纽约),《人民日报》2015 年 9 月 29 日。

"人凭借理性获得尊严"①,还有人从法学角度将它理解为"主体享有的基本权利,神圣不可侵犯"②。在笔者看来,不论从哪个角度界定人格尊严,都不能忽视人格和人格权这两个概念。事实上,人格尊严与人格、人格权是不可分离的,人格是人格尊严的主体因素,人格权是人格尊严的必然要求,而"人格权是人格的法律状态"③。因此,对人格尊严的讨论必须从人格谈起。

第一,人格是人格尊严的主体因素。人格是一个笼统含糊、歧义丛生的概念,"无论是过去还是现在,'人格'一词都缺乏行为的参照和客观的确定性,因而也规避了严格的分析和评估。历史上,宗教的、道德的和法律的教条似乎否定了对人格进行科学检验的需要,而现在由于临床传统领域的理论发展,人格的概念依然难以客观化"④。不同的学科赋予人格不同的含义。在哲学中,人格是具有自我创造和自我控制力量的自由意志;在伦理学中,人格是指人的道德品质、道德品格、德行操守;在政治学中,人格是一种心理防卫机制,这种机制对政治行为具有重要影响;在社会学中,人格是"指一个人通过社会化而形成的观念、态度、性格、能力、气质等,是一个比较稳定的生理、心理素质和行为特征的总和"⑤;在心理学中,人格是指个体"通过环境、教育和自身主观努力等因素的交互作用,在社会化过程中形成的内在动力组织与外在行为模式整合的统一组织"⑥。

我们所讨论的人格是法学意义上的,这个意义上的人格最早可追溯至罗马法时期,"法律人格是罗马法的创造,是指生物人被承认为法律人的地位"⑦。在这个时期,人格与人的身份相联系,不同的身份享有不同的

---

① 张千帆:《为了人的尊严:中国古典政治哲学批判与重构》,中国民主法制出版社 2012 年版,第 18 页。
② 刘晓青:《论科学理性与德性伦理之间的张力——关于大卫·克希霍夫尔人格尊严多维模型的分析》,《自然辩证法研究》2017 年第 4 期。
③ 马俊驹、王恒:《未来我国民法典不宜采用"一般人格权"概念》,《河北法学》2012 年第 8 期。
④ 王丽萍:《人格与政治:政治心理学领域核心关系分析》,《北京大学学报》2002 年第 2 期。
⑤ 李宁:《社会学》,宁夏人民出版社 2001 年版,第 57 页。
⑥ 徐学俊:《人格心理学:理论·方法·案例》,华中科技大学出版社 2012 年版,第 3 页。
⑦ 马俊驹、王恒:《未来我国民法典不宜采用"一般人格权"概念》,《河北法学》2012 年第 8 期。

人格，因而人格不仅不平等，而且成为特权的象征，"拥有人格的人，就相当于拥有了法律赋予的全部特权……没有人格的人，无论在经济上多么富有，在法律上只是工具"①。奴隶是没有人格的，他们被当作会说话的工具。随着人类文明的发展，经过文艺复兴和启蒙运动的思想洗礼，以平等、自由、独立、尊严为特征的人格理念逐步兴起。从近代开始，"大陆法系国家的民法典已经从立法技术上将'生物人'和'法律人'进行分离，实现人的自由与尊严在实在法上的确认，保护每一个自然人普遍平等的资格和地位"②。如今，人格作为一个法律概念，被赋予这样的含义：法律关系主体在人格关系上所体现的与其自身不可分离的、受到法律保护的利益，即"人之所以为人的那些属性或性质，包括人格独立、人格自由、人格尊严等抽象的人格利益，以及生命、身体、健康、姓名、肖像、隐私等具体的人格利益"③。

第二，平等尊重是人格尊严的内在质素。笔者赞同著名法学家李步云对人格尊严的如下界定：人格尊严是指"人处于社会关系中通过一定形式应该具有，或者抽象表现出来的不可亵渎、不可冒犯、不可侵越或不可剥夺的一种社会性精神特质"④。这一界定表明，平等尊重是人格尊严的基本质素。首先，人具有社会性，生活在社会关系之中，只有相互尊重才能构建人与人的和谐关系，才能维护社会的稳定秩序。其次，即便在生物学意义上，人作为人也具有相同的生物学属性，"你是一个人，我是一个人，他也是一个人"，因而人与人之间应该平等，应该相互尊重，没有人可以侮辱另一个人。再次，人具有理性，能思考，会算计，能够意识到"人作为一种有意识的主体，要想生存，就要充分发挥自身的主体性，与他人打交道，融入社会发展的体制机制中；反之，脱离这些外在对象主体将一无是处"⑤，从而在探索人的生存发展的最佳模式和社会稳定繁荣的最佳道路的过程中确认人格尊严的价值意义。

从应然上说，任何人都有独立的人格，因此任何人都有人格尊严。然而，在实然上，人格尊严常常受到践踏。鉴于第二次世界大战中法西斯野

---

① 马俊驹、王恒：《未来我国民法典不宜采用"一般人格权"概念》，《河北法学》2012年第8期。
② 何建国：《人格与人格权的历史发展及其启示》，《大庆师范学院学报》2017年第1期。
③ 姚辉：《民法学原理与案例教程》，中国人民大学出版社2007年，第79页。
④ 李步云：《人权法学》，高等教育出版社2005年版，第134页。
⑤ 刘晓青：《论科学理性与德性伦理之间的张力——关于大卫·克希霍夫尔人格尊严多维模型的分析》，《自然辩证法研究》2017年第4期。

蛮践踏人的尊严、无视人的基本生存权利的惨痛教训，国际社会逐渐认识到人格尊严所具有的重要价值，将国家负有的保障与促进人格尊严的积极义务通过公约的形式予以明确宣告。① 在当今时代，不仅国际条约强调保护人格尊严，而且众多国家在其宪法中增加了人格尊严条款②，我国《宪法》也将人格尊严保护纳入其中，第38条明确规定："中华人民共和国公民的人格尊严不受侵犯。禁止用任何方法对公民进行侮辱、诽谤和诬告陷害。"③ 从各国宪法看，对人格尊严的规定主要以四种方式进行，即以宪法序言规定、在宪法正文中规定、将其列入宪法之基本权利部分、"将其置于宪法基本权利之外，作为基本权利的源头或者核心精神而统领诸项基本权利"④。

正是由于公民的人格尊严在宪法中的地位极为重要，因而有学者断言，如果否定公民的人格尊严，就是否定了宪法。在这里，我们可以阅读美国学者亚历山大·米克尔约翰的下列观点："就我们所见，非人性的宇宙并没有道德原则。它不知道也不关心人类尊严，或其他的什么事物。而且，我们可以同意，尊重人类尊严并不是人类的最终真理。这种相互尊重的原则仅仅是在这样的情况下产生和得到证明：一群人已经成功地结成同

---

① 1945年《联合国宪章》指出："为免后世再遭当代人类两度身历惨不堪言之战祸"，"重申基本人权、人格尊严与价值，以及男女与大小各国平等权利之信念"。1948年《世界人权宣言》宣布："对人类家庭所有成员的固有尊严及其平等的和不移的权利的承认，乃是世界自由、正义与和平的基础"；"人人生而自由，在尊严和权利上一律平等"，"任何人的私生活、家庭住宅不得任意干涉，他的荣誉和名誉不得加以攻击，人人有权享受法律保护，以免受此等干涉或攻击"。1966年《经济、社会和文化权利公约》与《公民权利和政治权利公约》重申："依据联合国宪章所宣称的原则，对人类家庭所有成员的固有尊严及其平等的和不移的权利的承认，乃是世界自由、正义与和平的基础，确认这些权利是源于人身的固有尊严。"

② 1919年《魏玛宪法》第一次使用"人的尊严"这个词，并将人之尊严解释成"保障符合人之尊严的生存"，强调对人的尊严的尊重。1945年制定后经过多次修订的现行的《德国基本法》第1条第1款规定："人之尊严不可侵犯，尊重及保护此项尊严为所有国家机关之义务。" 1976年制定、1982年修改的葡萄牙现行《宪法》第1条宣布"葡萄牙是独立自主的共和国，以人的尊严和人民意志为基础"。在1937年的爱尔兰宪法中也规定了保障"人格尊严和自由"。1947年开始实行的日本《宪法》第13条规定："全体国民都作为个人而受到尊重。对于谋求生存、自由以及幸福的国民权利，只要不违反公共福利，在立法及其他国政上都必须受到最大的尊重。"

③ 《中华人民共和国宪法》，《人民日报》2018年3月22日。

④ 参见刘志刚《人格尊严的宪法意义》，《中国法学》2007年第1期。

胞关系，并受其约束，这种同胞关系依靠明示或默示的协定维持一种'生活方式'。这种目标对于整个人类而言依然很遥远。但是当有人面对着我们的宪法却说，一个'同胞'公民并没有必须予以尊重的尊严时，就是另外一个问题了。这样说不仅仅是无视宪法，简直是否定它。"①

第三，人格权是人格尊严的法律表现形式。人格尊严的重要性以及人格的法律化，使人格权成为一个重要的法律概念，使人格权保护成为一项重要的法律使命。学术史考察表明，人格权一词是由历史法学派代表人物格奥尔格·弗里德里希·普赫塔（Georg Friedrich Puchta）提出来，迄今这个概念为众多国家的学者所使用、其内容也为众多国家的法律所规定。然而，正如日本民法学家星野英一（ほしの えいいち）所指出的，这一概念"依然有暧昧不清的地方"，并且在"法构成和内容上，仍然存在问题"。② 我们基于上述对人格与权利的理解，对人格权作出如下定义：人格权是人依法享有的、为实现自己人格利益而实施或不实施某一行为以及要求其他社会主体实施或不实施某一行为的资格，它是一个由多方面构成的权利体系，包括生命健康权、隐私权、姓名权、名誉权、肖像权等方面。

人格权不论其具体内容如何，都是公民"依法享有"的权利。那么，这里的"法"是民法还是宪法？换言之，人格权是一种民法上的权利还是一种宪法上的权利？有学者主张一般人格权应属于民法上的权利，而不是宪法上的权利；③ 也有学者主张人格权首先是宪法上的权利。④ 在笔者看来，人格权既是公民的民事权利，也是公民的宪法权利。宪法上的人格权是民法上的人格权的依据和指导，民法上的人格权是宪法上的人格权的

---

① ［美］亚历山大·米克尔约翰：《表达自由的法律限度》，侯建译，贵州人民出版社2003年版，第58页。

② ［日］星野英一：《私法中的人》，王闯译，载梁慧星主编《民商法论丛》第8卷，法律出版社1997年版，第177页。

③ 参见姚辉、周云涛《关于民事权利的宪法学思维——以一般人格权为对象的观察》，《浙江社会科学》2007年第1期。

④ 有学者对人格权的源流进行考察，得出这样的结论："民法上的人格权也深受宪法上的人格权理论与实践的影响，民事判决也不乏直接援引宪法条款。如德国人格权的1954年的'读者来信案'中，法院援引基本法第1条和第2条共同保障之一般人格权来保护未曾发表的读者来信。1969年日本之京都府学联事件中，最高法院也援引宪法上的人格权条款——第十三条'幸福追求权'演绎出肖像权之概念。"林来梵、骆正言：《宪法上的人格权》，《法学家》2008年第5期。

延伸和拓展。需要注意的是:"依据不同理论基础产生的宪法权利和民法权利在权利属性方面存在鲜明的差别,由此决定了宪法权利与民法权利完全处于不同层面,分别在国家—公民、私人—私人的范畴内发挥作用,不得逾越。二者之间的界限不仅与权利本身相伴始终,而且如果无视这一界限,将宪法权利作为私法请求权的依据,将造成权利体系的紊乱和私法自治的受损。"① 基于宪法与民法之间的"母子"关系,且人格权的宪法规定抽象而狭窄、民法规定具体而广泛,所以,对人格权的规定和保护,宪法和民法应该各司其职、分工协同,形成以宪法规定为指导原则、以民法规定为操作规制的严密体系。

在我国,人格权一开始是作为民法上的权利出现的。1909年《大清民法草案》第一次使用"人格"概念,该草案不仅规定了自由权、姓名权、身体权、生命权、名誉权等具体人格权,而且规定了这些具体人格权的法律保护方法。历史发展到今天,对人格权的保护是我国法律的重要任务。现行《宪法》第38条规定确立了人格尊严保护的宪法依据,对这一条规定的理解,有学者将它分为前段和后段,认为:"前段'中华人民共和国公民的人格尊严不受侵犯'可理解为'人的尊严',作为宪法的基础价值原理以及个别的权利;后段'禁止用任何方法对公民进行侮辱、诽谤和诬告陷害'与前段结合可视为宪法上的人格权。"② 由于我国宪法规定具有不能作为诉讼依据的特征,因而我国对人格尊严的法律保障主要表现在民法领域。在民法领域中,对人格权保护体现在两个方面:一是规定公民享有人格权,禁止侵害公民人格权的行为;二是规定对受侵害的人格权进行救济、对侵害人格权的行为给予惩罚的具体方式,包括赔礼道歉、恢复名誉、停止侵害、消除影响、赔偿损失等。民法上的人格权及其保护是宪法上的人格权及其保护的具体要求和具体体现。

2. 公职人员人格尊严是公民监督权行使的限度

随着公民权利意识的提高以及新媒体的发展,公民行使监督权的积极性高涨。公民监督权的行使在提高反腐败成效的同时,也存在着与公职人员人格尊严保护之间龃龉,使得公职人员人格尊严保护成为法学理论研究和法治实践探索的重要问题之一。让我们先看一看来自报纸的两则案例。

据《南方周末》报道,2014年9月26日,发表在凯迪论坛的一个帖子称:衡阳市信访局局长罗某与衡阳市纪委干部李某于9月21日晚在衡

---

① 张善斌:《民法人格权和宪法人格权的独立与互动》,《法学评论》2016年第6期。
② 林来梵、骆正言:《宪法上的人格权》,《法学家》2008年第5期。

阳市雁峰区文昌村路边"车震",当地村民误以为车内是小偷把车围住,发现车内"一男一女赤身裸体"。村民要求两人说出身份,后来那名女性打电话叫来警察解围得以脱身。然而,此事纯属子虚乌有。罗某报案,衡阳市网监支队与蒸湘区公安局刑侦大队联合办案,发帖的两人已因"涉嫌敲诈勒索"被拘留。① 又据《法制周报》消息,湖南某地警方于2016年7月28日发布消息称,在过去的一年多时间里,一房产商出于个人目的,委托长沙某信息咨询公司,购买跟踪定位、密拍、录像等器材,并伙同自己房产公司员工,在多地先后对办理该房产公司诉讼案的多名法官及家属、律师进行跟踪定位和秘密拍摄,非法获取大量相关人员的个人信息,造成严重后果,该房产商因涉嫌侵犯公民个人信息罪被依法逮捕。②

近几年来,人们对公民监督权与公职人员人格权之关系展开了热议。有人借用西方国家的"高官无隐私"的谚语,认为公职人员由于行使公共权力、具有公共身份因而其隐私权要让位于公共利益。笔者的观点与多数人的看法一样,公职人员拥有隐私权,公职人员的隐私权受到法律保护,禁止任意侵犯。

所谓公职人员,是指依法承担公共职务、掌握公共权力、履行公共职责、谋求公共利益的人员。公职人员因其"公职"的角色特征而有别于其他职业人员,现代社会的"公职"主要包括各级人民团体、国有企事业单位、党政机关等,这些职位的共同特点是工作较为稳定、社会地位较高、福利待遇较好。基于公职人员之"公职"身份,其具体人权或公民权相较于一般公众有所克减(这一点,笔者在后面的下一章节中将进行说明)。然而,"基于公职人员之公法契约义务及身份属性对其权益予以克减,应在不违反一般权力关系语境中的宪法权利保障精神,并根据宪法授权依法律规范为之,始能获得适宪性与合法性"③。公职人员作为"人"而存在,与其他人一样享有人格尊严,公职人员的人格尊严与其他人的人格尊严一样,是被我国宪法法律所承认和保护的。公民监督权行使的限度不能超越公职人员人格尊严这一底线,公民行使监督权时不得以任何方式对公职人员进行诽谤和侮辱,也不得以任何方式对公职人员进行诬告和

---

① 张书舟:《湖南一官员被指与女干部"车震" 2名发帖人被拘》,《南方都市报》2014年10月9日。
② 子钰:《公职人员的隐私权也应受保护》,《法制周报》2016年8月4日。
③ 郑刚:《公职人员人权克减问题研究》,《中国知网检索》,访问时间2017年11月25日。

陷害。

人格尊严与人格权之间存在着密切关联，人格尊严通过人格权保护加以体现。毫无疑问，公职人员的所有人格权都受到法律保护，但与公民监督权行使限度直接勾连的，是公职人员名誉权和隐私权两个方面。

名誉权以对名誉认知为基础。那么，何谓名誉？《元照英美法词典》的回答是：名誉是"对于人的道德品质、能力和其他品质的一般评价。非法损害他人声誉可以构成诽谤，受害人可以提出控告。在证据法上，声誉在某些品格证据的情况下可以作为传闻规则的例外被采用。如在允许提供品格证据的情况下可以使用声誉来证明人的品格"①。名誉是人格尊严的重要内容和重要表现，因而有必要将其上升为公民的基本权利、使其成为公民名誉权而受到法律保护。所谓名誉权，是指公民就其个人的形象、信誉、能力、品德等因素所表现出来的社会价值获得社会的客观评价、不受社会组织或其他个人侵害的权利，这一权利保护的是其主体的精神利益而非物质利益。我国公民的名誉权不仅受到宪法的保护，而且由于民法和刑法的具有可操作性的规定而使之为公民实际享有。②

隐私权建立在对隐私的认知基础上。何谓隐私？依据《元照英美法词典》的解释，它是指"（个人）隐私；个人私生活；个人阴私"③。就是说，隐私是一种与公共利益无关的个人信息，具体包括"当事人不愿他人知道或他人不便知道的信息，当事人不便他人干涉或他人不便干涉的个人私事，以及当事人不愿他人入侵或他人不便入侵的个人领域"④等。与名誉一样，隐私也关涉人格尊严，因而有必要将其上升为公民的基本权利、使其成为公民隐私权而受到法律保护。所谓隐私权，就是在与公共利益问题无关的情况下，公民依法享有的对其私人信息、私人生活以及私人

---

① 薛波：《元照英美法词典》，法律出版社2003年版，第1185页。
② 《民法总则》规定："自然人享有……名誉权……"（第100条）；"自然人的个人信息受法律保护。任何组织和个人需要获取他人个人信息的，应当依法取得并确保信息安全，不得非法收集、使用、加工、传输他人个人信息，不得非法买卖、提供或者公开他人个人信息。"（第111条）。《中华人民共和国民法总则》，《人民日报》2017年3月19日。《刑法》第246条明确规定："以暴力或者其他方法公然侮辱他人或者捏造事实诽谤他人，情节严重的，处三年以下有期徒刑、拘役、管制或者剥夺政治权利。前款罪，告诉的才处理，但严重危害社会秩序和国家利益的除外。"《中华人民共和国刑法》，《新法规月刊》1997年第4期。
③ 薛波：《元照英美法词典》，法律出版社2003年版，第1093页。
④ 汪红：《国家公职人员隐私权受限》，《法制晚报》2013年8月8日。

事务进行支配的权利。这一权利表明，公民的个人信息、私人生活和私人事务不受恣意窥测、监视、公开、侵扰和干涉，它保护的是其主体的精神利益而非物质利益。

在我国，隐私权作为公民的一项基本权利，首先由宪法所确认，现行《宪法》第39条、第40条规定的都是隐私权的内容。① 长期以来，我国民法缺乏对隐私权的明确规定，直到2009年，《侵权责任法》才将公民隐私权纳入公民的民事权利之中。② 依据我国宪法、民法以及其他法律和司法解释的规定，我国公民隐私权由以下四个方面构成：一是公民私人生活自由权，即公民有按照自己的意愿安排自己的生活、私人生活不受他人的干涉和破坏的权利；二是公民个人信息保密权，即公民有禁止他人非法获取、知悉、使用、公开其个人信息的权利；三是公民个人通信秘密权，即公民有对个人通信（包括书信、电话、电报、传真、电子邮件等）的内容保密、禁止他人擅自非法查看和公开的权利；四是公民个人隐私使用权，即公民有依法使用或允许他人使用自己的个人隐私的权利。

对隐私权进行保护，是人类在现代所具有的共同愿景，这一美好愿景得到了《世界人权宣言》等国际文件的肯定和确认③。在我国，名誉权和隐私权作为公民的人格权组成部分受到宪法、民法和刑法等法律的保护，公职人员作为公民的名誉权和隐私权自然也在宪法、民法、刑法等法律的保护之列。公职人员的名誉权和隐私权因其"公职"的角色特征而克减是合理的，但公职人员的与公共利益无关的名誉和隐私仍应受到尊重，"例如，公职人员的住宅、通信秘密、夫妻性活动等与国家政治生活、社会公共利益无关，应当受到尊重与保护"④。

然而，从现实看，公民在行使监督权时侵害公职人员名誉权和隐私权的现象并不鲜见。例如，江西省纪委于2011年12月7日通报三起官员因

---

① 我国《宪法》第39条规定："中华人民共和国公民的住宅不受侵犯。禁止非法搜查或者非法侵入公民的住宅。"第40条规定："中华人民共和国公民的通信自由和通信秘密受法律的保护。除因国家安全或者追查刑事犯罪的需要，由公安机关或者检察机关依照法律规定的程序对通信进行检查外，任何组织或者个人不得以任何理由侵犯公民的通信自由和通信秘密。"《中华人民共和国宪法》，《人民日报》2004年3月16日。
② 我国《侵权责任法》第2条第2款规定："本法所称民事权益，包括……隐私权……"
③ 例如，《世界人权宣言》第12条宣布："任何人的私生活、家庭、住宅不得任意干涉，他的荣誉和名誉不得加以攻击。人人有权享受法律保护，以免受此等干涉或攻击。"《世界人权宣言》，《人权》2008年第5期。
④ 汪红：《国家公职人员隐私权受限》，《法制晚报》2013年8月8日。

不满职务调整诬告他人案件：上饶市原城市管理局原党委副书记洪某某在换届期间，对职务调整不满，为泄私愤，捏造事实诬告陷害多名换届考察人选，企图破坏换届工作；新余市林业局原党组书记何某某为获取私利以及对职务调整不满，伙同他人两次编造自己生活作风、违反廉洁自律规定、存在经济问题等内容的短信，匿名发送给有关领导，并诬告为他人所发，甚至采取呼叫转移的手段将信息发布者的号码转移为他人手机号码，陷害他人；于都县委书记胡某某指使他人造谣中伤、干扰换届。① 又如，2014年3月，内蒙古自治区党委书记王君在接受记者采访、在被问到雾霾时说过一段"幽默言论"②。结果，这段"幽默言论"被好事者当作"雷语"，称内蒙古自治区党委书记王君接受采访时说"有雾霾系因内蒙古树多挡风"。针对这句挑战常识的"雷语"，网上一片讨伐之声。在网络舆论讨伐声中，王君的人格尊严受到侵害。

正确认识和把握公民监督权与公职人员名誉权、隐私权之间的关系，防止公民监督权行使侵害公职人员名誉权、隐私权进而损害公职人员的人格尊严，是依法治国和人权保障的共同内容。为此，需要重视以下方面。

第一，划定言论自由的界限。公民监督权行使往往与言论自由连在一起，一些诽谤、诬告、陷害公职人员的人也往往以言论自由为其行为辩护。的确，我国宪法规定了公民享有言论自由，这一言论自由在公民监督权方面表现为公民可以对于任何公职人员提出批评和建议、可以就任何公职人员的违法失职行为向有关国家机关进行举报、控告或者检举。但是，言论自由不是绝对的。一方面，公民不得捏造或者歪曲事实对公职人员进行诬告和陷害；另一方面，公民不得将公职人员的与公共利益无关的个人信息、私人生活、私人事务公诸于世。

第二，核查公民行使监督权涉及的案件。公民行使监督权的动机非常复杂，涉及的案件也有真有假。因此，我国《宪法》第20条第2款规定："对于公民的申诉、控告或者检举，有关国家机关必须查清事实，负责处理。"③ 对于公民控告或检举的关于公职人员违法失职的案件，纪检

---

① 李兴文：《江西省纪委、省委组织部通报三起诬告陷害案》，http://news.xinhuanet.com/2011-12/07/c_111225092.htm，访问时间2015年1月8日。

② 王君说："有个段子说，因为内蒙古树种多了、草长多了，挡住了西伯利亚的大风。因此，废气刮不走了，才产生雾霾。不知道这个说法有何科学性？不管怎样说，我们内蒙古一贯高度重视大气污染防治，严格落实这方面的政策措施。"曹林：《编造雷语会恶化舆论生态》，《文摘报》2014年3月12日。

③ 《中华人民共和国宪法》，《人民日报》2004年3月16日。

监察机关或司法机关应该严格执行案件线索管理、初核、立案、调查、审理、处理和执行等相关规定，辨明案件的真假。早在 2013 年，时任中央纪委常委的崔少鹏就说过："坚持实体和程序并重，严把案件事实关、证据关、定性关和处理关，注重审核办案程序和手续，办案的质量和效率进一步提高。认真纠正错案，做到有错必改、有错必纠。"①

第三，对公职人员受侵害的人格尊严权予以救济。"无救济则无权利"，这一法律格言也适用于公职人员的人格尊严权。对于公职人员受侵害的人格尊严权，给予救济是必要的。救济的方式可以是公职人员的自我救济，但自我救济适用于损害较小的侵权案件。若是对公职人员名誉权、隐私权的侵害已经扩大，则可以在必要时启动司法救济。值得一提的是，为切实保障公民名誉权、隐私权等人身权益，2014 年 6 月 23 日最高人民法院审判委员会通过了《关于审理利用信息网络侵害人身权益民事纠纷案件适用法律若干问题的规定》，该规定明确了个人信息保护的范围、利用自媒体等转载网络信息行为的过错及程度认定和责任承担等。依据这一司法解释，若公职人员的名誉权、隐私权受到侵犯，也可诉诸法律，请求民事赔偿。

第四，对被错告诬告的干部举报公开澄清。被错告诬告的干部，其人格尊严势必受到侵害，因而为他们澄清是非，还他们清白，使其人格尊严受到保护。例如，广州市纪委常委、新闻发言人梅河清在发布会上向媒体记者通报，2013 年上半年广州立案查处违纪违法案件 311 件共 314 人，其中白云区落马干部高达 81 人，同时为 582 位受诬告干部澄清是非。② 2015 年，广东省纪委"为 10766 名受到错告、诬告的党员、干部澄清问题"，长沙市"各级纪检监察机关共为 194 名党员干部澄清了不实信访问题"，台州市"纪检监察机关共立案 1617 件、处分 1710 人，同时有 460 多名党员干部经组织调查后被澄清是非"。③ 对被错告诬告的干部举报公开澄清，有利于保护好党员干部，使他们放下思想包袱，踏踏实实地做好本职工作。

---

① 孙乾：《中纪委：实名举报将优先办理》，《京华时报》2013 年 1 月 10 日。
② 李洁茹、周子超等：《广州纪委：白云区 81 官员落马 582 干部受诬告》，《羊城晚报》2013 年 7 月 23 日。
③ 本报记者：《澄清不实举报保护干事热情，多地为受错告诬告干部公开正名》，《长江日报》2016 年 4 月 8 日。

（三）法律规范

孟德斯鸠曾言："自由是做法律所许可的一切事情的权利；如果一个公民能够做法律所禁止的事情，他就不再有自由了，因为其他的人也同样会有这个权利。"① 习近平指出："公民的基本权利和义务是宪法的核心内容，宪法是每个公民享有权利、履行义务的根本保证。"② 可见，在公民权利与法律的关系上，当代中国伟大的马克思主义者与西方著名思想家存在着共见，这就是公民的权利由法律界定，公民的权利只能在法律范围内行使。

具体就公民监督权而言，对国家机关及其工作人员进行监督，是宪法和法律赋予公民的权利，但是这一权利的行使必须符合法律的规定③。法律规范是公民监督权行使的保障，也是公民监督权行使的限度，公民监督权只有在法律范围下行使才会受到法律的保护，这是国际社会的通例。④公民监督权行使受到法律的限制和约束，不得违反法律的规定、原则和精神。唯其如此，才能彰显公民监督权行使的法治价值。需要说明的是，在公民监督权行使的限度中，法律规范具有根本性。一方面，社会秩序和公职人员人格尊严等其他限度有赖于法律规范的规定和保障，另一方面法律的制裁性对公民监督权滥用具有阻滞和救济功能，法律对公民监督权行使的规制最明确、最直接、最有效。

1. 我国公民监督权行使的法律规范

依据我国《宪法》第 40 条、第 41 条的规定，公民监督权行使的方式由以下几个方面构成。一是批评，即公民依法对公职人员在公共领域中的错误行为、在私人领域中的失德行为进行评价、指责和抨击；二是建议，即公民依法向公职人员提出有关改进公务工作、促进政治经济文化和

---

① ［法］孟德斯鸠：《论法的精神》，张雁深译，商务印书馆1961年版，第154页。
② 《习近平谈治国理政》，外文出版社有限责任公司2014年版，第140页。
③ 我国《宪法》规定："中华人民共和国公民必须遵守宪法和法律"（第53条），"任何公民享有宪法和法律规定的权利，同时必须履行宪法和法律规定的义务"（第33条）。
④ 关于这一点，龚瑞祥在《比较宪法与行政法》中进行过阐释，他写道："一般人认为言论自由是有限制的。用言论打击人就不是交流意见，而是'挑战'（an invitation to fight）。要限制的是后者。1789 年《人权宣言》说，只要不危及法律所确定的社会秩序，言论不受限制。美国宪法规定：国会不得立法限制言论、出版自由，今天，我们也常说，言论自由须受法律的限制。"龚瑞祥：《比较宪法与行政法》，法律出版社 2003 年版，第 93 页。

社会发展的看法或意见;三是申诉,即公民因其自身或亲属的合法权益因国家机关的错误、违法决定或因公职人员的违法失职行为而受到损害,依法向有关国家机关申述理由并提出改正或撤销决定,或赔偿损失的请求;四是控告,即公民依法对国家机关和公职人员的违法失职行为向司法机关予告诉并要求惩治;五是检举,即公民依法向有关国家机关揭发国家机关和公职人员的违法失职行为,并请求依法处理;六是取得国家赔偿,即公民的权利因国家机关和公职人员的侵害而遭受损失,依照法律规定从国家获得赔偿。

保护公民监督权,是国家机关及其工作人员的义务。我国宪法和刑法都作出明确规定:防止国家机关及其工作人员侵害公民监督权。[①] 这只是问题的一方面。另一方面,公民在行使监督权时也必须遵守宪法和法律规定,公民监督权行使必须采取合法的方式,"禁止用任何方法"对公职人员"进行侮辱、诽谤和诬告陷害"(《宪法》第38条);"不得捏造或者歪曲事实进行诬告陷害"(《宪法》第40条规定)。侮辱意指"使对方人格或名誉受到损害,蒙受耻辱",诽谤是指"无中生有,说人坏话,毁人名誉;污蔑"。[②] 诬告陷害的客观要件是"捏造或者歪曲事实"——"捏造事实"即故意假造或虚构事实,"歪曲事实"即故意曲解事实、掩盖事实真相或对事实作不正确的反映;诬告陷害的主观要件是恶意——恶意即控告者或检举者基于"不良的居心""坏的用意",或者那种为了谋求个人或小团体私利,或者为了破坏被诬告者的名誉,或者为了干扰破坏党和政府的工作,对公职人员的违法行为故意陷害,无中生有,颠倒黑白。

对公职人员进行侮辱、诽谤和诬告陷害,不仅会使无辜者的名誉受到损害、侵害无辜者的人格尊严,给无辜者在精神上造成沉重的负担,而且会干扰党政机关的正常工作,导致党政机关作出错误决定,甚至导致"冤假错案",造成恶劣的社会影响。因此,不仅我国宪法禁止对公务人员进行侮辱、诽谤和诬告陷害,而且刑法将严重的侮辱、诽谤和诬告陷害行为明确规定为犯罪行为,对侮辱罪、诽谤罪和诬告陷害罪施以刑罚

---

① 我国《宪法》第40条规定:"对于公民的申诉、控告或者检举……任何人不得压制和打击报复。"《刑法》第254条规定了报复陷害罪:"国家机关工作人员滥用职权、假公济私,对控告人、申诉人、批评人、举报人实行报复陷害的,处二年以下有期徒刑或者拘役;情节严重,处二年以上七年以下有期徒刑。"

② 中国社会科学院语言研究所字典编辑室:《现代汉语词典》(修订本),商务印书馆2000年版,第364页、第1336页。

处罚。

2. 公民监督权行使的法律规范需要完善

随着民主法治建设的推进、公民权利意识的增强以及科技手段在监督中日益广泛的运用，公民对公职人员的监督力度不断加强。公民监督对于推进我国民主法治建设的效果有目共睹，但公民监督权滥用也给社会带来了负面效应。例如，有人在证据不确凿的条件下，将当事人的资料不负责任地公开，不但侵犯了个人的权利，也对其家属造成重大的伤害；也有人假借反腐之名，造谣、诽谤、诋毁公职人员，对公职人员生活作风等问题的报道捕风捉影，毁坏公职人员的名誉，侵害公职人员的尊严。这种现象的存在由多方面原因造成，法律不完善是其中一个极为重要的原因。

我国目前缺乏一部统一的监督法，《各级人民代表大会常务委员会监督法》仅仅是各级人大常委会依法行使监督职权的重要法律依据；而涉及公民个人信息保护的法律法规之间缺乏严格统一的体例①。这种状况不利于公民包括公职人员的个人信息保护，也不利于公民监督权行使的法律调控。目前，公民在行使监督权时侵害公职人员的名誉权、隐私权的事件虽然尚未大规模发生，但已经不是个案。因此，加强公民监督权的制度建设，完善公民监督权行使的法律规定，既使公民包括公职人员的个人尊严得到严密的法律保护，也为公民监督权行使划定法律边界，使公民监督权行使因为具体而明确的法律规定而更加规范、减少甚至消除公民监督权行使侵害公职人员人格尊严的现象。对于这个问题，笔者将在第五章进一步讨论。

二 公民监督权的滥用禁止

众所周知，基于人性恶的假定和"一切有权力的人都容易滥用权力"②的认识，人类宪法思想的突出主题是要设计一些政治制度，一方面

---

① 对我国法律进行考察，不难发现这样的事实："我国直接涉及公民个人信息保护的法律法规主要有：护照法、居民身份证法、互联网电子公告服务管理规定、电信和互联网用户个人信息保护规定，以及其他散见于宪法、民法、侵权责任法、刑法之中与人格尊严、隐私权相关的个人信息保护条款等。这些法律法规因过于原则导致操作性较差，存在规制范围狭窄、个人举证困难、缺乏统一主管机构等不足。"人民日报法评：《立法保护公民个人信息》，《人民日报》2014 年 5 月 1 日。

② [法]孟德斯鸠：《论法的精神》（上册），张雁深译，商务印书馆1961年版，第154页。

加强权力对权力的制约，另一方面加强公民权利对国家权力的制约。然而，不仅有权力的人容易滥用权力，而且有权利的人也容易滥用权利，因而法律不仅禁止权力滥用，而且禁止权利滥用。[①] 公民监督权是公民的基本权利，也存在着滥用禁止问题。在现实中，绝大多数公民都能依据法律规定正当地行使监督权，但违反法律规定滥用公民监督权的现象也不鲜见。公民监督权滥用具有社会危害性，因而为法律所禁止。我国与绝大多数国家一样，不仅通过法律确认公民监督权滥用的禁止原则，而且规定公民监督权滥用的法律责任。

（一）公民监督权的滥用

公民监督权滥用是一种特殊的权利滥用。权利滥用是指超过必要限度的权利行使。正当的、合理性的、合法的权利行使是在一定范围之内、一定限度之内的。超过必要范围、超过必要限度的权利行使，不具有正当性、合理性、合法性，因而这样的权利行使就属于权利滥用。公民在行使监督权时，如果对监督权的内容、行使方式等方面的认识以及在行使监督权的目的、动机等方面出现偏差，突破监督权行使的限度，就会产生监督权滥用问题。所谓公民监督权滥用，是指公民在行使监督权的过程中故意超出必要的限度而破坏社会秩序、违背法律规范、侵害公职人员人格尊严的行为。从表面看，公民监督权滥用是公民在行使监督权；但在实质上，公民监督权滥用是超越公民监督权行使限度的行为，背离了监督权的本旨。所以，归根到底，公民监督权滥用是一种违法行为。

公民监督权滥用具有以下四个特征。第一，主体是享有和行使公民监督权的权利人。也就是说，公民监督权滥用的主体合法地拥有监督权，只有当主体行使监督权超过必要的限度进入违法阶段，才成为违法者。对主体的这一限定，可将监督权滥用与盗窃、抢劫等其他单纯的违法行为区别开来。第二，主观方面是权利人的故意。既然公民监督权的界限是已知的，那么就无法辩解为过失行使权利，在公民监督权滥用中不存在过失问

---

① 从历史看，禁止权利滥用的法律原则，早已见诸民法领域，在罗马法中初露端倪，1900年施行的德国民法典将其正式确定为一项原则，继而1907年的瑞士民法、1922年的苏俄民法、1947年修订后的日本民法等均规定了禁止权利滥用原则，到20世纪中期禁止权利滥用普遍成为民法的一项重要原则；在公法上，自"二战"以后，随着民主的界限及公民私人行为的规制问题引起人们的注意和反思，公民基本权利滥用禁止问题亦开始得到重视。高慧铭：《论基本权利滥用的认定标准》，《比较法研究》2016年第1期。

题。第三，客体是社会秩序、公职人员人格尊严以及法律规范等。公民监督权关系是个人与国家、社会、他人之间利益关系的法律表现，公民监督权滥用破坏社会秩序、侵害公职人员人格尊严、损害法律权威，打破了法律所追求的公民利益与国家利益、社会利益和他人利益之间的平衡，损害了公共利益。第四，客观方面是实施了危害社会秩序、法律权威、公职人员人格尊严等方面的滥用监督权的行为。

从现实看，我国公民监督权滥用存在着复杂情形，从公民监督权行使方式和实现途径看，主要表现为滥用举报监督、滥用信访监督以及滥用媒体监督等。

1. 滥用举报监督

举报监督是一种传统的公民行使监督权的方式，使用广泛且频繁，因而被滥用的概率也较大。我们从滥用举报监督的主观目的与客观程序将其情形进行归纳。

从主观目的方面看，公民滥用举报监督主要有恶意举报、相向举报和骑墙举报三种①。

在恶意举报中，有的举报人与被举报人在平时的工作、生活中存在某些嫌隙，所以举报人即使知道被举报人没有问题或者问题很小，但出于陷害被举报人的目的而进行举报，最终希望看到被举报人受到追究，以发泄心中的不满和怨恨。另外，有的举报人为了达到挤垮竞争对手、扫除升迁障碍等目的，企图通过举报来打击被举报人，从而为自己成功上位创造有利条件。恶意举报的具体行为方式多表现为故意歪曲事实、夸大情节、张冠李戴，甚至捕风捉影、无中生有、捏造事实进行举报等。

相向举报属于一种特殊类型的举报，即举报活动当事人互为举报人和被举报人，简言之即"你告我，我也告你"。这种举报中双方出于各种尖锐的对立，不管情况是否属实，都以整垮对方为核心目的，因而往往夸大事实、乱扣帽子。

骑墙举报表现为举报人并非疾恶如仇，仅仅一时心血来潮而将所了解的情况和事实向有关机关进行举报，他们不关心是否进行调查处理、查处结果如何，反而在冷静下来或事后做出一番思考后感到反悔，以致在有关部门调查核实时颠三倒四、反复无常。

从客观程序方面看，滥用举报监督的情形主要有向多个机关重复举

---

① 参见李卫国《举报制度：架起公众监督的桥梁》，中国方正出版社 2011 年版，第 48—49 页。

报、冒用身份向多个机关进行举报、不服处理机关的结论不断举报三种。

向多个机关重复举报即举报人在同一时间段内就同一举报事项向多个部门进行举报。这种情形的出现，多是因为举报人出于对某些政府部门职权责任感的不信任和低下工作效率的疑虑，故而抱着"鸡蛋不能都往一个篮子放"的心态，向多个部门多次举报。这种行为不仅扰乱公共监督系统的运行，同时也为举报人增加许多不必要的成本。

许多公民自认为如果将个体案件演变为群体事件就会吸引注意、扩大影响，于是冒充不同的人向一个或者多个部门举报，人为扩大举报事项的严重程度。这种做法从外在形式上看似乎单纯是一种与公民自身有关的"冒用身份"的违规行为，但实质上对被举报人有很大影响，因为这种冒用行为有时会伪造出一种被举报人"民愤极大"的假象，有时其直接后果是给监督机关发出一种错误信息，扰乱办案人员的思维，不利于依法办案、客观办案。

举报人不服处理机关依据事实和政策或法律而做出的最终结论，仍然继续举报。不可否认，现实中举报事项的处理结果不能保证达到绝对的正确与公允。此时，对于不服结论的公民们继续行使举报权能否视为举报权的滥用？对此，可以类比对法院裁判的既判力的认定。通常认为既判力是诉讼终结的体现，是裁判发生效力的起点，不应受到质疑。① 所以同理，国家机关所做的终局性结论应具有一定权威性和稳定性，如果允许举报人持续不断地行使举报权，则可能也会使有权机关的权威与效能大打折扣。

2. 滥用信访监督

前面已经指出，信访监督是为公民最常采用、为学界广泛讨论、为政界高度重视的公民监督权实现途径。实践也证明，这一根据信访举报工作形势的发展变化应运而生的公民监督权实现途径，在反腐倡廉和维护公民权利方面具有十分重要的功能。伴随着时代的变迁，当前信访制度已从新中国成立早期的群众路线转变为一种公民行使民主权利、管理国家事务和社会事务的监督方式。然而，不容乐观的是，由于制度的僵硬和职权的失能等原因，信访制度在当下时常运转不灵，不能很好地、及时地回应民众的愿望和要求。虽然信访人的信访一开始出于揭露公职人员违法失职、贪污腐败问题以及维护自身权益的目的，但他们的行为有时也容易失控，滑

---

① 参见黄豹、顾茜茜《刑事诉讼中举报权之滥用及其规制》，《武汉纺织大学学报》2012年第1期。

向不当使用信访监督的泥沼。此外,一些别有用心的人则意图希望借信访监督之名谋不当获利之实。

具体来说,信访监督的滥用在实体表现上存在着类似于举报监督中权利滥用的情况,主要有两方面。一是夸大事实。这是指信访人在来信来访反映问题时描述过于夸张,有时言辞过于片面,甚至还添油加醋。虽然对这种信访人的主观心理不能武断地统一下定结论,但不排除其存在这样的心理:借助由此引来的社会或民众的激愤、同情而取得一种优势地位。基于对普通民众一般心理的判断,结合相关新闻报道,笔者发现产生这种情况的一个重要原因是,一些信访人认为如果夸大问题的严重性就能够扩大影响,吸引党政机关的注意力,还会对有关部门形成压力,如此可以使自己的案件得到优先办理、尽快解决,甚至可以谋取丰厚利益。二是捏造事实。这是指信访人利用其常被列为弱势群体而取得的话语优势,在信访过程中故意捏造案情、编造理由,借信访发泄私人恩怨,打击报复他人;有时无理地提出过分的要求以期获得超额的救济,甚至想借信访大赚一笔。不论是夸大事实,还是捏造事实,都带有欺骗、诽谤等主观恶意,它们使信访沦为不法者损人利己的工具,严重败坏社会风气,扭曲信访的本质,将信访制度推向尴尬的境地。因此,必须对滥用信访的行为加以制止,否则将会引发更多的信访者效仿,不仅将会让正常的信访工作机制出现混乱,还会误导党政机关的工作方向,最终使信访制度失去本身的意义。

除了在实体表现上的这些异化行为之外,信访监督的滥用更多地体现在信访程序流程中,主要表现在无序上访、集体上访、闹访等方面。

第一,无序上访。信访人的信访行为违反法律规定和有关程序,有时一件信访事项,不仅向法定的直接受理机关提出,同时还向其上级机关、其他部门甚至各级党政机关予以提交。这种行为称为无序上访,其典型表现是重复访和越级访。重复访是指同一信访人在一定时期内对已经受理、正在办理、不予受理、不再处理的信访事项再次向有关部门提出的行为。信访老户多属于此类重复信访者,他们常罔顾政策规定,法律意识淡薄,程序观念不强,思想狭隘,行为偏执,"摆出不达目的誓不罢休的气势……甚至采取过激行为"[①]。越级访是指信访人员准备提出信访时或信访过程中,跨越原本的直接受理机关或不等受理机关作出处理决定,向其上一级机关或主管机关进行信访的行为。现实中,这一

[①] 肖唐镖、尹利民:《信访研究》,学林出版社2014年版,第147页。

表现形式中的信访人员多是越过地方处理机关而直接赴省上访或进京上访。他们认为"村里都是坏人,乡镇都是敌人,北京才有好人,中央才是恩人"①,于是热衷于到北京上访。通过总结这些行为,我们发现无序上访中的许多上访者多属于社会弱势群体,大多数存在着实际困难,但对法律了解甚少,十分看重自己的利益,对信访多是从自身的某些片面认识出发,罔顾程序与制度,他们遇事往往固执"认死理",达不到上访目的就誓不罢休。无序上访常常导致一件信访多家受理、分别督办的情形,提高了信访人和信访机关的成本,不仅无助于信访问题的解决,而且破坏了正常的信访工作流程,对信访工作乃至其他政府机关的工作产生不利影响。

第二,集体上访。集体上访"通常是指五人以上(含5人)为反映和求决同一问题而来的上访。集体访的特点是来访的人数较多,反映的问题和提出的要求带有共性,其接待和处理的难度较大"②。《信访条例》第18条第2款的规定:"多人采用走访形式提出共同的信访事项的,应当推选代表,代表人数不得超过5人。"③ 依据这一规定,集体上访属于滥用信访的情形。当前集体访事件中所涉及的问题领域越来越广、信访诉求日趋多元,同时集体访中还常会裹挟很多其他问题,例如,一些信访者"把纯粹私人性质的权益问题转化为一个涉及地方安定团结和社会秩序的'政治问题',逼迫政府不得不端正态度或紧张神经来对待解决"④。不管集体上访的理由是否正当、问题能否解决,这种兴师动众的上访方式给有关部门解决问题带来困难,一旦处理不当就会激化社会矛盾,给相关地区的社会稳定带来危害。

第三,缠访闹访。缠访闹访是指信访者在信访过程中采取"缠""闹"等非理性手段表达诉求、实现诉求的权利滥用行为。缠访闹访的原因多样⑤,缠访闹访者行为心理较为复杂。有的缠访闹访者苦闷于问题无法解决,有的缠访闹访者人生观、价值观扭曲,有的缠访闹访者寄希望于

---

① 封丽霞:《从传统文化视角看"上访热"》,《学习时报》2013年5月27日,第5版。
② 赵威:《信访学》,辽宁大学出版社2010年版,第320—321页。
③ 《信访条例》,《人民日报》2005年1月18日。
④ 陈柏峰:《无理上访与基层法治》,《中外法学》2011年第2期。
⑤ 徐闻县人大常委副主任钟华山将缠访闹访的原因归结为四个方面:"一是现有信访机构有效解决问题较低,二是依法治访不到位,三是信访人把'向上走'视为解决诉求的'法宝',四是敌对势力插手、煽动、策划搅局等。"钟华山:《应对缠访闹访法律措施之我见》,《人民之声》2013年第12期。

"小闹小解决、大闹大解决",有的缠访闹访者存在着"能索取到的是好汉,要不到的是笨蛋"错误思想。缠访闹访者对缠访闹访的时间选择非常敏感,采用偏激的闹访方式。近些年来,缠访闹访呈现出以下特征:事件持续时间长,缠闹次数多,组织性增强,上访者情绪激烈、言行过火,如冲击机关、围攻领导、静坐绝食等,甚至采用爆炸、自伤、自焚、跳楼、投河等极端手段。① 当前应对缠访闹访之痛在于:若是为了息事宁人,一味满足缠访闹访者的不合理要求,最终反而会增强信访者"不闹不解决"的错误认识,造成"一访得利,众访攀比"局面。同时,当各级政府部门把解决信访问题的主要精力都放在缠访闹访者身上,也会让正常渠道的上访者的合法诉求得不到关注,他们在寒心之余可能也会转走缠访闹访之路。最终,正常的信访秩序与社会的和谐安宁都难以维系。缠访闹访是对公民监督权的滥用,从一个侧面反映出"基层政府社会管理工作低效的尴尬现实"②,同时也对社会造成一定负面影响,影响社会秩序的稳定和安宁,妨碍信访工作正常地、有序地、有效地运行。

3. 滥用媒体监督

笔者在第一章中已经指出:纸媒监督、网络监督、电视问政等是公民监督权的实现路径。纸媒、网络、电视都属于媒体的范畴,对纸媒监督、网络监督、电视问政的滥用,都属于滥用媒体监督的情形。众所周知,从20世纪末开始,我国传媒领域经历了一场深刻的变革。这场变革使得中国的传媒业从单纯服务政治转向服务社会的各个方面,包括政治、经济、文化、社会等,而民众对媒体在政治功能之外的经济产业、信息传播、文化娱乐等功能也有了强烈的需求。为了适应这样的变革,我国逐步推进文化体制改革,一方面逐步减少政府对媒体的行政干预,并变革管理方式与人事制度与之相适应;另一方面为了适应媒体的市场化运作,大量商业化媒体机构与专业化、个性化的媒体服务也在蓬勃发展。我国特殊的国情和管制体系对商业化媒体的运营形成了一定的限制,而法律规定、职业操守、社会公德等多重约束也使得大多数媒体人员能规范地行使监督权。

---

① 参见丁胜、文思宛、罗思源《非正常上访问题研究——以贵阳市为例》,《唯实》2009年第2期;王进忠《解读非正常上访》(上、下),《辽宁警专学报》2009年第2期、第3期;谭鹏《妥善解决无理上访,促进社会和谐稳定》,《云南行政学院学报》2007年第4期。

② 桂晓伟:《应对缠访、闹访与社会治理能力提升》,《法学论坛》2014年第3期。

但是，在现实中，滥用媒体监督的现象并不鲜见。一些媒体人员忘记自己的社会责任，罔顾法律规定、职业操守和社会公德，落入拜金主义的泥坑，他们的报道不是为了向公众披露事实的真相，不是为了追求新闻公正、社会公正，而是为了增加发行量和点击率，赚取更丰厚的利润，有些媒体人员甚至利用媒体编造"新闻"，制造谣言，或者对社会上发生的事件进行不公正报道，乃至进行敲诈勒索。滥用媒体监督的现象主要表现在以下方面：一方面对社会流弊不深入发掘和揭露，甚至断章取义地进行有目的的诱导报道；另一方面对公众的意见反映或是不理睬或是有选择地关注，有时甚至假托民意，标榜为民做主。更有甚者，有些媒体从业者为了哗众取宠，吸引眼球，以带有倾向性的言论误导社会公众，以具有诱惑力、迷惑性的标题和图片制造舆论，煽动起公民与政府机关之间的对立与仇视，危害社会的和谐稳定。同时，传媒商业化倾向有时还使得部分媒体与一些居心不良的公民和被监督者勾结在一起，利用监督手段谋取不当私利。以上种种行为都致使新闻媒体的监督导向出现偏颇、舆监监督功能不能有效实现，严重损害了公民监督权的正常行使。"21世纪网新闻敲诈案"[①]"钟祥市崔某上访不成便发帖恶意中伤他人"[②]等就是这样的典型案例，这些案例给新闻界监督敲响了警钟：媒体监督权决不能滥用。

在当今时代，网络已经成为公民监督最活跃的场所和社会关注的聚点，但滥用网络监督的事件也是层出不穷。例如，在网络世界，每个人都是信息的生产者，也是信息的传播者，同时还是信息的使用者，但是由于缺乏质量的把关者，因而网络信息真假难辨。如果在网络监督中充斥着虚假信息，则势必降低网络监督的质量，使网络监督的效果大打折扣。同时，随着科技的发展，信息传播的门槛日益降低。在"让数据

---

① 对该案件的反思，参见马致平《新闻监督权岂能被滥用》，《光明日报》2014年9月18日；潘振宇《媒体权力寻租和新闻敲诈之探析——以21世纪网新闻敲诈为例》，《东南传播》2014年第11期；叶铁桥《对21世纪网新闻敲诈案的反思》，《新闻界》2014年第11期；齐洁《从21世纪网站新闻敲诈看我国新闻舆论监督的异化失范和理性回归》，《改革开放》2015年第2期；谭亚丹《沈颢及21世纪报系新闻敲诈案件探析》，《新闻传播》2016年第14期；牛天《关于21世纪网，陈永洲新闻敲诈案的法理分析》，《宏观经济管理》2017年第S1期。

② 该案件详情，参见蔡蕾、柯香玉《上访不成便发帖恶意中伤他人 法院判决被告删帖道歉》，《人民法院报》2017年4月12日。

'自己'发声"①的大数据时代,为了提高数据"发声"的信度与效度,无论是政府部门还是商业机构为实现职能、博取利益都会竭尽所能地搜集、存储海量个人信息。然而,这一行为反而为全面"监视"社会公众提供了更为便捷的"天罗地网",以至于米歇尔·福柯(Michel Foucault)所论述的"全景敞视主义"②已从理论构想转变为现实隐忧。因此,互联网已使得个人信息保护的重要性前所未有地凸显出来,最典型的就是网络曝光行为过界后所导致的网络暴力已经成为目前个人信息保护与网络监督行为相龃龉的集中表现。网络所具有的匿名性使人们可以在网络上尽情地获取信息、表达意见、宣泄情绪、进行道德审判和法律监督,但与此同时,"网络的草根性和低门槛性,使得网络暴力日益泛滥,并成为具有极强杀伤力的工具,极大地影响着社会的稳定和民众的心态"③。

(二) 公民监督权滥用禁止原则

在人类历史上,权利滥用禁止作为一项法律原则源远流长。早在古罗马时期,就已经有了关于行使权利不得损害他人利益的法律规定;在近代,自然法学家们倡导权利的自由行使成为法律保护的对象;到19世纪后期,在社会法学理论的影响下,法律在保护个人权利的同时保护公共利益。在当今时代,权利滥用禁止原则成为各国立法的通例,我国宪法和法律也对这一原则作出了规定,公民监督权不得滥用。

1. 权利滥用禁止原则:从民法原则到宪法原则

虽然现代国家大多确立了宪法的根本法地位,但是在人类历史上却是先有民法而后有宪法。与此相应,权利滥用禁止原则也是首先作为一项民

---

① [英] 维克托·迈尔·舍恩伯格、[英] 肯尼思·库克耶:《大数据时代:生活、工作与思维的大变革》,盛杨燕、周涛译,浙江人民出版社2013年版,第67页。
② 米歇尔·福柯所论述的"全景敞视主义"(Panopticism)最早发源于其对边沁设计的"圆型监狱"(全景敞视建筑)的评论,逐渐演化为一种社会控制理论,即"社会规训的普遍化理论",具体含义是指普遍的权力网络和社会中无孔不入的监视的眼睛使得每一个生存于社会中的个体成为一个被驯服或必须接受驯服的个体。关于米歇尔·福柯的"全景敞视主义"理论的论述,可参见张艳、张帅《福柯眼中的圆型监狱——对〈规训与惩罚〉中的"全景敞视主义"的解读》,《河北法学》2004年第11期;刘畅、张卓婧:《从"在场困境"到"缺场悖论"——反向全景敞视下的"第五种权力"》,《广州大学学报》(社会科学版) 2009年第12期。
③ 侯玉波、李昕琳:《中国网民网络暴力的动机与影响因素分析》,《北京大学学报》2017年第1期。

法原则被确立,古罗马时期的权利滥用禁止原则主要表现在相邻权上。自1896年《德国民法典》规定"权利之行使不得专以损害他人为目的"(第226条)、1907年瑞士《民法典》规定"权利不得滥用"(第2条)之后,一些国家纷纷效仿,在民法典中对权利滥用禁止原则作出规定。我国1986年《民法通则》和2017年《民法总则》也规定了这一原则。① 随着时代的变迁和发展,作为国家根本大法的宪法在近代产生和发展,于是,权利滥用禁止从民事法律原则上升为宪法原则。现代国家的宪法大多规定了权利滥用禁止原则。例如,现行法国《宪法》宣布遵循1789年的《人权宣言》所规定的人权原则,而1789年《人权宣言》不仅确立了人权原则,而且规定禁止滥用权利。②

2. 公民监督权滥用禁止原则:新中国宪法规定

在新中国,权利滥用原则禁止首先出现在宪法之中。早在具有临时宪法性质的《中国人民政治协商会议共同纲领》中,就有关于禁止滥用新闻监督权的明确规定。③ 新中国第一部宪法是1954年制定的,该宪法对公民监督权作出了明确规定④,但没有就权利滥用禁止作出直接规定,而是以规定"公民必须遵守宪法和法律"(第100条)的方式,间接地、隐

---

① 1986年《民法通则》规定:"民事活动应当尊重社会公德,不得损害社会公共利益,破坏国家经济计划,扰乱社会经济秩序"(第7条),"禁止用侮辱、诽谤等方式损害公民、法人的名誉"(第101条)。2017年《民法总则》规定:"民事主体从事民事活动,不得违反法律,不得违背公序良俗"(第8条),"民事主体从事民事活动,应当有利于节约资源、保护生态环境"(第9条),"处理民事纠纷,应当依照法律;法律没有规定的,可以适用习惯,但是不得违背公序良俗","民事主体不得滥用民事权利损害国家利益、社会公共利益或者他人合法权益"(第132条)。

② 1789年《人和公民的权利宣言》明确宣布禁止滥用权利:"法律有权禁止有害于社会的行为"(第5条);"……各个公民都有言论、著述和出版的自由,但在法律所规定的情况下,应对滥用此项自由负担责任"(第11条)。中国人民大学法律系国家法教研室、资料室:《中外宪法选编》,人民出版社1982年版,第114—280页。

③ 《中国人民政治协商会议共同纲领》第49条指出:"保护报道真实新闻的自由。禁止利用新闻以进行诽谤,破坏国家人民的利益和煽动世界战争……"中国人民大学法律系国家法教研室、资料室:《中外宪法选编》,人民出版社1982年版,第29页。

④ 1954年《宪法》第97条规定:"中华人民共和国公民对于任何违法失职的国家机关工作人员,有向各级国家机关提出书面控告或者口头控告的权利。由于国家机关工作人员侵犯公民权利而受到损失的人,有取得赔偿的权利。"中国人民大学法律系国家法教研室、资料室:《中外宪法选编》,人民出版社1982年版,第49页。

晦地表达公民不得滥用监督权的意思。1975 年《宪法》缩小了公民基本权利和自由的范围，在公民监督权问题上，只有行使规定①，没有滥用禁止规定。1978 年《宪法》延续了 1975 年宪法关于公民监督行使的规定（第 29 条、第 45 条、第 55 条）②，但关于公民监督权的滥用禁止依然隐含在"公民必须遵守宪法和法律"的义务中。

　　我国现行宪法是 1982 年制定的，它是新中国成立以来最好的一部宪法，该宪法随着改革开放和依法治国的推进而不断完善。该宪法对权利滥用禁止原则的规定既采用间接方式，又采用直接的方式：前者表现为其第 53 条规定沿袭了《1954 年宪法》第 100 条的内容；后者表现为下面两条规定，一是第 38 条对"禁止用任何方法对公民进行侮辱、诽谤和诬告陷害"的规定；二是第 51 条对"中华人民共和国公民在行使自由和权利的时候，不得损害国家的、社会的、集体的利益和其他公民的合法的自由和权利"的规定。③ 宪法是国家的根本大法，作为宪法原则的权利滥用禁止原则，毫无疑问适用于任何性质的权利。不管是宪法权利，还是民事权利、诉讼权利，公民都不得滥用。公民监督权属于一项宪法权利，公民监督权不得滥用，公民对于国家公职人员的监督不得捏造或者歪曲事实进行

---

① 我国 1975 年《宪法》对公民监督权行使从三个方面作出明确规定：一是规定选民对人大代表的监督权"原选举单位和选民，有权监督和依照法律的规定随时撤换自己选出的代表"（第 3 条第 3 款）；二是规定公民监督权的"四大"行使方式："打鸣、大放、大辩论、大字报，是人民群众创造的社会主义革命的新形式，国家保障人民群众运用这种形式，造成一个又有集中又有民主，又有纪律又有自由，又有统一意志又有个人心情舒畅、生动活泼的政治局面……"（第 13 条）；三是规定公民的控告权："公民对于任何违法失职的国家机关工作人员，有向各级国家机关提出书面或者口头控告的权利，任何人不得刁难、阻碍和打击报复"（第 27 条第 3 款）。参见中国人民大学法律系国家法教研室、资料室《中外宪法选编》，人民出版社 1982 年版，第 53 页、第 55 页、第 59 页。

② 1978 年《宪法》规定："全国人民代表大会代表受原选举单位的监督。原选举单位有权依照法律的规定随时撤换自己选出的代表"（第 29 条）；"公民有言论、通信、出版、集会、结社、游行、示威、罢工的自由，有运用'大鸣、大放、大辩论、大字报'的权利"（第 45 条）；"公民对于任何违法失职的国家机关和企业、事业单位的工作人员，有权向各级国家机关提出控告。公民在权利受到侵害的时候，有权向各级国家机关提出申诉。对何种控告和申诉，任何人不得压制和打击报复"（第 55 条）。中国人民大学法律系国家法教研室、资料室：《中外宪法选编》，人民出版社 1982 年版，第 9 页、第 14 页、第 15 页。

③ 《中华人民共和国宪法》，《人民日报》2018 年 3 月 22 日。

诬告陷害。

（三）公民监督权滥用的法律责任

公民监督权滥用具有社会危害性，因而法律对它给予否定性评价，这种否定性评价不仅表现为明确禁止，而且表现为追究法律责任、给予法律制裁。按照学界通说，法律责任是由违法行为所引起的法律上的不利后果，有刑事责任、民事责任、行政责任和宪法责任之分。在我国，《宪法》规定的违宪责任有二：一是与宪法相抵触的法律、行政法规、地方性法规归于无效并被撤销，二是对具有违宪行为的国家机关的领导成员当予以罢免。这两个方面都不适用于公民。再者，我国宪法不能用于诉讼，不能作为司法裁判的法律依据。因此，我国公民监督权滥用的法律责任由刑法、民法和行政法加以规定，具体由刑事责任、民事责任和行政责任等三个方面构成。

1. 公民监督权滥用的刑事责任

刑事责任是指因刑事违法行为而应当承担的刑法上的不利后果。我国刑法规定的公民监督权滥用的不利后果，主要是诬告陷害罪、侮辱罪、诽谤罪的法律责任。诬告陷害罪、侮辱罪和诽谤罪的客体可以是侵害任何公民合法权益的刑事违法行为，但它们与公民监督权滥用相连时，则主要是侵害公职人员合法权益的刑事违法行为。具体而言，诬告陷害罪是指伪造事实、虚假告发、栽赃陷害，意图使公职人员受刑事制裁的情节严重的犯罪行为；侮辱罪是指使行为人以主观故意的心态，以暴力或非暴力的方法，对公职人员的人格、名誉和尊严进行公开诋毁与侵犯的情节严重的犯罪行为；诽谤罪是指行为人出于主观故意，无中生有，造谣生事，对公职人员的人格、名誉和尊严进行贬损的情节严重的犯罪行为。依据我国刑法规定，根据犯罪情节和犯罪后果的不同，诬告陷害罪、侮辱罪和诽谤罪的犯罪主体就其犯罪行为应承担的法律责任有管制、拘役和有期徒刑之分。①

---

① 我国《刑法》规定："捏造事实诬告陷害他人，意图使他人受刑事追究，情节严重的，处三年以下有期徒刑、拘役或者管制；造成严重后果的，处三年以上十年以下有期徒刑。国家机关工作人员犯前款罪的，从重处罚。不是有意诬陷，而是错告，或者检举失实的，不适用前两款的规定"（第243条），"以暴力或者其他方法公然侮辱他人或者捏造事实诽谤他人，情节严重的，处三年以下有期徒刑、拘役、管制或者剥夺政治权利。前款罪，告诉的才处理，但是严重危害社会秩序和国家利益的除外"（第246条）。

2. 公民监督权滥用的民事责任

民事责任是指公民和法人因民事违法行为、违约行为或其他事由而应当承担的民法上的不利后果。我国民法没有专门规定公民监督权滥用的民事责任，公民监督权滥用的民事责任包含在《民法总则》和《侵权责任法》针对侵害公民名誉、隐私、人格尊严的民事责任的普适性规定之中。当一个公民滥用监督权而侵害公职人员的名誉、隐私、人格尊严等民事权益时，该公民就自己的侵权行为承担法律责任。《民法总则》第 179 条和《侵权责任法》第 15 条就民事责任作出了规定①，在这些民事责任中，停止侵害、恢复名誉、消除影响、赔礼道歉、赔偿损失等适用于公民监督权滥用。此外，《民法总则》和《侵权责任法》等民事法律对被侵权人权利的规定从另一角度印证了侵权人的民事责任，例如，《民法总则》第 120 条规定："民事权益受到侵害的，被侵权人有权请求侵权人承担侵权责任。"②《侵权责任法》第 22 条规定："侵害他人人身权益，造成他人严重精神损害的，被侵权人可以请求精神损害赔偿。"③

3. 公民监督权滥用的行政责任

公民监督权滥用的行政责任是指公民行使监督权的行为违反了行政法规定而应当承担的行政法上的不利后果。这个意义上的行政责任在我国分为行政处分和行政处罚两种。如果违反行政法律规范而滥用监督权的主体是国家公职人员，则公职人员所在单位根据违法情节和后果、依据法律规定而给予其行政处分，具体方式包括警告、记过、记大过、降级、撤职、开除等。如果违反行政法律规范而滥用监督权的主体是普通公民，则国家行政机关根据违法情节和后果、依据法律规定而给予其行政处罚，包括警

---

① 我国《民法通则》第 134 条规定："民事责任的方式主要有：（一）停止侵害；（二）排除妨碍；（三）消除危险；（四）返还财产；（五）恢复原状；（六）修理、重作、更换；（七）赔偿损失；（八）支付违约金；（九）消除影响、恢复名誉；（十）赔礼道歉。以上承担民事责任的方式，可以单独适用，也可以合并适用。人民法院审理民事案件，除适用上述规定外，还可以予以训诫、责令具结悔过、收缴进行非法活动的财物和非法所得，并可以依照法律规定处以罚款、拘留。"《侵权责任法》第 15 条规定："承担侵权责任的方式主要有：（一）停止侵害；（二）排除妨碍；（三）消除危险；（四）返还财产；（五）恢复原状；（六）赔偿损失；（七）赔礼道歉；（八）消除影响、恢复名誉。"

② 《中华人民共和国民法通则》，《人民司法》1986 年第 5 期。

③ 《中华人民共和国侵权责任法》，《全国人民代表大会常务委员会公报》2010 年第 1 期。

告、行政罚款、行政拘留等。①

4. 公民监督权滥用之法律责任认定和归结

法律责任是预防和惩罚公民滥用监督权的重要法律手段，是保护社会秩序和公职人员人格尊严的重要法律方式，当公民监督权滥用发生时，就会导致法律责任的认定和归结。依照法理学界的通说，法律责任的认定和归结不能随心所欲、恣意妄为，必须坚持责任法定、公平正义、因果联系、责任自负、重在教育等原则。对公民监督权滥用的法律责任的认定和归结，也应该遵循这些原则。尤其需要注意的是，对因果联系原则运用，既需要考察行为与损害结果之间的因果联系，确定损害结果是由违法行为造成的；又需要考察心理活动和行为之间的因果联系，确定违法者的行为是思想支配身体的结果。这后一个方面是重点所在，也是难点所在。我国的一些案例引起争议表明了这一点，"连云港市纪委党风政风监督室副主任何福康举报案"②就是这样的一个典型案例。虽然何福康的网络发帖是否属于举报随着法官的判决尘埃落定，但是人们对该案的处理有着不同的看法。有人认为，该案件"并没有达到需要走公诉程序的标准。'而公安立案从程序上来讲就不太妥当'"③。也有人认为："判断连云港市纪委党风政风监督室副主任何福康等人是否涉嫌诽谤犯罪，关键是要看其发帖举报是否属于故意捏造并散布虚构的事实，并足以贬损他人人格，破坏他人名誉，情节严重。而从报道来看，当地有关方面或上级相关部门并未就何福康等人的举报内容进行过调查，连云港市副市长曹永林和市纪委副书记王铁军是否涉嫌腐败并无结论。在这种情况下，显然不能认定何福康等人

---

① 例如，依据我国《治安管理处罚法》规定，对诬陷或诽谤公职人员而"破坏依法进行的选举秩序的"行为，公安机关可以"处警告或者二百元以下罚款；情节较重的，处五日以上十日以下拘留，可以并处五百元以下罚款"（第23条）；对散布公共机关和公职人员的谣言故意扰乱公共秩序，或者公然侮辱或捏造事实诽谤公职人员，公安机关可以"处五日以上十日以下拘留，可以并处五百元以下罚款；情节较轻的，处五日以下拘留或者五百元以下罚款"（第25条）。

② 何福康因授意其表弟发布检举市领导涉腐网帖，被连云港海州区检察院以涉嫌诽谤罪为由，对包括他在内的7人进行刑拘，其中4人遭检方批捕、被提起公诉。2015年8月4日，该案在连云港海州区法院开庭，因"涉及个人隐私"不公开审理。时隔3天的8月7日，海州区法院一审作出判决，认定何福康行为构成诽谤罪，判处有期徒刑两年，其他三人分别被判处有期徒刑一年、一年和八个月。参见林斐然《连云港纪委干部举报副市长 构成诽谤罪获刑2年》，《新京报》2015年8月7日。

③ 王帝、涂蓝蓝：《江苏纪委干部检举副市长被公诉 立案程序被质疑》，《中国青年报》2015年7月14日。

涉嫌诽谤犯罪。"①

在笔者看来，公民监督权滥用只要不存在过失，对公职人员的批评、控告、检举等只要不存在恶意，就不能追究其法律责任。在这里，美国的"纽约时报诉萨利文案"②确立的"实际恶意"原则，为我们认定和归结公民监督权滥用的法律责任提供借鉴。在此案中，联邦最高法院大法官布伦南（William Joseph Brennan）指出："对于公众事务的辩论，应当是毫无拘束、富有活力和广泛公开的。它可以是针对政府和公职官员的一些言辞激烈、语调尖刻，有时甚至令人极不愉快的尖锐抨击。"③ 只有当媒体明知或应知报道的内容虚假、但不采取任何必要的措施、依然公开进行不实报道并最终因此造成实际损害时，媒体才需要承担责任。这其中，媒体的行为是否具有"实际恶意"，要由提起诉讼的公职人员或相关政府机构承担举证证明的责任。由此引入笔者在下一章对公民监督权不当限制及其消解问题的讨论。

---

① 魏文彪：《纪委干部举报副市长案涉程序违法》，《南海网》2015年7月9日。
② 该案件的详情，参见任东来、陈伟、白雪峰《美国宪政历程：影响美国的25个司法大案》，中国法制出版社2004年版，第272—290页。
③ 转引自任东来、陈伟等《美国宪政历程——影响美国的25个司法大案》，中国法制出版社2004年版，第278页。

第四章　公民监督权行使的不当限制及其消解

国家是一种"从社会中产生但又自居于社会之上并且日益同社会相异化的力量"①，它作为一种制度性的权力运作组织，可以对公民基本权利的行使作出一定限制。但是，国家对公民基本权利行使的限制可能出现不当的情形，甚至存在剥夺公民基本权利的潜在危险。在当今中国，由于历史传统、制度设计、官员认识等方面的原因，存在着公民监督权行使受到不当限制的现象，这种现象虽然不普遍，但足以对民主法治建设造成不利影响。只有消解对公民监督权行使的不当限制，才能更好地发挥公民监督权在推进民主法治建设方面的功能，其消解路径包括克减公职人员隐私权、完善法律机制和提高公职人员法治思维的水平等。

一　公民监督权行使的不当限制

公民监督权行使虽然因不同的方式和载体而样态各异，但从本质上说它是一种意见的自由表达。意见的自由表达对于民主法治建设的重要性是无须赘言的，而自法国《人权宣言》第 10 条宣布"意见的发表只要不扰乱法律所规定的公共秩序，任何人都不得因其意见甚至信教的意见而遭受干涉"②以来，越来越多的国家在其政治宣言和宪法中宣布保护公民的表达自由，我国现行《宪法》第 36 条规定也包括了对言论自由权

---

① 《马克思恩格斯选集》第 4 卷，人民出版社 1995 年版，第 170 页。
② 中国人民大学法律系国家法教研室、资料室：《中外宪法选编》，人民出版社 1982 年版，第 280 页。

的确认①。然而,如果言论自由超过一定的限度,又会导致损害他人利益和社会秩序的不良后果。所以,现代国家大多设置了言论自由的限度,对言论自由权的行使给予一定的限制。而这种限制又可能超出必要的限度,形成对言论自由的不当限制。正如有学者所说:"实践中对思想言论的规制,由于存在着立法过程无法准确回应言论市场、政府有压制政治言论的倾向性等原因,容易对其产生过度压制,而这又会鼓励极端言论和投机行为,进一步扭曲言论市场。"② 毫无疑问,对言论自由的不当限制不利于公民监督权的行使。但笔者在这里所要讨论的是公民监督权行使本身的不当限制,这种不当限制在我国现实生活中屡见不鲜,以造成公民监督权行使受到不当限制的原因为视角,可以分为公职人员以人格权保护为由而形成的不当限制、因为法律机制不完善而形成的不当限制以及由于官员认识偏差而形成的不当限制等方面。

(一) 公职人员以人格尊严保护为由而形成的不当限制

在上一章中,我们已经讨论了公民人格尊严构成对公民监督权行使的限度。然而,正如有学者曾言:"就保护个人隐私而言,应当看到,这是一个因不同社会地位的人而转移的变量。"③ 公职人员和普通公民的不同社会地位决定了其人格尊严的保护不尽相同。由于公职人员的人格尊严在宪法形式上表现为以名誉权和隐私权为主要内容的人格权,因而对人格尊严的保护在宪法上表现为对人格权的保护,而这一保护以名誉权和隐私权为核心。普通公民由于长时间处于个人生活的平静而狭小的独立空间中,参与公共事务较少,其名誉和隐私的开放程度不应该过宽。但是,公职人员大部分时间生活在公共空间,其言行关涉到公共事务的执行、公共利益的分配等,其教育背景、财产收入、品德、能力甚至私人事务的处理都可能对公共利益产生影响,自然就会吸引社会公众强烈的关注兴趣,所以其名誉和隐私的保护范围就应该相对较小。但是,范围的"大"与"小"只是一个相对的概念,界限并不泾渭分明,这就为公民监督权行使与公职人员的名誉权和隐私权保护之间的冲突埋下伏笔,也为公民监督权的不当

---

① 我国现行《宪法》第36条的内容是:"中华人民共和国公民有言论、出版、集会、结社、游行、示威的自由。"
② 赵静波:《一个法经济学的分析视角》,《甘肃行政学院学报》2016年第4期。
③ 魏宏:《权力论——权力制约与监督法律制度研究》,上海三联书店2011年版,第401页。

限制埋下伏笔。在这里,笔者首先对公职人员以名誉权、隐私权保护为由而对公民监督权行使加以不当限制的情形进行考察,然后对这种不当限制进行学理分析。

1. 公职人员以名誉权保护为由不当限制公民监督权

公民监督权与公职人员名誉权具有不同的价值取向,公民监督权侧重监督和制约公共权力,而公职人员名誉权侧重保护个人尊严,因而两者之间存在一定冲突。我国执法机关和司法机关对这一冲突有所认识,公安部和最高人民法院都发文要求正确处理这一冲突。在公安部2009年发布的《关于严格依法办理侮辱诽谤案件的通知》中就有相关规定①。为了严格限制适用《刑法》第246条第2款关于"前款罪,告诉的才处理,但是严重危害社会秩序和国家利益的除外"的规定,最高人民检察院2010年8月发布的《关于严格依法办理诽谤刑事案件有关问题的通知》。

然而,从现实看,公职人员以名誉权保护为由对公民监督权行使予以不当限制的现象时有发生。由于公职人员掌握着公共权力,是治者,因而相较于作为被治者的公民,其地位更强势和优越,以至于在现实中不乏这样的现象:当某一公民的监督权行使与某一公职人员的名誉权发生冲突时,该公职人员就以名誉权保护为由,以"诽谤罪"为利器,对监督者进行打击。近几年来,"诽谤"官员案件频繁发生,一些地方官员面对公民在媒体上发表的负面言论,不是"有则改之,无则加勉",而是反戈一击,甚至对发表负面言论的公民进行跨省追捕,以致"跨省"二字都成为官员抵制公民监督、打压网络舆论的代名词。这样的例子很多,例如2006年"彭水诗案"②、2009年"河南灵宝警方跨省追捕王帅案"③、

---

① 公安部《关于严格依法办理侮辱诽谤案件的通知》指出:"随着国家民主法制建设的不断推进,人民群众的法制意识和政治参与意识不断增强,一些群众从不同角度提出批评、建议,是行使民主权利的表现。部分群众对一些社会消极现象发牢骚、吐怨气,甚至发表一些偏激言论,在所难免。如果将群众的批评、牢骚以及一些偏激言论视作侮辱、诽谤,使用刑罚或治安处罚的方式解决,不仅于法无据,而且可能激化矛盾,甚至被别有用心的人利用,借机攻击我国的社会制度和司法制度,影响党和政府的形象。"公安部:《关于严格依法办理侮辱诽谤案件的通知》,http://china.findlaw.cn/bianhu/xingshifagui/xingshifaguiku/33427.html,访问时间2017年5月3日。

② 该案的详情,参见马长山《公共议题下的权力"抵抗"逻辑——"彭水诗案"中舆论监督与公权力之间的博弈分析》,《法律科学》2014年第1期。

③ 该案的详情,参见小菲《网上发帖遭跨省追捕事件》,《政府法制》2009年第16期。

2014 年"拟任副局长诉举报人案"①等。

对于现实中频发的"诽谤官员"案，人们的看法不一。有人认为，官员的做法存在着"荒唐逻辑"②。也有人认为，官员的做法反映了其"权大于法"的心理，表明官员"患上了'权力霸王症'"。③不管从哪个层面说，官员的做法缺乏正当性，是对公民监督权行使的不当限制。《京华时报》特约评论员乔子鲲的看法一针见血：公民行使监督权而被官员追究罪责，"尽显的则是某些官员权大于法、一手遮天之实。此类案件一再发生，关键处就在于'诽谤'的定性权握在'被侮辱''被诽谤'的官员手里。他说是诽谤就是诽谤，一言九鼎、不容置疑。他之所以要如此上纲上线，或是因群众之言戳到了其腐败肮脏的真实一面，于是便以无辜受害者形象，高调动作以图掩饰，又杀鸡儆猴、强力压下类似舆论；或是官老爷做派，受不得一点批评意见、刺耳之言，听则恼羞成怒，拿他是问，以图显其老虎屁股摸不得之态势，以图告诫群众不可对领导指手画脚"④。

2. 公职人员以隐私权保护为由不当限制公民监督权

公职人员的隐私权因其与社会利益、国家利益等利害攸关，故其私生活受到全面而广泛的监督也无可厚非。恩格斯曾经指出：私事和私信一样，是神圣的，不应在政治争论中加以公开；如果无条件地运用这条规则，那就只是一概禁止编写历史。⑤基于职务性与廉洁性的要求，公职人员隐私中与公共利益、职务内容相关的部分必须公开，只有这样才能确保公民监督权的正常运行，才能满足公民知政、参政的要求。有些公职人员忘记了自己的"公职身份"，要求对自己的隐私给予与普通公民的隐私同样的保护，因而在公民要求其公布有关的个人财产情况、家庭成员情况、道德表现情况时以各种方式加以抵制。不可否认，公职人员在工作之余也需要拥有一个属于个人的生活空间，在这里他们的隐私权是需要得到尊重与保障的。但是在现实中，某些公职人员曲解甚至滥用隐私权保护这一规

---

① 该案的详情，参见唐红《正当的举报行为不构成名誉侵权》，《人民法院报》2017 年 4 月 13 日。
② 李松：《诽谤官员的荒唐逻辑》，《瞭望》2010 年第 3 期。
③ 马长山：《公共议题下的权力"抵抗"逻辑——"彭水诗案"中舆论监督与公权力之间的博弈分析》，《法律科学》2014 年第 1 期。
④ 乔子鲲：《诽谤罪不是官员的私器》，《京华时报》2010 年 6 月 12 日。
⑤ 参见《马克思恩格斯全集》第 18 卷，人民出版社 1965 年版，第 590—591 页。

则，用以逃避乃至抵制公民监督。这样的事例不胜枚举，例如2013年范悦案①、2016年"某房产商侵犯法官及家属个人信息案"②等。

要求实行官员公开财产与抵制实行官员公开财产，被视为"民意与权力的PK"③。这种PK在目前的赢家是权力，因为全国性的官员财产公开制度还没有建立。早在1994年，《财产收入申报法》就被全国人大常委会列入了立法规划，遗憾的是，这部法律至今仍然没有制定出来。第十届全国人大代表王全杰曾进行过一项调查，在被调查官员中，有97%的人反对官员财产申报，部分官员担心财产申报使得个人隐私权受到侵害。④也有官员将自己等同于普通公民，提出"为什么老百姓不公布财产？"的可笑问题。⑤

多年来，不断有地方政府试行官员财产公开制度，但大多数地方的官员财产公开不具有可持续性。例如，有人盘点了自2009年新疆阿勒泰地区首开先河之后的五年各地官员财产公开试点的情况，发现"多数'县

---

① 2013年6月，国家档案局政策法规司副司长范悦隐瞒已婚事实、与女主播纪英男同居四年，分手后，纪英男在个人微博上发布范悦向她求婚的视频、两人的亲密照片以及范悦出手极为阔绰等。范悦认为纪英男的行为侵犯了他的隐私权和肖像权，表示要起诉她。参见张伯晋《范悦"失德请辞"背后的示范意义》，《检察日报》2013年6月21日。

② 2015年1月至2016年6月，湖南某地房产商出于个人目的，委托长沙某信息咨询公司，购买跟踪定位、密拍、录像等器材，并伙同自己房产公司员工，在多地先后对办理该房产公司诉讼案的多名法官及家属进行跟踪定位和秘密拍摄，非法获取大量相关人员的个人信息，造成严重后果。2016年7月28日，当地警方以涉嫌侵犯公民个人信息罪将其依法逮捕。参见子钰《公职人员的隐私权也应受保护》，《法制周报》2016年8月4日。

③ 早在2008年，媒体就曾报道过一组与官员财产申报有关的数据。第一组是网上调查显示，九成民众支持对官员财产进行公示。第二组是第十届全国人大代表王全杰的一项调查显示，97%的官员对"官员财产申报"持反对意见。对此，中国青年报曾发表评论，直言这是"民意与权力的PK"。骆沙、孙静静：《保护隐私不是官员拒绝财产公开的理由》，《中国青年报》2012年6月7日。

④ 闫傲霜是反对官员财产公开的典型代表，早在2005年，时任全国人大代表、北京市丰台区副区长的她就发表自己的主张："官员财产不应该公开，官员也享有隐私权，官员财产有许多来源，其中包括继承遗产等涉及个人隐私的，而且中国官员并非终身制，把官员所有财产一律公布太笼统了。"参见廖卫华、申剑丽、赖颢宁等《人大代表王全杰提交议案 建议官员财产全部公布·各方观点·官员隐私权也应受保护》，《新京报》2005年3月11日。

⑤ 曹林：《我来告诉他"为何老百姓不公布财产"》，《新京报》2009年3月17日。

花一现'"①。就连阿勒泰地区的试点也随着该制度的推行者、地区纪委书记吴伟平的去世而"人走政息",后来的阿勒泰地区纪委书记杨振海坦承:"不再按照原来的制度做了。"② 从具体操作看,一些地方实行的官员财产公开制度,至少存在以下不足:一是公开财产的官员行政级别不高,大多属于科级干部;二是公开财产的方式大多是内部公示,公众无法查询,无法获得信息;三是公开财产的信息过于粗糙,不具体;四是公开财产的时间短,有的单位仅在内部公示栏上张榜三天。普通公民看不到的官员财产公开,不能实现公民知情权,也制约着公民监督权的实现。

随着网络监督手段的日益发达,许多自身品行不端、不义之财甚巨的官员们更是想方设法借隐私权来隐匿自身污点,生怕将隐私公开。因此,有些官员运用手中的权力,控制网络发帖、转帖的内容,一旦出现对其不利的负面信息,就立即将其删除,以免进一步扩散。"有偿删帖属法律禁止行为,但近几年在专项整治行动中所暴露的相关数据和恶性现象一再令人惊叹。"③《财新·新世纪》周刊2013年第6期上发表了一篇题为"删帖生意"的文章,曝光了网络上专门从事删帖生意的所谓"公关公司"与某些门户网站的中高层联手操纵的这条灰色产业链。④ 据《检察日报》报道,河南省栾川县原县委书记樊国玺在任时,宣传部花钱帮他删帖。⑤ 2015年5月,湖北省蕲春县公安局破获了一起特大有偿删帖案,涉案的一家网络公关公司通过"层层转包"的方式将删帖的任务交给"删帖中介",再分包给"管理员"帮助删帖。就是在这样一条庞大的黑色产业链上,"不仅有大学生、教师、网络编辑,还有公务员甚至警察,而主要客户则包括政府官员、知名企业和明星等。犯罪嫌疑人自曝全国每年删帖产

---

① 王姝:《官员财产公开 多数"昙花一现"》,《文摘报》2014年8月23日。
② 刘斌:《缺乏上层支持和法律支撑 多地官员财产公开进入"冬眠"》,《华商报》2013年1月24日。
③ 李婷婷、邓德花:《删帖生意:买方及其信息规制》,《当代传播》2017年第1期。
④ 该文章称:一位知情员工透露,一旦出现地方官员负面信息,公关公司的业务员便通过各种方法设法找到当事人联系删帖事宜,找官员删帖,几乎是一找一个准,官员为了仕途,删帖不计成本,一单至少50万元,公司超过60%以上的利润来自二、三线城市的官员,多为警察局长和县长。参见王晨、王姗姗等《删帖生意》,《财新·新世纪》2013年第6期。
⑤ "2014年10月底,网上出现了'樊某某挪用钼都集团2000万元资金给其特殊关系人'的帖子。得知此事后,樊国玺赶紧安排财政局向县委宣传部拨款50万元用于删帖。截至2015年1月,县委宣传部为处理网络舆情事件,共支付37.6万元。"汪宇堂:《温柔的陷阱》,《检察日报》2017年1月12日。

业的收益竟然数以亿计,从业人员数以万计"①。

对于内容确有不当的网帖,或者对于属于网络谣言的网帖,可以提醒网络服务商予以删除。但是对于公民正当行使监督权所发表的内容,这种删帖行为阻碍信息传播,构成对公民监督权的侵害,属于对公民监督权的不当限制。政府官员阻碍对其与公共利益相关的私人信息的曝光,对公民的监督行为予以限制和打击,不论是对政治清廉还是对民主法治都是有百害而无一利。正是基于此,有领导干部不要删帖的批示获得了网友的关注和点赞②,这一批示意味着有领导干部认识到"删帖"这一限制公民监督权的做法是不恰当的。对"删帖"这一不当限制公民监督权行使的做法的否定,有利于人民畅所欲言而更好地实现公民监督权,可以使"听民声、问民意、顺民心"不只是党和政府的口号而成为真切的实际行动。

3. 公职人员以人格权保护为由对公民监督进行不当限制的学理分析

权利的冲突与调适是现代社会治理的重要课题,正如有学者所指出的:"由于社会冲突的普遍存在,使得权利冲突现象始终难以克服或避免。探求权利冲突的真正成因,寻找法定权利冲突化解的理想路径,一直是人们孜孜以求的重大命题。"③ 公职人员以人格权保护为由对公民监督进行不当限制,从现实看反映了一些公职人员对个人私利的攫取,从学理上看彰显出权力与权利的冲突以及国家公职人员的角色冲突。

第一,权力与权利的冲突。公民监督权与公职人员人格权之间的冲突,从表面上看是两种权利之间的冲突,而实质上则是一种权利与权力之争,即民众所代表的民主权利和官员所代表的公共权力之间的冲突。

在宪法意义上,监督权是公民的政治权利,人格权是公民的民事权利,两者都作为公民的基本权利而存在,监督权并不具有对人格权的天然优越性,不能成为限制隐私权的当然理由。但是,当人格权与公职人员结

---

① 新华社:《互联网"大扫除" 删900万条不良信息》,《北京日报》2015年9月8日。
② 《党政论坛》2017年第3期发表《官员能否有"不要删帖"的胸怀》一文指出,湖北十堰市委书记张维国的批示:不要删帖,不要屏蔽网友帖文,不要刻意引导大家说好听的话,哪怕是批评的话、一些过激的话,都不要删掉,要让大家讲真话,讲真心话,讲实在的话,并把网友的意见诉求批评建议"原汁原味"转报帖文中提到的领导。这一批示引发网友关注和点赞,书记要求"不要删帖",绝对是利好消息。希望更多的党员干部,都能够有这样的胸怀,都能够真心实意倾听民声,包括那些批评的"异声"。这是民众的期盼,也是为官者的天职。北方:《官员能否有"不要删帖"的胸怀》,《党政论坛》2017年第3期。
③ 王博:《权利冲突化解路径的解构与重建》,《社科科学文摘》2017年第1期。

合在一起时，就给这项权利融进了"公"的意义。公职人员作为国家权力的载体，基于人性的原因，很难说他不会将公共权力的运行轨迹拉入"私"领域，所以公职人员在公共活动之外的私人生活也就必然要受到另一权利——公民监督权的特别关注。由此，公职人员的人格权与公民监督权的关系不能脱离公共权力这一核心要素，而公共权力在公职人员的"私"领域中的"逗留空间"就成为引发两者冲突的关键因素。正是在对这一"逗留空间"的认识和把握上，目前从理论到实践都存在许多的不足，主要表现在以下两个方面。

一方面，公职人员隐私权的权利边界规定模糊。《侵权责任法》为保障我国公民隐私权做出了详细的规定，但是不同于一般权利主体的隐私权侵权案件，公职人员隐私权侵权案件在行为模式、举证分配、责任归结、损害赔偿等方面都带有特殊性，不能完全套用《侵权责任法》的规定。而现有的有关公职人员隐私权行使限度的相关规定多只停留在党和政府的规范性文件中①，在《公务员法》《政府信息公开条例》等相关法律中有关公职人员的隐私权是否可以公开、可以公开哪些、如何公开等内容的表述尚难觅其踪。正是由于公职人员隐私权权利边界上的模糊，因而在具体实践操作上就存在着困扰，使得某些政府官员得以借机以保障名誉权、隐私权为由对公民监督权行使进行不当限制。

另一方面，公共利益的适用标准和范围不明确。在涉及公职人员隐私权的这场"公""私"权利冲突中，公共利益如何界定是一个无法回避的问题。这是因为，"如果公共利益概念比较模糊，政府自由裁量的空间就比较大，这容易导致政府权力的滥用"②。虽然学界在许多领域的研究中都提到公共利益的重要性，但学者们对公共利益的理解见仁见智，我国立法上对什么是公共利益、公共利益应如何界分等问题也没有明确规定。这些因素都导致公共利益问题长期处于一种含混不清的状态，这也为实践中广泛存在的滥用公共利益标准侵犯公民权利的情况埋下了伏笔。公职人员对公共事务的管理是履行公务行为的表现，但在现实中，公职人员的个人生活行为和公务行为本就难以完全划分清楚，而

---

① 这些规范性文件，如：1995 年中共中央办公厅、国务院办公厅联合颁发的《关于党政机关县（处）级以上领导干部收入申报的规定》；1997 年中共中央办公厅、国务院办公厅联合颁发的《关于领导干部报告个人重大事项的规定》；2002 年中共中央印发的《党政领导干部选拔任用工作条例》中规定的党政领导干部任职前公示制度等。

② 王利明：《论征收制度中的公共利益》，《政法论坛》2009 年第 2 期。

公民对于公职人员个人活动的关注中，也常常可能将其个人生活行为与公务行为混为一谈。于是乎，一些公职人员往往以公共利益为借口抵制公民监督，甚至以公共利益为掩护，行违法犯罪之实，打击公民监督。这样就会造成对公民合法监督权利的不当限制，而这也已成为当前公民监督权行使的重要隐忧之一。

第二，国家公职人员作为"公家人"与作为"私家人"的角色冲突。一方面，公职人员频繁出镜和曝光是彰显其工作和权威的一种需要，也是其能够获得民意支持、扩大社会影响、提高工作效率的一种手段；另一方面，公职人员们不愿意民众过多干预自己的私生活，以免给家庭成员带来不便。因此，公职人员扮演着多重角色，而每一种角色都带有自身的角色意志。当公职人员作为公民个体时，他的言行是个人意志的表现；当公职人员作为公共权力的掌握者时，他的言行必须遵从或体现他所代表的政治团体的思想意志。①

可见，公职人员身上特有的个体性、群体性和国家性等几种意志的叠加使其同时身兼"个体人""社会人"和"公共人"三种角色，这三种角色有时会产生矛盾和冲突。从行为的角度看，比如同样是参与社会活动、进行社会交往，当公职人员以国家权力的掌握者和行使者的身份出现时，其行为属于代表国家机关行使公共权力；当公职人员以自己的私人名义出现在这些活动中时，其行为属于普通公民行使权利或履行义务。如果公职人员故意模糊行为的属性，那么其行为是服务公众还是为谋取私利抑或是为特定利益集团牟利就不好判断，所以对其行为的监督就难以顺利展开。

从利益的角度而言，公职人员在行使公共权力时维护和体现的是公共利益，公职人员在行使自身权利时所维护和促进的是私人利益。但公职人员身上所负多重角色的重合使得这两种目的不同的行为交集于同一个人身

---

① 对于官员的多重角色及其意志，卢梭有过生动的说明："在行政官个人身上，我们可以区别出三种本质上不同的意志，首先是个人固有的意志，它仅倾向于个人的特殊利益；其次是全体行政官的共同意志，唯有它关系到君主的利益，我们可以称之为团体的意志，这一团体的意志就其对政府的关系而言是公共的，就其对国家——政府是构成国家的一部分——的关系而言则是个别的；其三是人民的意志或主权的意志，这一意志无论对被看作是全体的国家而言，还是对被看作是全体的一部分的政府而言，都是公意……按照自然的次序，则这些不同的意志越是能集中，就变得越活跃。于是，公意便总是最弱的，团体的意志占第二位，而个别意志则占一切之中的第一位。"［法］卢梭：《社会契约论》，何兆武译，商务印书馆2003年版，第93页。

上，这就为利用公益行为满足私人利益的实现提供了机会。而与此同时，不论公职人员意图以什么样的行为方式获取什么样的利益，公职人员的隐私权都是一个独立的存在，可以作为一个理由用来阻止他人对自己行为的干预，一旦这一理由被滥用，公民监督权行使就可能受到不当限制。此时，公民监督权力运行的视线就会出现死角，警惕权力滥用的视野也受到限制。

（二）因为法律运行机制不完善而形成的不当限制

现有的法律运行机制从整体上看对公民监督权的保障产生了积极效用。但是，随着公民权利意识的觉醒和监督热情的高涨，公民监督的深度和广度也在扩大，网络等新媒体的产生和发展也使公民监督的方式和渠道得到拓展。这些变化都使得许多深层次的矛盾和问题不断涌现，但现有法律运行机制中存在着不相适应、不相符合的方面，法律运行机制不完善已成为公民监督权受到不当限制的一个重要因素。

1. 立法不完善造成的不当限制

在我国历史上，"国家本位"立法观长期占据主导地位，法律被界定为国家利益和国家意志的集中体现，法律被当作国家控制和管理社会的手段。虽然社会主义制度的建立使人民成为国家的主人，宪法也明确规定"国家的一切权力属于人民"，但是从现实看，国家本位的观念在社会主义中国的立法中依然存在，即便在改革开放以来依然影响着我国的立法，有例为证："在以往的民事程序立法中这一观念不仅起着绝对的主导作用，并贯穿于各时期民事程序立法的始终，而且也实质上影响和决定着各种民事程序制度设置和具体法条的规定。"[①] 在一些地方，制定地方性法律文件时总是优先考虑甚至过多考虑如何维护政府利益、如何规制公民行为的问题，由此创制的法律往往注重国家权力而忽视公民权利，在地方立法中存在较为浓厚的政府本位倾向。

"国家本位"的立法观使得法律使命以维护国家利益为主、以保障公民权利为次。毫无疑问，这样的立法观对我国的公民监督法律制度建设必然产生负面影响，这也是时常可见一些拒绝、排斥和不包容公民监督的法律规定出台的原因之一。思想的偏差导致保障公民监督权行使的立法不足，进而制约公民监督权的正常行使，形成对公民监督权行使的不当限

[①] 廖中洪：《民事程序立法中的国家本位主义批判——对我国民事诉讼立法指导思想的反思》，《现代法学》2002年第5期。

制，这可以从两个方面进行分析。

一方面，立法较为分散且衔接不够。目前我国虽已初步形成一套有关公民监督的法律框架体系，但立法的力度仍明显不够。宪法中虽然有多处涉及公民监督权，但全国人大关于公民监督方面的专门立法尚处于空白，调控公民监督权行使的法律条文散见于《各级人民代表大会及常委会监督法》《刑法》《行政许可法》《行政复议法》《信访条例》《关于加强网络信息保护的决定》等多部法律、法规及规章条例之中，立法极为分散。这样的立法状态在法治建设初期固然高效，且拥有灵活性高和针对性强的优势。但由于缺乏统筹规划和横向协调，各个制定主体往往从自身利益出发，忽视其他相关部门的职能及其相互间的配合，致使重复立法多发，相互间矛盾和冲突不断。况且，公民监督权不仅本身是公民的一项政治权利，而且还涉及言论自由等公民基本权利，根据《立法法》的规定①，没有立法机关的认可和授权，并不是所有国家机关都有权在自己制定的法律文件中对公民监督进行规制的，显然，国务院制定行政法规对公民监督权行使进行管控的做法值得商榷，地方政府制定地方规章对公民监督权行使进行限制的做法更是不妥。② 总之，这些问题使得我国现有的法律法规难以承担起对公民监督权行使进行引导和规范的重任，甚至给公民监督权的正确行使带来混乱，为公民监督权行使的保障带来阻碍。

另一方面，立法内容滞后、失衡。尽管我国关于公民监督方面的立法涵盖领域较广，但也存在着立法内容滞后、失衡等问题。一是立法内容滞后，跟不上时代发展的需要。例如，随着微博、微信等新媒体技术的普及，公民行使监督权的方式不断更新、内容也日趋多样。面对蜂拥而来的各种新变局，用以调控的法律显得捉襟见肘。受到传统管控思想的束缚，

---

① 《立法法》规定："下列事项只能制定法律……（五）对公民政治权利的剥夺、限制人身自由的强制措施和处罚"（第 8 条）；"本法第八条规定的事项尚未制定法律的，全国人民代表大会及其常务委员会有权作出决定，授权国务院可以根据实际需要，对其中的部分事项先制定行政法规，但是有关犯罪和刑罚、对公民政治权利的剥夺和限制人身自由的强制措施和处罚、司法制度等事项除外"（第 9 条）；"授权决定应当明确授权的目的、事项、范围、期限以及被授权机关实施授权决定应当遵循的原则等"（第 10 条）。《中华人民共和国立法法》，《人民日报》2015年3月19日。

② 参见张荣昌《公民监督政府：行政监督的活力源——以宁波市为例》，《国家行政学院学报》2005年第 S1 期。

立法者们往往将立法价值取向的重点放在网络安全及其秩序的维护上，忽视了对保障公民网络监督权正当行使的关注，有时甚至牺牲公民的监督权。二是立法内容失衡，侧重对公民监督权行使行为的管制。公民监督权行使的主体是广大民众，对公民监督的立法本应该首先注重保障广大公民依法有效地行使监督权。然而，通过对我国现有的许多公民监督方面的法律法规进行分析，可以发现，无论是有关舆论监督的新闻立法，还是网络监督的网络立法，抑或是有关信访监督和检举控告监督的相关法规，其内容中关于部门管理权限、监管措施、处罚措施等都有着较为翔实的规定，而对保障监督者权利的救济条款以及制裁管理部门违法行为的责任条款则着墨不多，甚至语焉不详。这就使得对不当限制公民监督权的行为进行惩治时法律依据不足，也成为执法者在不当限制公民监督权行使时肆无忌惮的潜在理由。

2. 执法不完善造成的不当限制

《宪法》规定表明[1]，我国的国家权力结构是一种自上而下的单向走向的一维权力结构。这一权力结构模式彰显人民在国家中的主体地位和人民代表大会在国家机关体系中的根本地位，要求作为人民代表大会执行机关的行政机关忠实地执行人民代表大会的意志和法律，切实做到执法为民。然而，受到传统民本思想的影响，一些公职人员，特别是领导干部在思想深处存在着一种"替民做主"的执法观念，封建时代的为官准则"当官不为民做主，不如回家卖红薯"成为今日众多公职人员的口头禅。事实上，"替民做主"是封建时代的人治思想在现代社会的翻版，它"把代表人民行使权力，变成代替人民行使权力"[2]。"替民做主"不符合现代民主精神，在这种观念之下，即使有所谓的民主也只是"恩赐式"的民主，有悖政治民主化和国家现代化的理念。

"替民做主"观念不利于对公民监督权行使的保障，相反可能导致执法不完善而造成对公民监督权行使的不当限制。一方面，"替民做主"观念削弱了官员们的公仆意识，使某些官员以此为幌子，逾越权限执法；另

---

[1] 《宪法》第3条规定："中华人民共和国的国家机构实行民主集中制的原则。全国人民代表大会和地方各级人民代表大会都由民主选举产生，对人民负责，受人民监督。国家行政机关、监察机关、审判机关、检察机关都由人民代表大会产生，对它负责，受它监督。中央和地方的国家机构职权的划分，遵循在中央的统一领导下，充分发挥地方的主动性、积极性的原则。"

[2] 郭道晖：《法理学精义》，湖南人民出版社2005年版，第345页。

一方面,"替民做主"观念消解官员的民主意识,强化官员们的特权心理,助长某些官员压制公民监督、反对公民参政的恶习。从公民监督权行使的执法领域的具体情况看,执法不完善表现在诸多方面,主要有多头执法和越位执法等。执法不完善是导致公民监督权行使受到不当限制的原因之一。

第一,执法机关设置混乱,多头执法现象严重。综观我国有关公民监督的法律法规,绝大部分政府部门参与到对公民监督权行使的管理中,它们设立专门机构来应对公民的批评、建议、举报、控告和信访。另外,党的相关部门机构中也有机构应对公民监督的具体管理和分工。这种多方共同管理的格局,从表面上看似便于相关部门的专业化管理和提高管理效能,从而有利于实现公民监督权的各项权能。但实则不然,这种做法存在明显的管理体制冗沉的弊端。由于缺少牵头机构挂帅和部门间的协同配合,容易出现职能交叉和权力冲突。由于利益的驱动,一些部门遇到无利可图的事情就"踢皮球",遇到有利可图的事情就争着管,结果是行政成本增加、管理效率低下。这些现象使得当前的执法机制既难以有效应对公民监督中出现的各种突发状况,又易于形成部门间推诿扯皮,使公民监督诉求无门。

第二,执法权限不明,越位执法现象频发。一些地方政府及其官员长期以来习惯于"封建家长式"的管理模式,我行我素,乾坤独断,对公民的监督更是视若洪水猛兽,总是力图逃避,而立法对公民监督权行使的保障不足使得一些官员在对待公民的监督时滥用权力、越位执法,严重侵害公民的监督权利。这几年发生的多起"跨省追捕"案件就是这一现状的例证,例如"甘肃王鹏案"。2010年11月23日,甘肃省图书馆工作人员王鹏,因多次在网上发帖举报"官二代"同学公务员考试作弊,被宁夏吴忠市公安局以涉嫌诽谤罪刑事拘留。事后证实,王鹏的行为是正当行使公民监督中的批评权、举报权的行为,但他们却因为触动了某些官员的奶酪而被"跨省追捕"。与所有其他"跨省追捕"一样,"王鹏案"也有两个特征:"一是公民'因言获罪','官告民诽谤';二是公权力(主要是警方或地方政府官员)随意滥用亦即'公器私用'介入'诽谤案',形成'权力造罪'。"① 从程序上看,该案中即使涉嫌诽谤罪也应由涉事者自行提起自诉,相关政府部门强行介入并按公诉案件处理本已违反程序法,

---

① 郑金火:《信守诽谤罪构成的法律底线——从"王鹏案"说起》,《法学》2011年第5期。

而不经过任何程序,直接动用公安拘捕更是破坏程序公正。该案件也反映出公民权利较之于国家权力的弱势地位。正如有学者所言:"从一定意义上说,舆论监督能力越弱,跨省追捕行为就越合理与合法。"① 滥用执法权对公民行使监督权的行为进行限制和打击,既影响政府形象,也侵害民主法治,危害甚大。

3. 司法不完善造成的不当限制

我国有着法律工具主义的传统,几千年来,官吏总是把法律当作维护君主统治、治理臣民的工具和手段。这一传统并没有随着社会主义制度的建立而进入历史博物馆,相反,在新中国成立后的一段时期,法律工具主义具有广泛的市场,"法律是阶级统治工具""法律是阶级斗争工具"等思想对当时的形势产生了较大影响。当前,在我国司法领域,法律工具主义思维依然存在,对我国司法机制造成不良影响,致使我国司法机制存在不完善的方面,不利于公民监督权受到侵害的司法救济。这一方面的不良后果必须加以警惕。

第一,司法体制不健全。司法独立是司法的基本原则,我国《宪法》《法官法》《检察官法》等法律明确规定人民检察院、人民法院分别依照法律规定的职权和程序依法独立行使检察权、审判权。然而,我国司法独立原则的落实受到"司法的地方化以及司法的行政化"这"两大'顽疾'"的阻滞②。一方面,司法的地方化使得法院对地方党政机关产生依附性,审判权独立性的缺失又加深了依附的程度。另一方面,司法的行政化使得法官对法院整体产生依附。在法院不独立的前提下,期望和要求法官在诉讼中顶住地方政府的压力秉中持正是相当困难的。因此,在法院和法官双重不独立的司法体制下,许多司法机关不能坚持好司法中立原则,屈从于某些政府部门和官员的意志,甚至有时沦为其滥用公权力侵害公民监督权的帮手,将维护社会正义的公器变为阻碍公民监督权行使的工具。

第二,司法运作透明度不高。有些司法机关以捍卫所谓"司法独立"不受侵害为由,拒绝公民通过各种渠道了解正在审理中案件的情况和对已结个案处置的评价。这种做法实质上侵害了公民的监督权。"在不透明的司法运作机制下,公民无法通过各种渠道获取真实的司

---

① 司国安、蒙胜军:《"跨省追捕"与"媒介审判"——浅谈当前我国地方公权与媒介环境的关系》,《理论导刊》2011年第10期。
② 陈卫东:《司法机关依法独立行使职权研究》,《中国法学》2014年第2期。

法信息而对司法进行有效的监督,更不能与司法部门就社会关注的个案有效地交流互通,其结果甚至会造成非理性的司法参与后果。"① 不甚透明的司法运作影响公民在司法参与中表达诉求和发表意见的迫切期望,而失去监督话语权的公民,其满腹的困惑与牢骚可能转化为对司法的不满。

第三,司法沟通回应机制不畅。司法沟通回应机制不顺畅是我国司法领域中的一个明显缺陷。司法沟通回应是联结司法机关与民众的有效通道,而司法沟通回应机制不畅将无法形成合法化与合理化的司法参与。法院通过与民众沟通,接受监督,有利于"集中民智,吸收人民群众的法律智慧与法律经验,促进法律与习惯、道德的良性互动,更有利于规范司法行为、防止和克服司法腐败"②。但在司法沟通机制受阻的情形下,公民的司法诉求和意见表达无法得到司法机关的有效回应,从而隔断了公民和司法机关之间的联系,不仅不能实现对司法的及时监督、不能矫正司法偏差、不能防止司法专断,而且容易导致公民滑向非法和非理性司法参与的泥沼。

(三) 由于官员认识偏差而形成的不当限制

从法理上看,公民监督是人民当家做主的具体形式,也是社会主义政治文明的重要标志。但现实中,囿于历史的原因和思想的保守,许多官员不仅不愿意接受公民监督,而且对公民监督存在认识误区,这主要表现为三个方面:一是贬低公民监督,认为公民监督是搞群众运动;二是怀疑公民监督,误认为公民监督会泄露国家秘密;三是担忧公民监督,认为公民监督难以控制和支配。这几种认识误区使得一些公职人员不能正确对待公民监督,进而对公民监督权行使进行不当限制。

1. 误认为公民监督就是搞群众运动

何为群众运动?对于这个问题,《辞海》的回答是"有广大人民群众参加的具有较大规模和声势的革命、生产等活动"③;《现代汉语词

---

① 陈发桂:《网络环境下公众司法参与的理性化建构探析》,《岭南学刊》2010年第5期。
② 季金华:《沟通与回应:网络民意在和谐司法中的实现机理》,《法律适用》2010年第12期。
③ 舒新城、陈望道等:《辞海》,上海辞书出版社1999年版,第5453页。

典》的解释是"有广大人民参加的政治运动或社会运动"①。可见,"有广大人民参加"是群众运动的基本内容。人民是历史的创造者,是推动历史发展的动力,成千上万的群众聚集起来可以形成摧枯拉朽的巨大力量,从而极大地推动社会进步和人类文明发展。然而,群众运动并非在任何情况下都是正向效应,在某种情况下它对法律、对秩序具有一定程度的破坏性。

今天,人们在"不搞运动"上形成了共识,但一些人矫枉过正,对新时期的公民监督产生了认识误区,一谈起公民监督就不自觉地将它与群众运动相混淆,对公民监督产生抵触情绪,生怕引发政治运动,重蹈历史覆辙。这种错误认识一方面反映了人们不愿意再看到社会动乱、渴望和平与安宁的心愿和愿望;另一方面也说明一些人思维僵化,没有看到社会主义民主政治和法治建设的发展,没有看到党的领导水平和执政水平的提高,最根本的是将公民监督与群众运动混为一谈,误认为公民监督就是搞群众运行。

事实上,公民监督与群众运动之间的区别是非常明显的,群众运动的内涵和外延都远大于公民监督。在规范权力运行、打击贪污腐败这一特定的视域中,群众运动仅仅是公民监督的一种运作形式,二者不能等同。依据唯物辩证法的基本原理,内容与形式之间是一种辩证的关系,形式是由内容决定的,内容是形式的根据。由于形式仅仅是内容的一种存在和表现方式,因此特定的内容不可能只有一种表现形式,而形式随着内容的发展也在不断变化,新内容寻求新形式,并且趋向于新形式。在新中国成立初期,群众运动是公民监督的重要形式,例如"三反""五反"运动等,这些群众运动在反对腐败方面的确发挥了一定作用,但是其负面效应也为历史所证明。在对群众运动的负面效应反思的基础上,我们党作出了不再搞群众运动的决定。时代的发展要求公民监督采用新的形式。

从政治文明发展的角度看,现代的公民监督是国家治理体系中的一部分,是现代民主政治的要求之一。从群众运动过渡到公民监督,是对制度文明的尊重与选择。历史的经验告诉我们,群众运动一旦发动,就可能如脱缰野马不好掌控。公民监督在制度化和法治化的轨道上稳步前行,其方案设计更加科学、规范和人性。依靠制度和法治既可以克服群众运动的先

---

① 中国社会科学院语言研究所词典编辑室:《现代汉语词典》(修订本),商务印书馆2004年版,第1055页。

天不足、保持社会稳定，又可以有效地监督官员、惩治贪腐。正如邓小平所强调的："搞四个现代化一定要有两手……即一手抓建设，一手抓法制。"①

2. 误认为公民监督会泄露国家秘密

什么是国家秘密？我国《保密法》第2条是这样界定的："国家秘密是关系国家的安全和利益，依照法定程序确定，在一定时间内只限定一定范围的人员知悉的事项。"② 由于公民监督直接关系到党务、政务，从表面看，有可能会泄露国家机密。有些国家机关及其工作人员正是基于这样的担忧而对公民监督权行使给予不当限制。深究下去可以发现，公民监督会泄露国家秘密的误解源于对公民知情权实际情况的认识错误以及对公民监督主体缺乏信任。

第一，对公民知情权实际情况的认识错误。"从理念上讲，政府信息公开法律规范立法的首要目的仍应是保障公民的知情权，从而实现对公民的赋权，以实现建立在公民知情权基础上的对公民的参与权和监督权等的保障。"③ 公民监督要了解党政机关的政务，而这些政务中有些具有国家秘密的性质。这样，出于维护国家安全和利益的目的，一定数量的由政府掌握的信息不能对公众开放，而公民知情权的主旨则是让社会公众尽可能多地了解信息，于是政府保密权与公民知情权之间存在着固有的紧张关系。由于政务公开制度中的一些不足，有些官员为掩人耳目，常以保密为由，将一些本应公开的信息封存起来、不予公开，导致公民知情权受到侵害，进而导致公民监督权受到侵害。以国家秘密为由拒绝公开政务，不仅导致对公民监督权行使的不当限制，而且不利于建设民主政治。其实，从运作实效上看，在我国监督领域中，目前最为严重的问题不是公民监督"泄密"，而是行使监督权的公民信息被"泄密"而导致其遭受打击报复。由于公民监督是自下而上、由外及里的过程，监督材料在相关部门的流转中会几经转手，有时使原本应保密的举报信息反而被公开，甚至连被监督者也获知了调查材料。如此一来，由于这种泄密，使得被监督者及时销毁罪证，增加了办案难度，同时他们还肆无忌惮地反过来对举报人发泄私愤，打击报复。因此，在一众人等高呼公民

---

① 《邓小平文选》第3卷，人民出版社1993年版，第154页。
② 《中华人民共和国保守国家秘密法》，《人民日报》2010年10月12日。
③ 杨佶：《政府信息公开法律规范必须转变视角——以保障公民知情权为宗旨》，《政治与法律》2013年第2期。

监督会泄露国家秘密的同时，应当警惕，泄密者不一定是群众而可能是某些位高权重者。

第二，对公民监督主体缺乏信任。几千年来的官本位思想使得一些官员不信任普通民众，认为民众无法负担起监督重任，因而对民众监督处处设防。这势必使公民监督缺乏深度和广度，不利于民众在监督中作出正确的判断。美国学者卡尔·科恩（Carl Cohen）曾言："民主的广度是由社会成员是否普遍参与来决定的，民主的深度是由参与者参与时是否充分，是由参与的性质来决定的。"① 作为民主政治活动中的重要一项，公民监督的深度和广度就是由公民参与的程度和性质来决定的。这取决于公民自身的民主素质、公民监督制度的运作效率和政府对民众的信任度。其中，政府对民众的信任度是公民监督能否拥有深度和广度的关键。不信任公民监督，担心公民监督会泄露国家秘密，一方面使本应向公众公开的信息不公开，公众不了解信息就无从监督，从而公民监督的范围受到局限，公民监督的广度缩小；另一方面，对民众的不信任会降低其参与监督、参与政治活动的积极性和主动性，导致民众对监督活动、对民主政治漠不关心，最终危及社会主义民主事业。所以，邓小平强调指出："要相信绝大多数群众有判断是非的能力。一个革命党，就怕听不到人民的声音，最可怕的是鸦雀无声。"②

3. 误认为公民监督难以控制

公民监督由于是一种社会政治活动，参与者广泛，人员构成复杂，一经发动便会形成一股强大的社会力量。因此，一些公职人员，尤其是领导干部担心公民监督难以控制，一方面，他们担心公民监督揭露权力腐败、权力专横和滥用的现象，曝光政界的阴暗面，会影响民众对党和政府的信心和信任，影响政局稳定；另一方面，他们担心群众议论多而导致工作难开展。尤其是在当今的信息化时代，公民监督因技术工具的发展而变得活力四射，自由地发表言论、快捷地传播信息使得公民监督具有更加广泛和持久的影响力、震撼力。这更导致一些公职人员对公民监督可能失控的担忧。

应该说，网络的发展使中国公民第一次获得了对公权力的全方位监督，使公民监督的深度和广度都可以得到拓展。但是，一些公职人员，尤其是领导干部片面地看待甚至是放大信息化时代的公民监督的不足之处，

---

① ［美］卡尔·科恩：《论民主》，聂崇信、朱秀贤译，商务印书馆1989年版，第21页。
② 《邓小平文选》第2卷，人民出版社1994年版，第314页。

认为网络监督一旦在运行过程中出现问题或是被别有用心的人操控就会失去控制，如若失控就将直接冲击社会稳定。因此，他们常常动辄以稳定压倒一切为名进行恫吓，言说网络监督不易"掌控"，一些网络言论危害政府权威，一旦失控则会造成社会动荡。这种狭隘偏执的维稳观来源于公职人员"刁民思维意识严重，公民权利意识不足"。在这样的维稳观支配下，诸多政府官员害怕失去对公民监督的控制，总是力图将公民监督限制在有限的范围内。一旦公民监督引发舆情危机时，不是迅速公开有关信息，寻求民众的理解与支持，而是费尽心机封锁消息，堵住公民讨论评议的言路。这种"维稳监控观"还可能畸变为一些政府部门和官员维护自身利益的借口，于是"跨省追捕"等打压限制公民监督的行为就应运而生了。

误认为公民监督难以控制和支配的原因，不仅与狭隘的维稳观有关，而且与主观主义、官僚主义、形式主义有关。主观主义、官僚主义和形式主义，一方面使一些领导干部罔顾公民的诉求和建议，想当然地"替民做主"，使民众的呼声和要求得不到回应，使民众的情感受到伤害，迫使民众不得不依靠自身力量去寻求正义；另一方面导致民众对层出不穷的所谓政策、措施和方案无所适从，真假莫辨，影响政策、措施和方案的贯彻执行。基于主观主义、官僚主义和形式主义的危害，习近平指出："新形势下，我们党面临着许多严峻挑战，党内存在着许多亟待解决的问题。尤其是一些党员干部中发生的贪污腐败、脱离群众、形式主义、官僚主义等问题，必须下大气力解决。"①

公民监督难以控制和支配的错误认识，至少会导致两个方面的不利后果。一方面，导致民众对党和政府的信任感下降。公民对党和政府不信任，也就不会真实地表达自己的诉求和主张。这样，党和政府无法了解真实的情况，难以制定正确的方针和政策，而脱离群众诉求和主张的方针政策不能获得民众的自觉支持，因而不能在现实中得到贯彻落实。另一方面，公民对监督失去信心，不会积极地、主动地行使监督权，从而使公民监督权成为一纸空文，也使民主政治建设受到阻滞。

---

① 习近平：《在十八届中共中央政治局常委同中外记者见面时的讲话》，《人民日报》2012年11月16日。

二 我国公民监督权行使不当限制的消解

公共权力行为时常因各种原因而越轨或失位,对公民意见表达等基本权利产生不当限制,这已成为多年来各国民主政治发展中较为普遍的一大隐忧。对此,美国宪法学家欧文·费斯(Owen Fiss)指出:"政府行为也会有不当之处,这时就会限制或损害而不是促进公共辩论。我们必须时刻提防这一危险。"① 公民监督权作为民众意见表达的一项基本权利,也必须正视这样的隐忧。在我国目前,消解公共权力对公民监督的不当限制已成燃眉之急,必须采取相应的措施来矫正我国公民监督实现中的障碍,具体的作为可以从官员人格权的克减、法律机制的完善、法治思维的培养等多个方面共同发力。

(一)公职人员人格权在公民监督语境中克减

面对时下高涨的权力监督热潮,公职人员人格权面对监督时应作出一定让步已成为各界共识。有学者认为:"本质上,与公职人员之名誉权、隐私权相冲突的是公众的监督权,亦是公权力组织对表达自由负有高度容忍义务,并积极向公众和社会公开公权力运行情况及其成员有关信息之基本原因。"② 在公民监督视域中,公职人员人格权克减主要表现在名誉权克减和隐私权克减两个方面。

1. 公职人员名誉权克减

我国民法和刑法对普通公民和公职人员在名誉权保护上没有做任何区别,这一点从《侵权责任法》第 2 条规定③和《刑法》第 246 条规定④中可以窥见。这样的规定在形式上说没有什么不妥,因为正如笔者在前一章

---

① Owen Fiss, Why the State, 100 Harvard Law Review, 781 (1987).
② 郑刚:《公职人员人格尊严权克减之衡量》,《云南行政学院学报》2013 年第 1 期。
③ 我国《侵权责任法》第 2 条规定:"侵害民事权益,应当依照本法承担侵权责任。本法所称民事权益,包括生命权、健康权、姓名权、名誉权、荣誉权、肖像权、隐私权、婚姻自主权、监护权、所有权、用益物权、担保物权、著作权、专利权、商标专用权、发现权、股权、继承权等人身、财产权益。"
④ 我国《刑法》第 246 条规定:"以暴力或者其他方法公然侮辱他人或者捏造事实诽谤他人,情节严重的,处三年以下有期徒刑、拘役、管制或者剥夺政治权利。前款罪,告诉的才处理,但是严重危害社会秩序和国家利益的除外。"

所分析的，公职人员与普通公民一样在名誉权受到侵害时具有通过诉讼进行救济的权利。然而，公职人员的公职身份决定了维护公共利益是公职人员的本分，因此，在公共利益面前，官员名誉权不应该放在普通公民名誉权的地位，不应该等同于普通公民的名誉权，应该有所克减。然而，从现实看，官员借助权力处于强势地位，他所受到的监督不能与之匹配，使得公民监督权的保障又与官员名誉权的维护之间失去平衡，在价值取向上出现偏失，这种失衡和偏失致使宪法所构建的公民监督制度成为虚设。为了使宪法所构建的公民监督制度落到实处，为了使宪法规定的监督权为公民切实享有，有必要对公职人员名誉权进行克减。

前面已经指出，公职人员具有"公""私"双重身份，因而其名誉权也具有"公""私"双重性质。正是公职人员名誉权所具有的"公""私"双重性质，决定了公职人员名誉权克减的内容。一般而言，具体内容与公职身份、公共权力相关的名誉权属于"公名誉权"，应该克减；具体内容与公职身份、公共权力无关的名誉权属于"私名誉权"，应当与普通公民名誉权一样，受到法律同等保护。正是基于这样的法理：公职人员在使用公职身份、运用公共权力从事活动时，其人格利益与公共利益的价值取向是一致的。这时候的担责主体并不仅仅是公职人员，同时还有"国家"。这一点从我国《国家赔偿法》第2条规定中可见一斑："国家机关和国家机关工作人员行使职权，有本法规定的侵犯公民、法人和其他组织合法权益的情形，造成损害的，受害人有依照本法取得国家赔偿的权利。"[①] 因此，公民行使监督权对公职人员公职行为进行监督，既是指向公职人员个人，也是指向国家。国家通过宪法和法律赋予和保障公民言论自由、表达自由，国家机关的组织和活动遵循民主集中制原则，坚持人民民主，接受人民的意见和建议，对公民的言论自由、表达自由负有较高的容忍义务。既然这样，那么作为国家机关工作人员的公职人员，对于公民直接指向管理、落实、执行国家职能的公职人员的建议和意见，公职人员理所当然负有听取的义务，对于公民直接指向管理、落实、执行国家职能的公职人员的批评和指责，公职人员理所当然负有容忍的义务。由此，公职人员名誉权克减也就成为必然。

鉴于现实中国家公职人员以"涉嫌诽谤"为由而动用公共权力对行使监督权的公民进行抓捕的事实，有必要对国家公职人员的诽谤诉讼权加以克减，以防止公职人员以诽谤为由不当限制公民监督权的行使。问题的

---

① 《中华人民共和国国家赔偿法》，《司法业务文选》2012年第37期。

关键在于，如何对国家公职人员的诽谤诉讼权加以克减。根据法律的规定和学者的建议①，大体可以从三个方面入手。其一，公民对公职人员的诽谤侵权构成必须服从大体真实排除原则的要求，公民所述公职人员的情况与真实的情况虽然不是百分之百的准确，但是大体上是真实的。一方面，公民所述公职人员的情况不是公民臆想出来的，不是公民凭空捏造的，而是有确切的消息来源；另一方面，公民所述公职人员的情况在主要内容、核心内容上与真实的情况基本上是一致的。其二，公职人员声明名誉权受到侵害的公职人员必须证明被告怀有"实际恶意"，由于"这种证明很难成功"，因而能有效抑制公职人员动辄以诽谤为由对行使监督权的公民进行抓捕和其他打击的冲动。其三，由公职人员承担完全举证责任。

2. 公职人员隐私权克减

在各个相对独立又相互关联的公职人员隐私利益与公民知情权、表达自由权之间相冲突的个案中隐藏着一个共同的导火索，这就是公共利益。鉴于公共利益是一个不确定的法律概念，要确定某些法律事实是否被其所涵摄就要通过某种方法来检测，而"类型化"正是可选用的方法之一。这是因为，类型具有与个别的、具体的社会事件、社会行为等社会现象保持一定距离的相对确定性，也具有一定程度的抽象性、概括性，它作为"流动过渡的形态"② 能够作为概念的有效补充。运用类型化的分析方法，我们对公职人员隐私权克减提出以下建议。

抛弃笼统地将公共利益的界定应用于公职人员隐私权的整体限制中，选取公职人员的隐私隐瞒权和隐私护卫权，在对这两类权利进行限制时通过立法在相关法律条文中尽量全面地归类列举出因公共利益需要所应公开或让渡的内容，同时为这些类型化的内容设定较弹性的兜底条款，对这些

---

① 早在2006年，就有学者提出这样的建议：在立法中，关于国家公职人员的名誉权保护应当考虑以下三个原则。（1）借鉴刑事诉讼中的"无罪推定"原则，在国家公职人员为原告的名誉权诉讼中实行"无错推定"原则，即推定被告具有善意而无须对自己的行为负责，国家公职人员必须承担有错举证责任，如不能证明被告有错，则被告视为无错，不承担侵权责任。（2）借鉴英美诽谤法的"公正评论"原则，对国家公职人员发表的纯粹性的评论，不存在"不当评论"的限制，只要评论者不是明知或有充足的理由知道评论所依据的事实是虚假的，不应成为侵犯国家公职人员名誉权的行为。（3）借鉴美国诽谤法的"实际恶意"原则，以故意或重大过失作为侵权行为的主观构成要件，一般过失行为不构成侵权。参见王俊杰《国家公职人员名誉权保护三原则》，《民主与法制时报》2006年11月27日。

② ［德］卡尔·拉伦茨：《法学方法论》，陈爱娥译，商务印书馆2005年版，第320页。

兜底条款的解释只能由立法机关做出，且禁止类推适用。而这些因公共利益要求需要克减的内容也应分阶段各有侧重：比如入职前应对体现能力和德行能否适当其职的个人信息等隐私进行相应限制；任职中应对可能影响履职优劣的一些重大事项增加报告和披露的范围，包括财产的变动和家属的情况等；卸任后其可能与原公职行为有关的社会活动及家庭生活的隐私应受到限制。此外，当公职人员一旦要以公共利益为由捍卫其隐私权时必须由司法机关来裁决是否适用。在这一设计之下，（1）只有当涉及公职人员的隐私隐瞒权和隐私护卫权时才有关涉公共利益与否的讨论空间，防止这一理由被滥用；（2）综合运用立法、司法等手段的自身优势将公共利益的适用范围保持在一定的限度内，同时确保适用的手段合法且合理。

为了公共利益的需要，公职人员负有容忍其隐私被披露、被公开的义务。然而，必须注意的是，对公职人员隐私权的克减应控制在最小损害范围内。具体而言，对公职人员隐私权的克减应该注意三个方面。首先，应当确保公职人员所公开的隐私只能限定在特定有权接触的人群范围内，做到公开范围合法、知情人员合理，避免给公职人员及其家属造成不必要的损害。其次，必须以正当的目的为前提，同时根据目的的不同而采取不同程度的限制措施，这也是当前各国较为通行的做法。例如，对不同级别或不同种类的公职人员在其隐私权的限制问题上可以有所区别：对位高权重的重要领导干部、主要领导干部，其隐私权应该给予较多的、较严格的限制；而对于人微言轻的一般领导干部、普通公职人员，其隐私权应作相对少的限制。再次，在披露对公职人员的隐私时对有关个人信息安全的一些合法性信息可以经有关部门同意后经过一定技术性处理后再向社会公开。这样做可以平衡公职人员隐私权保障与公民知政知情权实现之间的关系。例如，在公职人员财产申报中，申报人所拥有的财产的数目、获得的方式、购买时的单价等都应当公示，但财产的存放地址则不宜公布，即使是不动产只要说明坐落在某个区域即可。至于官员的配偶、子女的信息也只要公布到姓名、是否公职人员、属何职级、是否经商、国籍情况、现居住地等即可。

明晰公职人员在哪些方面的隐私应受到限制，这是具体操作时需要考虑的重要问题。笔者综合前文的分析，立足于公民监督，对公职人员隐私限制的内容略做一个不完全的概括，具体来说包括以下五个方面。

第一，个人基本信息。这其中包括公职人员的年龄、学历、履历等个人基本情况以及职位的相关信息。公职人员这些信息的公开能使公民对其个人的情况有一个大致的了解，进而判断其是否能够胜任现在的职位，这是公职人员应当公开的部分隐私中最基本的内容。当前，就公职人员公开个人基本信息的制度设置来说，虽然已经较为完善，但是生活中常会曝出公职人员的年龄、学历等存在不符合规定的情况。例如，根据公布的官员信息，有网友发现，湖北省十堰市副市长张慧莉14岁参加工作、17岁入党，山西省临县安家庄乡党委书记曹莉15岁参加工作。在网友对这些人的就业年龄提出质疑之后，有关部门进行了调查，结果发现，张慧莉在粮管所工作的父亲，为了退休后她能顺利顶职，为其篡改了年龄；曹莉还在上高一的时候，作为临县副县长的父亲曹某某违反组织人事纪律为她办理了招工手续。[1] 这样的实例证明，公职人员个人信息的公开，是有利于公民监督从而防止权力滥用的。

第二，亲属状况。血缘亲属关系是构建人类社会的基石，公职人员的日常行为受到亲属的影响是不可避免的。因而在对权力的监督中，对公职人员亲属状况的检查和披露是不可或缺的。在现实中不乏这样的情况：有些公职人员缺乏对亲属的约束，亲属利用其名从事违纪违法活动，有公职人员放任其亲属利用其权力进行收敛钱财，甚至有公职人员故意利用其亲属的身份、让亲属居于台前、自己背后利用权力操控、从事营利性活动。因此，为了防止公职人员借亲属关系假公济私，公职人员家庭成员的财产收入、工作职业等个人情况在需要的时候也应该一并公开，接受民众监督。

第三，道德操守状况。在社会对个人的人格评价体系中，道德操守是一项十分重要的指标。有这样一则"官场法则"："为了'得天下'，必须先'得人心'；而要'得人心'，必须先是道德君子。"[2] 一个在生活中道德品质不高的人，很难让公众信服他能有高尚的政治品德。公职人员私生活中的某些不良行为和不道德行为，如包养情人和生活奢侈等，不能算作隐私，因为这些情况直接影响公民对其能否胜任的判断乃至对其是否暗藏腐败的看法，因而有必要让公众了解，同时公民也有权进行监督甚至加以曝光。现行《中国共产党纪律处分条例》第十一章专门"对违反生活纪律行为的处分"作出规定[3]，这些规定表明中国共产党党纪也将公职人员

---

[1] 金毅：《官员履历造假何时休》，《浙江人大》2012年第2期。
[2] 李建华：《官员的道德》，北京大学出版社2012年版，第11页。
[3] 《中国共产党纪律处分条例》第十一章有四条规定，具体内容是："生活奢靡、贪图享乐、追求低级趣味，造成不良影响的，给予警告或者严重警告处分；情节严重的，给予撤销党内职务处分"（第126条）；"与他人发生不正当性关系，造成不良（转下页）

的道德问题甚至包括"桃色问题"排除在隐私之外。

第四,家庭财产情况。公职人员的财产状况一直是公众关注的焦点之一,对公职人员财产的公开直接有助于预防和治理腐败。在国外,瑞典早在18世纪就规定"任何公民也都有权利查看首相的财产和纳税清单"①,目前发达国家的公职人员财产公开制度已经较为成熟。在我国,全国人大没有制定法律就公职人员财产公开作出规定,换言之,公职人员家庭财产状况是否公开、公开哪些、怎样公开至今没有全国性的法律规定,各个地方政府对公职人员财产公开的做法是"各弹各的琴""各唱各的戏"。值得注意的是,在现实中,公民主动申请要求公开公职人员工资、房产等信息的事例越来越多,但多数以碰壁而告终。② 与此同时,目前在理论上,公职人员,尤其是高官隐私和政府信息之间的关系尚存争议③,而实践中单纯依靠《政府信息公开条例》等少数法律规定也还不能起到规范官员财产公开的作用。无疑,公民如果对公职人员财产状况一直抱有疑惑必将使得后续的公民监督工作难以顺利开展。可见,公职人员开出财产清单是十分必要的,未来有必要加快这方面的制度建设。如,公职人员的动产和不动产,应进行财产登记和申报,并说明来源;较大数额的债权债务情况,也应作申报和登记,防止因不正当的债权债务关系引发公权力出位。

(接上页)影响的,给予警告或者严重警告处分;情节较重的,给予撤销党内职务或者留党察看处分;情节严重的,给予开除党籍处分。利用职权、教养关系、从属关系或者其他相类似关系与他人发生性关系的,依照前款规定从重处分"(第127条);"违背社会公序良俗,在公共场所有不当行为,造成不良影响的,给予警告或者严重警告处分;情节较重的,给予撤销党内职务或者留党察看处分;情节严重的,给予开除党籍处分"(第128条);"有其他严重违反社会公德、家庭美德行为的,应当视具体情节给予警告直至开除党籍处分"(第129条)。《中国共产党纪律处分条例》,《中国纪检监察》2015年第20期。

① 孙龙桦:《近二十年国内外财产申报制度研究综述》,《理论月刊》2012年第4期。
② 例如,2012年三峡大学学生刘艳峰向陕西省财政厅申请公开"表哥"杨达才2011年度的工资数目,南京邮电大学学生段国超向广州市城管局番禺分局、番禺财政局申请公开"房叔"蔡彬2011年的工资总和,这两则申请都被以不属于政府信息而不予公开。(参见索楠、谭熹琳《大学生申请公开官员工资》,《南方都市报》2012年12月10日。)
③ 有学者认为:"高官无隐私"中的隐私已经不是官员自身人格权主体的隐私,而是政府信息。参见谢慧《私权平等与身份限制——再审视"公众人物"的人格权》,《现代法学》2010年第3期。但也有学者认为,这样的认识值得商榷,因为政府信息与官员信息虽有一定的相关性,但是仍存在明显的不同,政府信息主要是指政府公务信息,与官员信息不能画上等号(参见喻君《论政府官员隐私权及其规制——以绝对隐私、相对隐私为切入点》,《政治与法律》2013年第5期)。

第五，工作表现和业绩。公职人员在工作中的基本状况一般都是其接受考核和监督的主要内容，不应属于隐私，理应为公众所知悉。目前，民众对公职人员工作实绩的了解十分有限，往往是在某公职人员升迁时有关部门介绍其工作履历，其在任职期间的业绩罕有提及，更不必说问责与复出的情况了。可见，需要加强在这一方面的工作，满足公众监督的信息需求。

（二）以法律宽容主义促进法律运行机制的完善

在我国，"宽容"一词最早出自《庄子·天下》："常宽容于物，不屑于人，可谓至极。关尹、老聃乎！古之博大真人哉！"① 《现代汉语词典》将"宽容"解释为："宽大有气量，不计较或不追究。"② 国外也有对"宽容"的定义，例如，《布莱克维尔政治学百科全书》的解释是："宽容是指一个人虽然具有必要的权力和知识，但是对自己不赞成的行为也不进行阻止、妨碍或干涉的审慎选择。"③ 由此观之，不管是在国内还是在国外，不管是在古代还是现代，宽容都是一种高尚品德，为社会和谐与健康发展所需要。随着市场的多元化、经济的全球化、交流的国际化，宽容已经贯穿和渗透进了一个国家政治、经济、文化乃至法律的各个领域，发挥着正能量的作用。尤其是在正处于改革攻坚期的当代中国，宽容的价值更体现在消除和缓和因差异而产生的矛盾，弥合政府与民众之间的冲突，成为构建和谐社会的重要支撑。

宽容是法律领域的一种重要价值取向，它与自由、平等、人权等相辅相成，宽容为自由的行使提供空间，宽容意味着对人格的尊重；没有宽容就没有自由，没有宽容就谈不上人权保障，可以说宽容是人类政治文明和精神文明的一个重要标志。同时，宽容也是人类文明发展的一种动力，人类法律史揭示了宽容对于法律文明发展的重要性，"我们可以把法律宽容看成是一个法律从严厉到宽松的历史过程"④，从君主专制到人民民主、从严刑峻法到人性化执法，人类的法律在宽容精神的指引下不断走向文

---

① 郭庆藩：《庄子集释》，王孝鱼点校，中华书局2004年版，第1095页。
② 中国社会科学院语言研究所词典编辑室：《现代汉语词典》，商务印书馆2004年版，第793页。
③ ［英］米勒、波格丹诺：《布莱克维尔政治学百科全书》，邓正来等译，中国政法大学出版社2002年版，第820页。
④ 陈根发：《宗教宽容与法律宽容》，《太平洋学报》2009年第2期。

明。在现代社会，法律宽容突出表现在对自由的确认和保障：首先是对公民行为自由的确认和保障，法谚"法无禁止即自由"就是法律保障公民自由的体现，而"法无授权即禁止"则意味着国家机关不能恣意干涉公民的自由行为；其次是对公民思想自由、表达自由的确认和保障，在法律的范围内，公民可以自由地按照自己的所思所想去决定是否去做某一件事情，可以自由地表达自己的思想和主张。因此，宽容主义的法律观对推动一国民主政治的发展以及指导一国的法律变革和法治行动都具有重要的意义。

当前，我国的公民监督发展速度之快、辐射范围之广均是前所未有的，其已成为畅达民意、防治腐败、维护权益的重要方式。而新媒体技术的推广更使得公民监督便捷而迅速地全方位介入政治生活的每个角落。但是，由于国情、社情和民情的敏感与复杂，当前我国公民监督的发展依然处于萌芽阶段，需要我们精心呵护，各种对公民监督的不当限制会阻滞公民监督的顺利生长。同时，我国公民监督现实情况中的确也不可避免地存在着这样或那样的缺陷与不足，以此为理由加以限制也是鲁莽之举。因此，我们既不能因目前公民监督所取得的一定成绩而忘乎所以、急功近利，也不能因公民监督目前存在的一些问题而因噎废食、排斥反对。我们应当以开放、平和、宽容的心态对待公民监督。在公民监督法律运行机制建设的层面上，更要以法律宽容主义的理念和精神推进公民监督的发展。当然，法律宽容主义的精神和理念不应仅仅停留在理论上，更应该深入法律实践当中。鉴于当前因公民监督法律运行机制的不完善而造成对公民监督的各种不当限制，应当适时地将法律宽容主义引入立法、司法和执法领域中，完善各类相关的法律机制，减少对公民监督的不当限制，保障公民监督权的顺利实现。

1. 对公民监督的立法宽容

一国立法涉及的内容和范围都十分广泛，包括立法宗旨、制度体系等多个方面，必须从整体上统筹考虑、科学设计。将法律宽容主义融贯于立法之中，立法宽容就成为必然。在我国，立法宽容有两个方面的基本要求，一是立法要体现最广大人民的根本利益，二是立法要照顾弱势群体。就公民监督来说，立法宽容应立足于充分尊重和保障公民的监督权利。故此，对公民监督的立法宽容，需要注意以下两个方面。

第一，坚持公民监督权保障优位的立法原则。当前，作为中国民主化进程中的一道亮丽风景，公民监督既为疏通民众情绪、维护公共理性提供表达的平台，又为政府与民众间增进理解、获取信任开辟新的渠道。虽然在公民监督过程中也常会出现一些非理性的声音和较冲动的行为，但瑕不掩瑜，不能因此就对之加以否定或限制。在任何社会，保持一条畅抒民意、针砭时弊的渠道都是十分重要的，在当代民主社会，公民监督具有更为重要的意义。如果一味地限制公民对政府及其公职人员的看法和意见的表达，从表面上看似乎社会是稳定和安宁的，但"万马齐喑究可哀"。何况，"公共意见是绝不会屈服于强制力的"①，当"防民之口，甚于防川"② 的做法使得民众仅能"道路以目"③ 之时，公民的激愤就可能被点燃，那时社会就可能陷入混乱无序。

因此，公民监督立法中应充分尊重民意的选择与向往，在保护与监管之间，充分体现公民监督权保障优位的立法原则。"保障一个开放的自由空间是法治的核心信条"④，虽然对公民监督权行使的监管是必要的，但应该更注重鼓励、保障与支持，这样才能使公民监督权行使获得广阔的空间。在现代文明的维度，立法宽容要求在立法中以人民为中心、以权利为本位，意寓着"享有相同法律地位的法律人格在宪政规则约束下的自我克制，相互尊重"⑤，而不是让政府将精力放在监视和处理对自己不利的公民监督舆论上。所以，在立法中坚持公民监督权利保障优位原则是鼓励和支持公民监督的重要前提，为公民监督权行使创造良好的制度环境。

第二，实现立法的民主化。民主对于实现科学立法、提高立法质量是事关宏旨的，因为立法民主化具有"立法机关的民意代表性，立法行为

---

① [法]卢梭：《社会契约论》，何兆武译，商务印书馆2003年版，第165页。
② 《国语·周语》中有《召公谏厉王弭谤》文，文中述周厉王得卫巫，"使监谤者"，结果弄得天下一片恐怖，"道路以目"。为此召公谏之曰：弭谤（杜绝批评），"是障之也。防民之口，甚于防川，川壅而溃，伤人必多，民亦如之。是故为川者，决之使导；为民者，宣之使言"。当然，对召公的这番苦口婆心，厉王根本听不进去。到头来，沉默的大多数愤而爆发，厉王从此流放。石鹏飞：《"防民之口，甚于防川"的出处》，《读书》2007年第5期。
③ 道路以目：形容人民对残暴统治的憎恨和恐惧。出自《史记·周本纪》："三十四年，王益严，国人莫敢言，道路以目。"周厉王施政暴虐，导致民生困苦民冤沸腾。厉王不听劝谏采用特务手段对付人民，他派人去卫国请了很多巫师，在首都镐京巡回大街小巷，偷听人们的谈话，凡经他们指认为反叛或诽谤的人，即行下狱处决。这样一来，举国上下不再敢对国事评头论足了，只是以目示意。参见《道路以目》，《文史月刊》2016年第7期。
④ 王聪：《无"法"生活——法律中心主义的一个反思》，《中国图书评论》2012年第7期。
⑤ 曾丹：《论立法的宽容》，《牡丹江大学学报》2013年第8期。

的制约性，立法内容的平等性，立法过程中的人民参与，立法程序的民主性，立法的公开性和立法受到监督"① 等意涵。实现立法民主，必须坚持立法程序和立法信息的公开，这也是保障和实现公民知情权的必然要求。通过立法公开，将拟立之法的宗旨、内容等公布天下，有利于公民参与立法讨论，使法律所具有的维护国家安全、构建社会秩序的价值与实现公平正义、保障自由平等的价值之间达到平衡，使所立之法成为良法。

立法听证制度是实现立法民主化的一项重要制度保障。正如有学者所言："立法听证制度符合现代法治社会所强调的民主精神，为公民有序参与政治生活、表达自身诉求提供了规范的途径。"② 通过立法听证，公民能够更加主动、直接地参与立法，提出见解，表达立场，使立法机关能够汇聚民意，切实体现最广大人民的根本利益。公民监督涉及公民基本权利的行使与保障，这方面的立法更应加强立法听证制度的建设。首先，所有关于公民权利保障方面的立法都应当组织听证；其次，扩大对公民监督立法听证的范围，尽量覆盖到从规章到法律的整个法律体系；再次，完善立法听证的反馈机制，对是否采纳和修改部分听证意见等都应及时向社会公布。

2. 对公民监督的执法宽容

现代执法普遍强调要改变传统的"高压"思维，倡导建立一种融洽、和谐的执法关系，减少执法阻力，提高执法效率。公民监督将民众对政府的各种批评意见和监督言论凝结成一股社会力量，起到有效约束公共权力运行的作用。然而，在现实中，一些公职人员不喜欢、不习惯、不愿意被公民所监督，于是时常以各种理由对公民监督进行干涉和阻挠，甚至诬陷监督者是在造谣生事，这些情况既不利于公民监督权的行使和保障。因此，有必要将法律宽容主义融贯于执法之中，实现对公民监督的执法宽容。

第一，将执法为民理念落实到保障公民监督权的执法实践中。执法为民以文明执法、以民为本、保障人权等为主要内容和基本精神，它是执政为民的具体体现，也是全面依法治国的本质要求。当前，"执法为民"四字虽未写进宪法，但宪法对"一切权力属于人民"规定为其提供了根本法依据，换言之，执法为民是"一切权力属于人民"对执法机关的必然

---

① 孙钰涵:《互联网背景下的立法民主化》,《黑龙江省政法管理干部学院学报》2017年第5期。

② 闫晓洁:《立法听证制度研究》,《重庆科技学院学报》2017年第7期。

要求。现实中的以涉嫌毁谤造谣为由滥用执法权力打击公民监督、以维护社会管理秩序为由利用执法权力限制公民监督等现象，是缺乏执法为民理念的具体表现。

因此，为了落实执法为民理念，需要重视两个方面。一方面，执法人员宪法法律教育常态化，夯实执法为民的思想基础，加强对典型的侵害公民监督权案例的曝光，同时通过新闻发言人制度增加与民众在重大案件处理上的沟通，确保公民权利得到充分保障。另一方面，完善对可能涉及限制公民监督权行使的重大执法活动的科学决策机制。凡可能涉及限制公民监督权行使的执法活动的实施与执行，不论是来自上级机关指派的工作任务，还是来自本单位计划开展的例行公务，都必须召集部门相关领导举行联席会议，对是否执行、如何执行等问题进行充分讨论，按照多数人的意见作出决定，保障决策活动的合法性、合理性。

第二，对不当限制公民监督权行使的执法行为进行问责。在我国，问责制既是一项党纪政纪规定，也是一项法律规定。作为法律规定的问责制，是伴随着现代责任政府的理念和制度的形成而产生，以惩罚为手段、以约束国家权力的行使过程为目的。问责制的惩罚性表现为法定国家机关根据法律规定的问责制内容，对公职人员的违法行为或者不当行为、不履行职责行为或者不正确履行职责行为追究责任、进行制裁，使其政治利益、人格利益、经济利益等受到限制或剥夺。由于法律具有公开性，问责制也为公职人员所了解和知悉，这样，公职人员为了避免承担法律责任而将自己的行为纳入法律轨道中，于是问责制也具有了预防公职人员滥用权力实施违法行为的功能。当前，面对公职人员不当限制公民监督权事例多发的现实，加强问责制度建设，对侵害公民监督权的执法行为问责，既能惩戒不当行为，警醒反思过去，又可抚慰受伤群众，实现权利救济。

在目前对执法者不当使用权力侵害公民监督的问责中，普遍存在注重"追责"、忽视"回应"的问题。在许多典型案件中，有关部门对不当执法的公职人员进行问责，仅仅是为了给公众一个交代。这样的问责往往只是就事论事，难以起到教育预防的作用，社会公众也会产生政府只是在敷衍了事的感觉。因此，在完善和落实问责制时，应将对民意民愿的回应作为一个极为重要的方面。国家机关和公职人员对民意民愿的回应内容和方式，随着社会的不断发展而日益丰富，在当今时代，不仅应该对公职人员的违法行为依法追究责任，同时还应该积极回复民众对某些决策或政令提出的疑问、就这些决策或政令作出必要的解释。毫无疑问，将回应制度纳入问责制之中，有助于实现行政内部追责与公众舆论监督的有机结合，从而更好地发挥问责制在监督公职人员职权行为方面的功能。

3. 对公民监督的司法宽容

在司法领域，公民监督所起到的积极作用极其显著，已经成为我国法治建设中必不可少的监督力量，近几年的许多司法案件正是在公民监督的介入和助推下才得以公正地解决。随着司法体制改革的逐步推进，司法独立的呼声已经如雷贯耳，而伴随着人权理念的张扬，民众对司法公正和司法民主的诉求更为强烈。将法律宽容主义融贯于对公民监督的司法处理之中，实现对公民监督的司法宽容，正是司法对公众诉求的回应。司法不应冷落、排斥公民监督，更不能因当前公民监督存在各种各样的问题而限制和打击。那么，如何实现对公民监督的司法宽容？答案无疑有多种，笔者就两个方面进行说明。

第一，建立司法民意采集机制。对公民监督的司法宽容，一个极为重要的方面就是吸纳民意。这一点，国内外学者都有过说明。例如，美国学者欧文·费斯（Owen Fiss）强调：“法官必须参与对话，他们必须倾听案情，听取多方的利益陈述，作出回应并根据他们的说法推测个人责任，法官还必须在人民和争议者的要求和偏好间保持独立。”① 中国学者胡名态认为："法律本身也是一种民意，但这只是一种静态的民意，司法审判还需要吸纳各种动态的民意，以适应社会生活。"②民众对司法的要求和看法是公民监督司法的表现方式，倾听民众对司法的要求和看法有助于拉近司法机关与公众之间的距离，发现法律规范与社会现实之间的距离，合理地做出法律适用，从而更好地回应民众对司法的期待，做到法理与情理的统筹兼顾、实现法律效果与社会效果的有机统一。具体来说，首先要充分利用新闻、网站、微博、来信、来访等各个平台征询公民的意见，公布重要司法事项，拓展倾听民声的广度，构筑一个多元化的司法民意采集系统。

民意的吸纳不是民众非理性情绪性因素例如所谓之民怨、民愤等的妥协，法律具有维护社会秩序的功能，但法律维护社会秩序不能偏离法律的轨道，所以，民意的吸纳侧重的是对民众提出的有利于依法妥善解决问题的理性意见和相关信息的采纳。因此，还应建立一套司法民意甄别制度，司法机关可以先通过与民间调查机构、学术机构、综合性门户网站等之间

---

① [美] 欧文·费斯：《如法所能》，师帅译，中国政法大学出版社 2008 年版，第 68 页。
② 胡名态：《网络舆论与司法应对——以"2009 年南方周末十大影响性诉讼"为考察对象》，《法治论坛》2011 年第 1 期。

的合作，设立司法民意研判研究中心，对通过各种渠道采集到的民众司法意见与司法诉求进行分析、甄别和判断，再由专业的司法工作人员对筛选出的信息进行核查。这样有助于剔除虚假民意对司法的干扰，确保司法不会滑向完全被民意绑架的另一个极端。其次，在审判阶段可以建立公众舆情敏感言论关注机制。这样可以随时在审判中掌握公民对个案，尤其是热点案件审判的意见与看法，减少司法机关对民意判断上的主观偏差。对此，具体可以委托统计部门或从事社情调查的独立机构以民意测验的方式进行统计分析，形成阶段性特征的民意汇总，供法官裁判时作为参考，以此弥合司法话语与公民诉求之间常出现的理解分歧。

第二，建立司法沟通机制。沟通的目的在于消除误解，达成共识。沟通主义司法观的倡导者比利时学者马克·范·胡克（Make Van Hoecke）指出："沟通是法律合法化的来源""法律本身在本质上也是基于沟通"。① 因此，在司法活动中，法官审理案件不应是简单地给出裁判，而是需要与民众进行沟通。司法沟通是体现司法活动透明公开的重要方式，也是司法宽容精神的重要体现。通过司法与民意的交流融合，使司法裁判更凸显正当性，无论如何，法律是全体人民共同意志的集中反映，司法在本质上是实现全体人民共同意志的路径，司法结果成为全体人民共同意志的终端产品。在当前的司法裁判中，由于种种原因，一些个案的裁判结果还不能完全为人们所接受，如果司法机关不能与公民进行良好的沟通与交流，可能会引发强大的公众舆论压力，结果会损害司法权威和司法公信力。习近平在党的十九大报告中提出"努力让人民群众在每一个司法案件中感受到公平正义"②，应在司法信息公开发布与裁判文书说理论证等方面积极探索，及时回应公民的呼声与意愿，建立融洽的沟通关系。完善的司法沟通机制不会减损司法的独立性，相反会更好地实现司法公正。

（三）提高公职人员的法治思维能力和水平

法治思维是指社会主体对所遇到或所要处理的问题从法治的角度进行思考、秉持法律精神作出判断、按照法律逻辑进行推理、运用法律规范作出形成结论的思维过程。对于公职人员而言，法治思维的内容主要

---

① ［比］马克·范·胡克：《法律的沟通之维》，孙国东译，法律出版社 2008 年版，第 358 页。

② 习近平：《决胜全面建成小康社会 夺取新时代中国特色社会主义伟大胜利——在中国共产党第十九次全国代表大会上的报告》，《人民日报》2017 年 10 月 28 日。

有合法用权思维、人权思维、公正思维、服从监督思维等方面。所谓合法用权思维，是指公职人员在行使权力的过程中考虑法律的规定，"审视其行为的目的、行为的内容、行为的手段、行为的程序、行为的职权等是否符合法律的规定和要求、是否符合法律的原则和精神"①。所谓人权思维，是指公职人员在行使权力的过程中坚持人权精神，将满足人民的需要、保障公民的权利作为权力运行的出发点和落脚点。人权是法治的终极价值，培养公职人员的人权思维是提高公职人员法治思维能力和水平的题中之义。所谓公正思维，是指公职人员在权力运行过程中不仅要考虑国家利益，而且要考虑公民权利，着力实现国家利益与公民权利的有机平衡。同时，在处理公民与公民之间、公民与社会组织之间的利益矛盾和冲突时坚持中立的立场，依照法律规定予以解决。公正思维是法治思维的内在要求，因为"法治以公正为原则对资源、社会合作的利益和负担进行公正的分配，并确定一套和平和公正解决冲突和纠纷的程序和规定，追求执法公平、司法正义"②。所谓服从监督思维，是指公职人员树立服从监督的意识，正确对待并自觉接受国家机关、社会组织和公民的监督。当前，中共中央要求各级政府机关完善政务公开、司法公开，健全质询、问责、罢免制度，加强舆论监督、公民监督，这充分体现出对公权力进行制约和监督的思想。

　　法治思维是人的一种理性思维活动，投射到人的具体行为中就是以法治方式治国理政。当公职人员具有法治思维时，一般会主动、自觉运用法治方式治国理政，而法治思维能力的高低决定了公职人员既可能把法律手段运用得恰到好处，也可能把法律手段用偏用歪。所以，也要提高公职人员法治思维能力和水平。首先，公职人员要养成优先使用法律手段的习惯。就是说，在法律规范、红头文件、领导批示等多种方式并存时，应当首先选择法律手段。如果有法不用或是选择使用，那么也是在空谈法治。其次，公职人员要培养程序意识。仅仅知道要优先使用法律手段解决问题还是不够的，即使是法律手段的运用，也应严格遵守法定程序，程序正义这种看得见的正义更能彰显出公开、公平、公正的法治内涵。再次，公职人员要掌握协调的艺术。虽然用法治思维指导行为提倡优先适用法律方法，但法律不是万能的，复杂的社会现实也要求公职人员善于选用其他方法来辅助法律手段的顺利实施，方可最有效地实

---

① 何士青、常浩：《论治国理政与法治思维》，《学习论坛》2014年第6期。
② 同上。

现实质正义。

公民监督既是人民当家做主的重要表现形式，也是坚持依法治国、建设政治文明的重要实践内容。但正如前面笔者所指出的，在现实生活中，由于思想认识的偏差和道德品质的问题，一些公职人员不仅不主动支持公民监督，而且对公民监督及其监督主体排斥、限制。这一方面是由于长期以来受"人治"思维和保守思想的影响，对公民监督存在一些认识上的误区和心理上的顾虑，削弱了对公民监督的力量支持、限制了公民监督社会影响。另一方面，由于自身思想素质和道德品质的不佳，某些官员对公民监督怀有敌意，极力限制，逃避乃至打击公民对自己的监督。在许多公职人员粗暴限制公民监督的行为中，无不处处体现出其不知法、不用法、不守法和不信法的思想特征。如何消解这些因思想认识和道德操守方面的问题所带来的对公民监督的不当限制？出路就在于要重视提高公职人员的法治思维能力与水平。只有公职人员们树立法治意识，摒弃落后思想和人治思维，才能认识到公民监督是法治国家建设的重要方面、是国家长治久安的客观需要、是应对治理挑战的现实要求。①

那么，如何提高公职人员在公民监督工作中的法治思维能力和水平？对于这个问题，笔者提出如下建议。

1. 加强法治理念的教育培训

"法治理念是法治思维的基础，而法治思维又是自觉、主动和熟练运用法律手段的前提。"② 要促使公职人员运用法治思维来看待公民监督、使用法律手段来对待公民监督，就要提高公职人员的法治理念。法治理念是公职人员法律素养的基本要素，是决定公职人员法律知识、意识、观念

---

① 《中共中央关于全面推进依法治国若干重大问题的决定》指出："抓住立法、执法、司法机关各级领导班子建设这个关键，突出政治标准，把善于运用法治思维和法治方式推动工作的人选拔到领导岗位上来……各级领导干部要对法律怀有敬畏之心，牢记法律红线不可逾越、法律底线不可触碰，带头遵守法律，带头依法办事，不得违法行使权力，更不能以言代法、以权压法、徇私枉法……党员干部是全面推进依法治国的重要组织者、推动者、实践者，要自觉提高运用法治思维和法治方式深化改革、推动发展、化解矛盾、维护稳定能力，高级干部尤其要以身作则、以上率下。把法治建设成效作为衡量各级领导班子和领导干部工作实绩的重要内容，纳入政绩考核指标体系。把能不能遵守法律、依法办事作为考察干部重要内容，在相同条件下，优先提拔使用法治素养好、依法办事能力强的干部。"《中共中央关于全面推进依法治国若干重大问题的决定》，《光明日报》2014 年 10 月 29 日。

② 姜明安：《法治、法治思维与法律手段——辩证关系及运用规则》，《人民论坛》2012 年第 14 期。

转化为实际行动的思想指南。公职人员法治理念的形成有赖于其自身的法治学习和运用，也需要外部的法治教育和培训。虽然目前针对公职人员的各种法律培训林林总总，不一而足，但是一些法律培训有待改进。例如，一些法律培训只注重具体法律规范、法律条文的宣讲而忽视对法治价值、法治精神、法治理念、法律逻辑等法学素养的培育，在教育模式上缺乏互动性和针对性，极少与社会现实中纷繁复杂的法律生活相联系。

为了更好地提升公职人员的法治观念与法治思维，应当完善现有的公职人员法律培训机制。一方面，将培训内容的重点由法律条文转向法治精神。伴随着我国改革开放的发展和社会主义市场经济体制的逐步完善，我国的法治建设也在不断进步，目前已经从法律规范的制定发展到法律文化的培育、从法律制度的构建升华到法治精神的弘扬。顺应法治建设的进步，公职人员法律培训教育的重点也应适时更新。另一方面，在方式上由单向灌输转向集体互动。法律培训要起到实效就必须将各类实训活动有机地融入公职人员所熟悉的日常生活中，同时，可以尝试让不同部门的公职人员相互交流、相互学习，发现不同领域的法律旨趣与法律运用之美，提高他们学法的兴趣与热情。总之，只有公职人员具有牢固的法治理念，才能理性地运用法治思维应对公民监督，才能理智地面对过激的舆情、豁达地面对公民的批评、从容地面对公民的检举。

2. 将依法应对公民监督、促进公民监督的情况纳入地方法治评估体系

党的十八届三中全会通过的《中共中央关于全面深化改革若干重大问题的决定》明确提出："建立科学的法治建设指标体系。"① 从目前的情况看，"各地兴起的地方法治实践中以量化指标方式推动法治发展已逐渐成为一种重要的手段……这意味着更大范围、更深程度的法治评估实践将会全面展开"②。将公职人员依法应对公民监督、依法促进公民监督的情况引入地方法治评估体系中，可以使其成为公职人员贯彻落实依法治国基本方略的一项重要的常规内容。这样，法治思维就会成为公职人员在处理公民监督问题时自觉运用的思维方式。

在考察公职人员以法治思维应对公民监督、依法促进公民监督的情况时，应当以具体量化、操作性强的指标作为依据，这些量化的指标可包括

---

① 《中共中央关于全面深化改革若干重大问题的决定》，《光明日报》2013年11月16日。
② 周尚君、彭浩：《可量化的正义：地方法治指数评估体系研究报告》，《法学评论》2014年第2期。

如下内容：管理公民监督行为时权力运作的规范程度；公众参与监督的程度；监督信息的公开透明程度；便利公民行使监督举措的程度；公民监督案件的受理及交办情况；社会舆情的平稳良好程度；贪腐违纪问题总体状况；当地突出社会问题的化解与处理状况；公众对公民监督法治化运行的主观感受等。同时，成立专门的评估委员会，该评估委员会可以由政府各部门、专家、民众等不同社会主体共同组成，通过制定科学、规范的评估程序，定期对本地区公民监督问题的法治化处理情况进行评估并向社会公开，确保评估的权威性、客观性与公正性。这种机制有利于检验公职人员以法治思维和法治方式对待公民监督的情况，同时倒逼公职人员提高以法治思维和法治方式处理公民监督的能力和水平。

3. 将依法回应公民监督、保障公民监督权行使作为公职人员考核的指标

俗话说："榜样的力量是无穷的。"在我国有着几千年的专制、集权、人治的传统的历史背景下，树立榜样和典型有助于依法治国的推进。2010年国务院发布的《关于加强法治政府建设的意见》中要求各地、各部门"重视提拔使用依法行政意识强、善于用法律手段解决问题、推动发展的优秀干部"①。因此，应该将依法回应公民监督的实绩纳入公职人员，特别是领导干部的考核和奖惩机制，在干部任选时，优先提拔善于运用法治思维和方式处理公民监督问题的公职人员。这样有利于引导和鼓励公职人员主动积极地运用法治思维和法律手段来处理公民监督问题，推进公民监督工作的法治化发展。此外，反面教材的警钟长鸣也必不可少。对于那些在处理公民监督问题中固守人治思维，滥用职权、为非作歹，严重损害公民合法权益，造成恶劣影响的公职人员，依法追究责任。② 只有在组织、人事管理领域坚持为具有良好法治思维和较高法治能力的公职人员包括领导干部"点赞"，才能促使他们不断自觉培养和提高运用法治思维和法律手段治国理政的能力。

---

① 国务院：《关于加强法治政府建设的意见》，《人民日报》2010年11月9日。
② 《中共中央关于全面推进依法治国若干重大问题的决定》指出："对特权思想严重、法治观念淡薄的干部要批评教育，不改正的要调离领导岗位。"《中共中央关于全面推进依法治国若干重大问题的决定》，《光明日报》2014年10月29日。

第五章　我国公民监督权法律保障之完善

　　处于中国特色社会主义新时代的当今中国，不仅经济建设取得了举世瞩目的成就，而且依法治国方略也在切实贯彻、稳步推进，社会主义法律体系已经形成，行政执法水平不断提升，司法文明逐步推进。但是，毋庸讳言，当前的法治状况还不尽如人意①。我国法治建设任重道远，正如习近平所指出的："社会矛盾和问题交织叠加，全面依法治国任务依然繁重，国家治理体系和治理能力有待加强。"② 在我国，依法治国与党的领导、人民民主是辩证统一的关系，因而全面推进依法治国、大力加强社会主义法治国家建设，一方面要加强党对法治工作的领导，同时另一方面要坚持人民的主体地位、充分发扬人民民主③。而这后一个方面涉及国家机关和公职人员正确对待公民监督权的问题。要坚持人民的主体地位、充分发扬人民民主，就要以法治思维和法治方式对待公民监督权，完善公民监督权行使的法律保障。西方发达国家公民监督权法治化早于我国，一些国家形成了较为完善的保障公民监督权行使的法律制度。借鉴西方发达国家的实践经验，从我国的具体实际出发，对公民监督权行使的法律保障需要

---

① 我们党对这一点有着清醒的认识，《中共中央关于全面推进依法治国若干重大问题的决定》指出："同党和国家事业发展要求相比，同人民群众期待相比，同推进国家治理体系和治理能力现代化目标相比，法治建设还存在许多不适应、不符合的问题。"《中共中央关于全面推进依法治国若干重大问题的决定》，《光明日报》2014年10月29日。

② 习近平：《决胜全面建成小康社会　夺取新时代中国特色社会主义伟大胜利——在中国共产党第十九次全国代表大会上的报告》，《人民日报》2017年10月28日。

③ 《中共中央关于全面推进依法治国若干重大问题的决定》指出："必须坚持法治建设为了人民、依靠人民、造福人民、保护人民，以保障人民根本权益为出发点和落脚点，保证人民依法享有广泛的权利和自由、承担应尽的义务，维护社会公平正义，促进共同富裕。必须保证人民在党的领导下，依照法律规定，通过各种途径和形式管理国家事务，管理经济文化事业，管理社会事务。"《中共中央关于全面推进依法治国若干重大问题的决定》，《光明日报》2014年10月29日。

从多方面努力，包括夯实法律基础、实行人性化执法以及加强对受侵害监督权的法律救济等。

一 域外公民监督权保障制度之经验借鉴

"在传统上，西方宪政思想的突出主题是要设计一些政治制度来限制政治权力的行使……它的目标是'避免暴政'。"① 与西方宪政思想的这一主题和目标相应，西方国家将公民监督纳入法治建设之中，公民监督权行使的法律保障随着宪政法治的发展而完善。早在 17—18 世纪，资产阶级就在争取公民基本权利的运动中关注公民监督权问题。例如，一些国家在文官管理制度改革中加强对文官财务状况的监督，详细规定了文官应当申报的私人财产及其来源等事项。这对于保障公民监督权的行使、防止公职人员滥用权力贪污腐败等发挥了积极作用。随着时间的推进，西方发达国家的政治民主和法律制度不断完善。到 19 世纪中叶，公民基本权利的内容被不断扩大，普选制开始推广，公民的对政治活动的民主参与日益增多，对政府和官员的监督热情逐渐升温。自 20 世纪以来，各国民主政治体系日益成熟，在公民监督的法律保障方面做出了一些制度创新，拓宽了公民监督权行使的渠道。如今，西方国家形成了较为完备的保障公民监督权的法律制度，这些法律制度对完善我国公民监督权法律保障具有一定的借鉴价值。

（一）域外公民监督权保障制度的典型例证

虽然通过法律保障公民监督权是西方发达国家的通例，但是由于国情不同，不同国家保障公民监督权的法律制度也具有差异性。毫无疑问，西方国家保障公民监督权的法律制度由多方面构成，在这里，笔者不对这些制度进行系统考察，仅就英国公民宪章事务处、美国公民知情权保障制度、日本苦情处理制度、韩国民愿委员会制度等进行简单介绍。

1. 英国公民宪章制度

20 世纪 80 年代末 90 年代初，西欧国家的政府部门逐渐由官僚层级

---

① [美] 斯蒂芬·L. 埃尔金、卡罗尔·爱德华·索乌坦：《新宪政论——为美好社会设计政治制度》，周叶谦译，生活·读书·新知三联书店 1997 年版，第 27 页。

体制为主导的缺乏弹性的公共行政转向以公民为导向并能够因应变局的新型管理体制。① 在英国，撒切尔（Margaret Hilda Thatcher）政府自20世纪70年代开始进行改革，推行部长管理信息系统、财务管理新方案等措施，这些措施既使公共部门大大提高了工作效率，取得显著经济成效，但同时遇到一个问题，这就是公民对政府牺牲质量以及公共服务而追求节省公共开支的指责。

在上述背景下，英国执政的保守党领袖梅杰（John Major）于1991年以白皮书的形式颁布了《公民宪章》，开始新一轮政府改革运动，试图转变公共行政体制。《公民宪章》规定了一系列以提高行政服务质量、重塑政府形象等方面为目标的措施，这些措施一方面要求各级政府部门将公共服务置于公民的监督之下、公职人员站在公共服务接受者的角度来审视自己工作是否到位；另一方面完善相关制度与程序，使得公共服务的接受者能够更多地直接参与到公共服务的改进中来。《公民宪章》既可以增加政府部门和相关行业提供公共服务的信息透明度，又有利于完善相应的公民申诉、投诉制度，制定合理的公民受损权利补救办法，因而从一定意义上说，它既是"政府对公共服务的一种承诺，也为公众提供了审视政府公共服务的机会"②，有利于英国公民对政府和公职人员的监督。

为了保障《公民宪章》中公民对政府公共服务的有效监督，英国创设了一个具有特色的公民监督机构——公民宪章事务处。该机构成立于1991年，其主要任务是推行《公民宪章》，增进公民对政府政策细节信息的了解。另外，为了及时纠正政府工作中的失误，该机构向要求投诉、申诉的公民提供便捷的服务渠道，向民众宣传有关公民监督法规与办法，制定并公布一些政府部门和公共服务企业的受理公民投诉监督工作的基本准则，同时对各个相关部门现有的公民申诉、投诉服务工作进行阶段性评估、备案并提出未来的完善建议。③ 公民宪章事务处的设立体现了保障公民监督权行使、加强对公职人员用权监督的目的。为了更好地服务于公民监督，公民宪章事务处在运作中尤其强调以下几点：一

---

① 参见 Owen Hughes, Public Management and Administration. New York: St. Martin's Press, Inc., p. 113.

② 程军、王彬彬等：《基于"公民宪章"运动的英国公共服务标准化建设与启示》，《大众标准化》2014年第6期。

③ 参见 The Citizen's Charter First Report 1992 Cm 2101 November 1992, p. 49.

是任何有关公民申诉、投诉的民愿受理制度在设置中都必须首先考虑是否便民；二是对于公民监督行为都必须以最快速度做出反应；三是在处置公民提出的监督问题时注意问题处理的效率与评价，培训熟练的问题处理人员，收集准确的问题处理反馈信息。① 经过多年实践，英国公民宪章事务处已经在接受公民日常监督、保障公民监督权方面起到了十分重要的作用。

2. 美国公民知情权保障制度

早在18世纪，美国的建国先贤就精辟地阐释了公众获知政府信息的必要性、正当性。例如，麦迪逊认为，公民对政府的监督对于制约政府权力、保障公民权利是不可或缺的，不能获得大众化信息的政府，即使受到大众喜爱，最终也会是"一场笑剧或悲剧"。基于这样的认识，他将"对政府官员、政府措施监督的自由权利"作为宪法第一修正案最基本的目的。但是，这并不意味着那个时候就已经形成了完备的公民知情权制度。直到20世纪50年代，美国联邦政府机构内部存在着一种政治化倾向严重的国家保密权泛化主义思想，对公民所提出的政务信息公开的要求，反应消极。在这样的背景下，时任美联社主编的肯特·库珀（Kent Cooper）提出了"知情权"的概念。在《知情权》一书中，他写道：美国报纸尽管根据宪法规定享有新闻自由，但如果政府不公开信息，甚至封锁消息，那么他就无法报道人民想知道的政府服务人民的情况，就不能为人民监督政府提供条件。基于这种情况，基于实现人民权利的考虑，他提出了"知情权"概念。② 公民知情权概念一经提出，就在美国公众中引起强烈的反响，引发了一场旨在保障公民知情权的"知情权运动"。在这场运动中，形成了以下看法："公共事务就是公众的事务，所以人民享有知情权。享有对公共记录和政治过程的信息自由权是人民的天赋权利。公民必须拥有调查和审查关于它们自己的事务的行为的合法权利以及实现这一权利的简便、快捷的方法。这些权利必须上升到神圣的地位。"③

---

① "Task force looks at how complaints can improve public services." Cabinet Office press notice 29. November 1994.

② Kent Cooper, The Right to Know: An Exposition of the Evils of News Suppression and Propaganda, New York: Farrar, Strauss and Cudahy, 1956, pp. xii – xiii; See Herbert N. Foerstel, Freedom of Information and Right to Know, p. 15.

③ Harold L. Cross, The Right to Know: Legal Access to Public Records and Proceedings, New York: Columbia University Press, 1953, p. 123.

就美国信息公开制度的起源而言,最早的规范表现形式是授权行政机关长官控制其所主管机关文件散布的《管家法》。这种行政权主导的政府信息公开模式,不能有效保障公民知情权,更谈不上公民监督权的充分实现。随着民主进步和发展,美国在1946年制定了规定公众可以得到政府文件的《行政程序法》。当然,这一法律对公众获得政府文件规定了诸多限制条件,例如,其中有这样的条款:"规定了因'公共利益'、有'正当理由'等都可以拒绝提供。"① 由于公共利益的界定最终由政府确定,涉及公共利益的信息公开环节最终掌握在政府手中,因而《行政程序法》不能为公民知情权提供切实保障。迫于"知情权运动"形成的公众压力,美国政府开始审视原先《管家法》和《行政程序法》等法律中所设立的限制公民知情权的制度是否合理,并于1955年成立了众议院政府信息委员会来调查这一问题。②

在民众呼吁和现实要求下,1966年美国政府正式公布并施行《信息公开法》,该法从三个方面为公民知情权提供保障。一是取消了原来法律中模糊而广泛的拒绝公开之理由,例如正当理由、公共利益等。采用列举的方法明确规定免除公开的情况,除了这些情况,所有政府信息应当允许公众按照法定程序获取。二是明确美国联邦政府的会议记录或者财政去向等信息原则上都应当向所有的公民开放;当政府机关拒绝公开应当公开的信息时,需要有充分的理由予以说明。三是明确所有公民均有权向行政机关申请查阅、复制政府信息;如果公民查询信息的要求遭到拒绝,可以向司法部门提起诉讼,并得到优先处理。《信息公开法》在颁布后经过多次修改而不断发展、逐步完善,特别是1996年和2002年的两次修改,回应了信息技术发展带来的诸多挑战,抓住信息技术发展带来完善法律的机遇,对在网络环境下公民知情权的法律保障进行了有益的探索,为其他国家制定相关法律提供了经验借鉴。

需要说明的是,由于美国的信息公开在很长一段时间里一般都属于相关机构的自由裁量权,相关机构基于这样那样的原因不能切实实施信息公开。基于这种情况,在20世纪50年代和60年代,国会抓紧推进信息公开的立法进程,并于1966年出台第一部《信息公开法》。此后,随着时

---

① 胡锦光、王书成:《美国信息公开推定原则及方法启示》,《南京大学学报》2009年第6期。

② Moss Has Hand on Knob to Open More Doors, Editor and Publisher, April 28, 1956, p.56.

间的推移，《阳光下的政府法》《隐私权法案》等法律相继颁布。由此，美国形成了一套协调政府行为与公民知情权保障的制度体系，美国公民监督权行使获得了有力的制度保障。①

3. 日本苦情处理制度

日本在公民监督权方面有着类似于我国的申诉制度、信访制度的苦情处理制度，这一制度有广义和狭义之分。在广义上，日本苦情处理制度是指行政机关受理公民提出的苦情申诉并加以处理的制度，公民提出的苦情是行政机关造成的，公民对行政机关的管理、决定等存在不满、不服，就可以提出苦情申诉，有关行政机关必须受理并加以解决。在狭义上，日本苦情处理制度"仅指特别设立的苦情处理机关根据来自国民的苦情申诉，在进行必要的调查的基础上，将苦情内容通知有关机关，为谋求其解决而采取劝告、调停等必要的措施"。② 笔者在这里讨论的日本苦情处理制度是狭义上的。

从日本的法律规定看，公民能够向苦情处理机关提出申诉的苦情范围非常广泛，包括妨碍日照、生活保护、环境卫生、公害处理、消费者保护等领域。但是，并不是公民申诉的任何情况都会得到苦情处理机关的回应。有学者在考察分析日本《行政苦情调查官条例》后得出这样的结论："根据《行政苦情调查官条例》，市民行政监察专门机构对四种情况不做调查，即所反映的不满意见与自身利益无利害关系的；事发时间已经超过1年的；情况不实的；由其他救济制度来安排更为适当的。同时还规定五种情况不予受理，即已经由法院作出判决或裁定的；议会正在审议的；有专门条例和保护机关负责的；职员对自身工作不满的；已经作出处理又再次提起的。"③

日本苦情处理制度具有以下五个特征。

一是处理部门的专门性。公民苦情的处理由行政监察局、市民商谈室等专门机关负责，这些专门机关配备高素质和能力的专门工作人员。同

---

① 有学者认为，美国"情报自由法"之形成与发展对推进我国政府、完善相关法律制度有两个方面的借鉴和启示："第一，推行'政务公开'活动，应该循序渐进，由部分地方、个别部门，再推广到各个地区、各个行政部门；第二，制订中国有关'政务公开'的法律时，可以借鉴和参考美国等国家的行政情报公开法律，少走弯路，更好地实现和保障人民的'知情权'。"黄德林：《略论美国"情报自由法"之形成与发展》，《法学评论》2000年第1期。

② 郭松民：《我国信访改革应该推行制度演进》，《环球》2004年第24期。

③ 刘大为：《说法谈访》，红旗出版社2012年版，第251页。

时，各个处理机关的权属责任分工明确，从而有效避免各处理机关之间互相推诿的情况，有利于公民苦情的处理。

二是处理行为的主动性。苦情处理机关有主动发现问题的责任，也有主动采取措施予以救助的权力。这种主动性有利于处理机关及时了解公民的苦情，及时解决公民的苦情、满足公民的诉求、平息公民的不满，从而预防和化解政府部门与民众之间的矛盾。

三是处理活动的规范性。日本法律对苦情处理的程序、内容和配套措施都有详细规定。苦情处理活动的规范化、制度化，有助于维护公民的合法权益。

四是救济功能的补充性。苦情处理制度在性质上属于行政救济制度，所以，对于司法机关正在或已经审理过的案件、行政机关已经着手处理的案件，公民不得提出苦情申诉。

五是制度运作的高效性。苦情处理程序具有优于正式行政审查程序的特征，这就是简易灵活、便民高效。不论是公民的苦情诉讼，还是苦情处理机关对苦情诉讼的处理，都可以节省时间、精力、财力。

在日本，作为保护公民监督权行使的一项制度，苦情处理制度为市民提供利益表达的重要渠道，它让市民得以通过咨询、解决与切身利益有关问题等一系列程序及时纠正行政过错，敦促行政机关对行政活动所受侵害的权利进行救济，从而既有效地保障日本公民的权利，又缓和民众与政府之间的紧张关系。可以说，苦情处理制度已经在日常生活中发挥着监督政府依法用权、畅通公民诉愿表达的重要作用。

4. 韩国民愿委员会制度

为了使公民合法权益免受政府机关的侵害，为了规范政府权力以保障公民合法权益，韩国政府于1994年成立了民愿委员会。与日本的苦情处理机关一样，韩国民愿委员会的受理范围也非常广泛，包括公民对官员的玩忽职守、非法或失当的行政行为和行政措施以及不合理和不公正的行政管理政策的举报与投诉等。韩国民愿委员会制度的一个显著特征是极其强调亲民敬民的工作态度与便民高效的工作效率。根据《民愿委员会工作守则》的规定，工作人员要像对待自己亲人一样恳切地对待投诉者，在接受公民投诉的问题时要客观公正提出解决方案，在处理公民投诉意见时必须遵照严格的工作程序；倘若因工作人员的行为而使投诉的公民受到不必要的麻烦，救济补偿方案就被立即启用，使工作人员的错误得到及时纠正。由于民愿委员会直接听命于韩国总统，所以具有较强的独立性和权威性。①

随着信息化技术的普及，民愿委员会制度也有了新的发展。最值得一提的是2006年卢武铉政府推出的"国民申闻鼓"。任何受行政机构不当行为损害的人都可以在"国民申闻鼓"上要求政府进行调查。② 总之，在韩国，通过推动网络民愿诉求机制的发展，"公民提出诉求的数量从2002年的15707件增加到2006年的26453件，这对于纾解民众困难、提高服务民众的水平十分有益"③。民愿委员会和"国民申闻鼓"成为韩国人行使知情权、参与权和监督权的重要渠道。

（二）域外公民监督权行使制度的主要特征

早在17—18世纪，资产阶级就在争取公民基本权利的运动中关注公民监督权问题。一些国家在文官管理制度改革中对文官申报的私人财产及其来源等事项作出详细的规定，这对于加强公民监督发挥了积极效应，也对资本主义政治文明建设发挥了积极作用。自20世纪以来，随着普选制的日益推广，公民的对政治活动的民主参与日益增多，对政府和官员的监督热情逐渐升温。当代西方社会的公民监督已经覆盖了广泛的政府管理领域，总体上看，其主要通过"公民参与"④ 的形式来实现，而公民参与的模式也多种多样，对此西方国家学者总结了社区治理中的公民参与模式⑤、公共政策中的公民参与模式⑥、现代通信资讯（ICT）中的公民参

---

① 关于韩国民愿委员会的权威性，可参见如下说明："虽然该委员会对于某些直接侵犯公民权益的公职人员没有纠正处罚的权力，但是他们有权要求其所在的行政机关在规定的时限内公布对相关人员的处理结果，如果这种处理结果得不到公民或委员会的认可，那么对该政府机关行为的报道将会出现在公共媒体上，并由其直接领导人将有关的信息向总统和大众提交相关的报告。"胡冰：《国外民愿表达机制与我国信访体制改革》，《特区理论与实践》2003年第12期。

② "国民申闻鼓"是一个综合了包括中央政府、地方政府等行政机构和司法部门在内的所有政府部门的供民众举报、投诉以及提案的网站。参见覃东旭《"苦情"和"申闻"：信访在日韩》，《决策》2015年第1期。

③ 梁川、[韩]朴顺景：《"参与式"政府的构筑——韩国卢武铉政府行政改革综述》，《东北亚论坛》2008年第5期。

④ [日]蒲岛郁夫：《政治参与》，解莉莉译，经济日报出版社1989年版，第97页。

⑤ Keith L. smith. Citizen Participation In community Development, Ohia State University Fact Sheet, 1997, pp. 1-5.

⑥ Nancy Roberts. Public Deliberation in an Age of Direct Democracy. The American Review of public Administration. Vol. 34 (4), 2004, pp. 315-353.

与模式①等主要类型。

根据目前各国公民参与实践的情形看，上述公民参与其中的若干途径和方式基本上都是当代西方国家公民监督权的主要实现路径。公民参与监督的程度与他们自身的愿望和能力有关，而他们的愿望和能力又受自身的政治、经济地位和政府治理的开放性的制约，甚至还存在性别和年龄等因素的差异。20世纪末到21世纪初，随着公民受教育程度的提高、资本主义民主的发展、资本主义法治的推进，公民已经从传统意义上被政治权威控制和奴役的客体人转变为对政治权威进行怀疑和批判的主体人，他们更加自由、自主、独立，能够理性、批判地看待政治现象和政府行为，甚至有时出现大量对政府的不信任乃至敌视。这可能来自公共行政内部结构的失衡带来的外部不满，但更多可能在于西方现代官僚制度已经将工具理性发挥到了极致。21世纪初以来的西方国家的新公共管理思潮试图从官僚制内部架构改革入手进行变革以将公共行政拉回"民主"的轨道，但是在实践中没有能够做到对传统精英官僚制的充分舍弃。这就造成现今"大众主义"与"专家执政"之间的矛盾越发激烈，公众与政府在各个层面从多年来的貌合神离到正在走向渐行渐远。最终，传统的代议民主制虽然赋予了公民政治参与的权利，但公民在这些参与中比如监督政府等方面的权利和作用却逐渐被精密的官僚运作机制有意无意地忽略，民众也逐渐产生了有意无意的沮丧与回避。② 此外，加上公民参与中因各国指导理念、秩序、方法、信息、技术和公民自身素质、能力等的障碍因素和支持因素的影响，广泛的公民参与确实可能会给公共行政的管理者带来效率的降低，加上由此而来的政府将要付出的大量时间成本、物力成本和人力成本，在不少国家，公民通过参与发挥民主监督的功效的收益与成本之比的确也并不乐观。

除了上述这些大规模群体化的公民"参与"监督的方式、路径之外，不少国家的公民们在参与监督中还常常会对一些特殊问题向政府部门主动地开展个体性的"直接接触"。这种公民主动的"接触"主要分为两种：一种是希望通过接触来影响一个广泛的政治议题，另一种旨在从政府那里获得解决某项属于个人问题的特殊的好处。由于传统政府的服务队伍冗

---

① Thomas B. Riley & Cathia Gilbert Riely E-Governance to E-Democracy: Examining the Democracy Commonwealth Center for E-Governance, sponsored by Telecommunication and Information Pro gram, 2003, pp. 11-21.

② 参见 P. Deleon, What Ever Happened to Policy Implementation? An Alternative Approach. Journal of Public Administration Research and Theory, Vol. 12, No. 4, 2003, pp. 129-131.

长、效率很低加上接待者的态度、技能等各种问题不断，近些年来直接通过电话和网络进行接待和交谈的方式越来越普遍。不过这种不直接面对面的接触往往只能收到已经交办落实的常规套语甚至委婉的相互推脱。为避免接触中的一些不良反应，一些国家的政府做了大量的工作来明确各个部门的管理服务职能，为了避免僵硬虚化的官僚习气，常常在强调政务公开的同时也要求公务员注意人情化。例如，在法国、美国等国家，一些行政机构设有专门的接待室为公众提供情况或将公众引导到主管部门。在美国，地方的一些自治权条款中更是直接赋予公民们依托其结社权在特定的社区治理活动中开展活动时可以组成特定的政府监督团体，这大大活跃了公民在地方管理中的监督。这些监督团体可以召开信息发布会对当地政府的政策提出批评和建议；出版有关特定问题的小册子；派遣一些成员参加地方议会会议并在会上提出看法，等等。

在域外西方发达国家的政治实践中，以上的这些公民监督活动大多是在合法形式下进行的，但在某种情形下也可能出现一些消极的和非法的形式，如不合作、暴力、贿赂、拉拢收买和威逼利诱等，这也是当今世界各国的公民监督权行使中所要共同面对的问题。同时，由于民主参与的渠道不畅，公共权力可能有时会忽视社会下层弱势群体的利益要求，从而引起示威、罢工等抗议活动，这些活动也常常表达着一些监督诉求。

（三）域外公民监督权保障制度建设的经验借鉴

通过分析前述的这些典型的保障公民监督权行使的法律制度，我们发现西方发达国家经过多年的政治实践，在公民监督领域已经逐渐形成了一套比较完整和有效的监督制度与运作体系。通过分析他们的现有情况，总结以往的经验教训，将其中有价值的部分吸收借鉴到我国的公民监督建设中，对构建适合我国国情的公民监督制度体系将大有裨益。

1. 提高公民监督制度建设的法治化水平

西方发达国家大都不仅在宪法中对公民监督权作出规定，而且制定有一系列严密的法律规定来保障公民监督权的行使，同时法律文件的位阶比较高。例如，美国宪法修正案第 1 条明确规定："国会不得制定关于下列事项的法律：建立宗教或禁止宗教自由；剥夺言论自由或出版自由；或剥夺人民和平集会和向政府请愿伸冤的权利。"[①] 这就为公民监督权行使提供了

---

① 中国人民大学法律系国家法教研室、资料室：《中外宪法选编》，人民出版社 1982 年版，第 227 页。

宪法保障。不仅如此，美国国会还通过了《信息公开法》等法律，并随着社会关系的变化对这些法律进行修改，为公民行使监督权创造条件。又如日本，不仅在宪法中规定公民的监督权利①，而且为了防止行政苦情，日本国会通过了《行政相谈委员法》等法律，规定在各政府主要部门设立"公民苦难相谈负责人"，由"公民苦难相谈负责人"专门接受公民对政府部门的申诉，从而使公民监督权行使获得有效途径。与之相对，我国目前尚没有一部保障公民监督权的基本法律，只有层级较低的行政法规与行政规章。而基本法律中涉及公民监督权的某些规定，甚至与宪法存在着一定矛盾，有例为证："刑法第246条②但书条款规定的诽谤罪公诉程序与宪法第41条明确保护的舆论监督权之间存在难以回避的冲突。"③ 由于我国对公民监督权行使的法律规定尚存在不尽完善的方面，加上不同公职人员对公民监督的态度各异，因而不同机关对公民反映的问题的处理具有相当大的任意性与差别性。西方发达国家的公民监督处理制度大多是一种补充性的救济制度，对涉诉等司法问题不提供救济，这是尊重司法独立的要求。然而，在我国，涉诉信访成为扰乱司法秩序、影响司法独立的一大隐忧。

2. 选择适合我国国情的公民监督权保障模式

就目前域外不少国家的公民监督法制发展情况来看，由于各国法律文化传统、具体国情以及法学理论基础的不同，其在公民监督权保障方面的规范模式也不一样，归纳起来主要有三种模式。

第一种是绝对保护模式。这一模式是指宪法对批评、建议等有关公民行使监督的权利进行明确规定，但没有通过成文的部门法加以具体细化。在司法实践中，绝对保护模式主要以判例为依据审理案件。这种模式主要存在于英美法系国家，其中以美国最具代表性。由于美国高度重视与公民监督有关的一些权利，比如对言论自由的保护，为此采取了宪法直接保护

---

① 日本现行《宪法》规定："任何人对于损害的救济，公务员的罢免，法律、命令以及规章的制定、修改或废除，都有和平请愿的权利，任何人不因进行此种请愿而受不同待遇"（第16条）；"任何人因公务员的不法行为而受到损害时，均得根据法律规定，向国家或公共团体要求补偿"（第17条）。中国人民大学法律系国家法教研室、资料室：《中外宪法选编》，人民出版社1982年版，第176页。

② 该条规定的内容是："以暴力或者其他方法公然侮辱他人或者捏造事实诽谤他人，情节严重的，处三年以下有期徒刑、拘役、管制或者剥夺政治权利。前款罪，告诉的才处理，但是严重危害社会秩序和国家利益的除外。"《中华人民共和国刑法》，《人民司法》1986年第5期。

③ 石毕凡：《诽谤、舆论监督权与宪法第41条的规范意旨》，《浙江社会科学》2013年第4期。

的方式，即联邦法院有权依据宪法对国会及各州制定的法律进行审查，宣告其违宪，以防止法律对公民自由行使监督权的不当限制。在对公民监督言论的保障方面，美国承续了这一宪法传统，尤其对监督言论的自由表达实行了直接的法律保护。比如，继《传播净化法案》被否决后，美国联邦法院又在阿什克罗夫特诉美国公民自由联盟（Ashcroft V. ACLU）等一系列案件中相继宣布限制监督言论自由的部分法案违反宪法规定而无效，从而通过宪法最大限度地直接保护公民监督言论的自由。[1] 目前来看，美国对公民监督行为的规制是非常谨慎的，重在保护公民能够自由地行使监督权利，突出强调政府尽可能地不干预公民监督权的行使。

第二种是相对保护模式。这一模式是指在宪法中明确对构成公民监督权的一些权利作出明确规定，同时也通过部门法等相关专门法律对构成公民监督权的具体权利之行使加以具体规定。在司法实践中，法官主要援用具体的法律条文来审理涉及公民监督权行使方面的案件。此种模式以德国为代表，普遍盛行于欧洲多数国家。通过观察德国如何对公民诉愿表达、对政府批评建议等方面权利保护的立法架构，可以清晰地发现，一些权利首先在宪法中被规定为一种基本人权，由于德国是成文宪法国家，宪法具有最高法律地位，因而宪法关于构成公民监督权的具体权利之规定对立法、行政和司法具有直接效力；同时，通过普通法律的制定和施行，增强构成公民监督权之具体权利行使的规范性、可操作性，归根到底提供公民监督权行使的效能。

第三种是严格规制模式。这种模式是指宪法对公民行使监督权的权利有明确规定，宪法的规定没有细化为作为部门法，没有普通法律与宪法规定相呼应，也缺乏健全的判例制度可适用。在司法实践中，主要依据散见于各部门法中的法律条文进行审理。采用这种模式的代表性国家是新加坡。一方面，新加坡通过制定专门性的网络管理法规，强制介入互联网内容管理，采取严格的言论检查制度；另一方面，新加坡强调《国内安全法》《诽谤法》《煽动法》等有关法律内容也适用于一些对公民监督行为进行规制的情况，并通过与一些专门法规相结合，严厉打击和制止任何滥用监督权的行为。[2]

---

[1] 参见 Giampiero Giacomello, National Governments and Control of the Internet: A Digital Challenge, Routledge, 2008, pp. 1126-1129。

[2] 参见董娟娟《新加坡监视社会之分析》，憬艺企业有限公司（台北）2005年版，第125—126页。

综上，美国立法倾向于奉行个体自由价值至上原则，将注意力聚焦于个人权利的保护，因而对公民行使监督权的保护程度较高，但限制却极为严格和谨慎，堪称"绝对"保护模式。相对于美国，以德国为代表的一些欧洲国家对公民监督权行使的某些立法强调公共秩序和社会稳定的维护，允许普通立法对某些宪法规定的监督权利进行必要的规制，可谓"相对保护"模式，而东亚一些国家的有关监督权行使的立法则以"严格规制"著称。总之，各国在公民监督权保障方面的规范模式各具特色，这既与各国法律文化传统以及法学理论基础的不同有关，也与各国的具体国情不同有关。我国在学习借鉴时应该充分考虑到这一特点，尤其要注意立足国情，从我国的政治制度、历史文化、经济基础等实际情况出发。

当前，我国虽然已经进入中国特色社会主义新时代，但是由于法治建设起步较晚，公民监督权法治化尚处于初级阶段。在这个阶段，新问题、新情况不断涌出，旧思想、旧问题还没有退出历史舞台，在规制和制度建设方面还需要深入研究和探索，这种情况往往给那些钻制度空子的投机分子进行违法活动提供可乘之机。加上我国目前各种利益诉求和矛盾纠纷错综复杂，大大增加了维护公民有序行使监督权的难度。因此，现阶段绝对保护模式对我国来说过于超前，不仅与我国现行法制体系无法相容，而且不符合我国实际情况，不仅起不到充分保护公民监督权行使的目的，反而会加重某些权利行使的无序和混乱。而严格规制模式过于保守和苛刻，在我国也不宜采取。尽管我国目前的法制体系与日本、韩国和新加坡等东亚国家有类似之处，但现代社会是个多元化、多样化的包容社会，加之我国幅员辽阔，民族众多，地区差异、城乡差异较大，各种利益冲突和意见碰撞在所难免。如果对公民监督权行使的管制过于严格，就会严重压制不同的声音和意见，不利于各种矛盾与分歧的化解和消除，从而增加对社会的不满和怨恨情绪。

显然，我国采取相对保护模式是一种明智的选择。为此，一方面，考虑到公民监督权的基本权利属性及在推进依法治国、发展民主政治、建设政治文明等方面的价值功能，建立健全具有中国特色的监督制度；另一方面，坚持立法的法治化原则，按照法制统一的要求，制定一部统一适用于普遍的公民监督权权利行使的基本法，同时对现有的法律法规进行清理、修改与完善，使之适用于公民监督权发展的现实需要。

3. 提升公民诉愿处理机构的权威性

西方发达国家大多建立了诸多公民诉愿处理机构，这些机构不仅上下级隶属关系明晰，同时内部分工明确，人员专业，这样可以有效防止出现互相推诿的情形，提高工作效率，更好地处理公民的诉愿问题。例如，日本的苦情处理机构就针对不同的来访对象或不同的来访事由设置不同的相谈室，地方市民或公共团体提出的苦情相谈都通过完整的流程转移到各相关处理部门或上级机关，从而形成各司其职、有条不紊的良好运转样态。公民诉愿处理机构的良好运转样态，既可以获取民众的信任，也可以提升自身的权威。同时，为提高基层官员对公民监督诉求的重视，迅速、有效地解决公民所提出的问题，一些国家赋予公民诉愿处理机构可将问题直达中央政府行政首长或地方政府行政首长的权力。例如，美国有些州建立了市民服务办公室，市民服务办公室接到投诉后，与有关部门、中介组织或社会团体联系，协调解决公民要求解决的问题。又如，韩国民愿委员会具有很强的独立性，它虽然不像行政机关或司法机关那样具有强制力，但有权要求相关机构在规定的时间内向自己通报处理结果，并通过在公共媒体上公布有关活动或直接向总统报告来对有关机构进行监督。反观我国的一些公民监督处理机构虽然数量庞大，但大多地位不高，其处理结果不具有权威性。以信访为例，虽然受理信访的机关数量繁多，但权威性不高。即使是专门的信访局，有时处理同一个问题都还要和其他机关协调、商议，而受访内容更是从红头文件到司法判决五花八门。这种政出多门、多头管理、职责不清的情况表明，我国民愿处理机构与国外相比存在一定的差距，更重要的是，不能有效处理公民监督反映的问题，以致"闹访""缠访"现象屡见不鲜。

4. 珍视公民监督活动所体现的民主政治价值

无论是联合国这一世界上最大的全球性国际组织还是欧盟等区域性国际组织，无论是大陆法系国家还是普通法系国家，都将公民监督权行使视作多元化民主的重要要求，众多国家将公民监督权置于重要地位予以确认和保护。而随着科技的发展，当前各国公民大量地使用网络这种新媒体对国家权力运行进行监督，一些国际组织和欧美发达国家将网络言论看作言论自由的一种新形式，将它纳入言论自由的保护体系。即便是以"严格规制"著称的新加坡，也是在注重保护的前提下实行对各种网络监督言论进行管制的措施。

网络监督言论的自由表达具有多重的价值功能。首先，平等参与。在互联网上，网民的身份和地位是平等的，没有高低贵贱之分。网络监督促进了参与主体的平等性和权力结构的分散性，从而能够有效突破传统自上而下的、集权垄断的监督信息与情况的一些处理方式的局限，使民众可以通过和平的、低成本的途径表达自己的意愿，约束公职人员的行为，影响国家机关的公共决策，规范国家权力运行。其次，自主表达。互联网的虚拟性和非中心化特性大大降低了公民监督受到非法干扰和掣肘的可能性，大大增强了公民自主表达意见的可能性。在互联网络中,只要不侵犯他人权利,只要不损害公共利益,公民就可以自主表达自己的意见和诉求。再次,制约权力。在一个民主社会里,互联网的即时互动功能能为监督活动的平等参与和监督诉愿的自主表达创造一个无处不在、无时不有的监督环境,这就对权力运行形成强有力的制约,有效遏制了权力的肆意和张狂,促使权力运行合法、合理和正当。当然,网络监督也是一柄"双刃剑",具有多方面的正向价值,也存在诸多负面效应。因此,对网络言论进行限制是必要的,但这种限制必须谨慎对待。

如何对待网络言论?从西方国家的实践中我们可以获得一些启示:对言论自由的限制应该符合国际人权法的严格标准,具体要求有三。

一是限制必须由法律规定。按照《欧洲人权公约》有关规定,对言论自由的任何限制不仅需要有国内法基础,而且法律规定必须足够明确,以便能充分发挥其规范功能。

二是限制必须有合理性的基础。《欧洲人权公约》有关条文规定,限制言论自由的合理性的情形包括:"保护重要公共利益(例如国家安全、领土完整性、摆脱犯罪和无序、健康和道德、司法机关的权威和公允等)的需要;以及保护其他个人权利(例如一个人的隐私权或者名誉权)的需要。"

三是限制必须符合"迫切的社会需要"。根据欧洲人权法院的有关判例,要求缔约国干预和限制言论自由等权利的措施必须符合"迫切的社会需要"[①]。"迫切的社会需要"的实质即公共利益,主要表现为国家安全、公共安全、公共秩序、公共卫生或道德等。

二 加强我国公民监督权行使的法律保障

新中国建立未满百年,在诸多方面的制度建设还尚显不足[②],公民监督权行使的法律保障尚待完善。但是,正如习近平所言:"党风廉政建设

[①] [英]克莱尔·奥维、罗宾·怀特:《欧洲人权法:原则与判例》,何志鹏、孙璐译,北京大学出版社2006年版,第381—382页。

[②] 邓小平指出:"由于旧中国留给我们的,封建专制传统比较多,民主法制传统很少。新中国成立以后,我们也没有自觉地、系统地建立保障人民民主权利的各项制度,法制很不完备,也很不受重视。"《邓小平文选》第2卷,人民出版社1994年版,第332页。

和反腐败斗争永远在路上。"① 推进党风廉政建设和反腐倡廉斗争，不仅需要全体党员的齐心协力，而且需要人民群众的鼎力支持。只要依法治国的基本方略得到坚持，只要民主政治的发展方向不变，那么经过不断探索，未来中国就一定会构筑起保障公民监督权的系统法律制度，使公民监督权行使得到强有力的法律保障。

（一）夯实公民监督权行使的法律基础

《中共中央关于全面推进依法治国若干重大问题的决定》指出了良法的意义："法律是治国之重器，良法是善治之前提。"② 规范和保障公民监督权的行使，首先应该加强公民监督的法制建设，夯实公民监督的法律基础，使公民监督权行使获得充分的法律依据和制度保障。

1. 制定《监督法》，对公民监督权作出具体规定

鉴于全国陆续发生侵犯舆论监督者合法权利的严重事件，有学者撰文提出"以制度革新防范错抓记者和作家"的建议。但是，也有人认为这一建议"未免狭隘"，主张通过法制建设保障每一个公民的监督权。③ 我国宪法的原则规定使得公民监督权行使的宪法保障缺乏可操作性，而且我国宪法的不可诉性也使公民不可能援引宪法条文进行维权诉讼，而《信访条例》等法律文件不仅位阶不高，而且仅仅适用于信访等某种具体的监督形式，对公民监督权行使的保障缺乏普适性，这种情况不能适用加强我国公民监督权保障的需要，也不利于反腐倡廉的顺利进行。

---

① 习近平：《习近平在十八届中央纪委五次全会上发表重要讲话强调：深化改革　巩固成果　积极拓展　不断把反腐败斗争引向深入》，《人民日报》2015年1月14日。
② 《中共中央关于全面推进依法治国若干重大问题的决定》，《光明日报》2014年10月29日。
③ 蔡辉写道："连续发生几起侵犯舆论监督权的事件，比如8月31日有记者在虎门被殴，加上渭南警方带走作家谢朝平。对此，陈杰人先生发表《以制度革新防范错抓记者和作家》一文，表示应在制度上进行改革，以杜绝这类事件再度发生。本文主旨令人赞同，但制度革新后，防范的仅仅是错抓'记者和作家'，这未免狭隘。难道只有'记者和作家'才配享受舆论监督权？这岂不是在公民中划出了一个新的特权阶层？这样的舆论监督权，能保证公正吗？如果'记者和作家'将这个权利化公为私，成了一己的工具，怎么办？……无数的历史教训告诉我们，不保护好每个公民的监督权，'记者和作家'的监督权是不可能单独被保护好的。不致力于普遍公正的建设，仅求得某个团体某个局部的幸免，这不是负责任的解决之道。"蔡辉：《所有公民的监督权都应受保护》，《北京晨报》2010年9月2日。

有人建议制定《公民监督法》，甚至有人在网络上上传《公民监督法草案》供立法机关参考，"《中华人民共和国宪法》规定，公民有监督权，但是，在国家机关工作人员中，有的对于公民的监督行为极为不满，非常反感，公开拒绝监督，有的还打击报复……公民监督权，公民难以行使，因此，亟待起草一个《中华人民共和国公民监督法草案》，起草一个《中华人民共和国公民监督法草案》交给立法机关，供立法机关参考"①。

在笔者看来，我国的监督体系是由人大监督、政协监督、司法监督、政府内部监督、中国共产党党内监督、公民个人监督和新闻媒体监督组成的具有中国特色的监督体系，各监督主体既相对独立又密切配合，因此，应该由全国人民代表大会制定一部统一的《监督法》，将公民监督作为其中的一个部分加以规定。《监督法》的内容可以分为总则和分则。总则部分是对立法目的、基本原则、适用范围等方面的规定。《监督法》的立法目的是为了保障国家机关、社会组织和公民个人依法行使监督权，发展社会主义民主，推进依法治国；《监督法》的基本原则主要是合法性原则、程序原则、民主原则、各监督主体相对独立与密切配合原则；《监督法》的适用对象是中华人民共和国领域内所有监督公共权力行使的行为。分则部分则是人大及其常委会、行政机关、政协、司法机关、公民和媒体等各个监督主体对其自身的监督行为和各个监督主体间相互关系的规定。《监督法》对公民监督权行使的规定，应该包括以下方面的内容：公民监督的主体条件、公民监督的对象范围、公民监督的内容构成、公民监督的具体程序、公民监督侵权责任、公民监督权受侵犯的法律救济等。

俗话说："他山之石，可以攻玉。"《监督法》的制定可以借鉴相关立法的经验。目前，就专门的监督立法而言，我国制定了《各级人民代表大会常务委员会监督法》，该法律对人民代表大会常务委员会监督权的内容及其行使的原则、程序等作出了较为详细的规定，内容涉及听取和审议"一府两院"的专项工作报告、审查和批准决算、听取和审议国民经济和社会发展计划以及预算的执行情况报告、听取和审议审计工作报告、法律法规实施情况的检查、规范性文件的备案审查、询问和质询、特定问题调

---

① 达观：《起草一个〈中华人民共和国公民监督法草案〉吧》，http://club.kdnet.net/dispbbs.asp?boardid=25&id=1522761，访问时间2017年7月31日。

查、撤职案的审议和决定等方面。① 该法律虽然属于对国家权力范畴的人民代表大会常务委员会监督权的规定，但其立法技术对《监督法》的制定具有借鉴价值。另外，中国共产党也制定了《党内监督条例》②，该条例确立了党内监督原则、规定了党内监督主体及其职责、明确了党内监督的重点对象以及党内监督的内容和方式、构建了党内监督制度和监督体系。笔者赞同对党内监督的下列评析："新形势下规范党内监督工作的重要党内法规，在党内监督制度体系中处于基础性地位，为全面规范党内监督工作提供了法理基础和基本遵循。"③ 虽然《中国共产党党内监督条例》属于党内规定，但是它适应了"将权力关进制度的笼子里"的现实需要，既构成公民监督权行使的特殊保障，同时对《监督法》的制定具有借鉴作用。

2. 消除普通法律规定与宪法规定之间的矛盾

法制统一是我国立法的基本原则。根据现行《立法法》第 4 条的规定，不同国家机关具有不同的立法权限，这些国家机关不能超越法律规定制定规范性法律文件，所有国家机关在制定规范性法律文件时都必须统筹兼顾，"从国家整体利益出发，维护社会主义法制的统一和尊严"④。法制统一原则要求构成法律体系的各法律部门之间、各规范性法律文件之间、各法律要素之间相互衔接、相互协同，不得相互矛盾、相互冲突。我国是成文宪法国家，宪法具有最高法律效力，在法律体系中居于最高地位，是国家的根本大法。因此，实现法制统一，关键在于一切立法活动以宪法为依据，国家机关制定的普通法律必须符合宪法的规定、原则、精神。现行《宪法》第 5 条明确指出："一切法律、行政法规和地方性法规都不得同宪法相抵触。"⑤

就对公民监督权的保护而言，如前所述，我国宪法已经将它作为公民的基本政治权利加以保护，而且宪法的这种保护在一些普通法律法规中得

---

① 参见《中华人民共和国各级人民代表大会常务委员会监督法》（2006 年 8 月 27 日第十届全国人民代表大会常务委员会第二十三次会议通过），《人民日报》2006 年 8 月 29 日。

② 《中国共产党党内监督条例》（2016 年 10 月 27 日中国共产党第十八届中央委员会第六次全体会议通过），《党建》2016 年第 11 期。

③ 李斌雄、张银霞：《中国共产党强化党内监督的新形势新理念新法规——解读党的十八届六中全会通过的〈中国共产党党内监督条例〉》，《决策》2017 年第 1 期。

④ 《中华人民共和国立法法》，《人民日报》2015 年 3 月 19 日。

⑤ 《中华人民共和国宪法》，《人民日报》2004 年 3 月 16 日。

到回应。① 然而，我国普通法律法规的规定存在着不符合宪法规定、原则和精神的情形，从而导致现实中一些公民因行使监督权而受到行政处罚甚至刑事制裁。② 以《刑法》第 246 条规定为依据，对针砭时弊、揭露实情的公民予以批捕，说明国家权力的专横；检察机关以"严重危害社会秩序和国家利益"为由，将本应属于刑事自诉的案件提起公诉，使该法律规定成为某些官员打压公民监督的工具，彰显出刑法的该条规定与宪法第 41 条规定之间存在矛盾和冲突，这一矛盾和冲突正如有学者分析的："有关诽谤罪，刑法规定'告诉的才处理，但是严重危害社会秩序和国家利益的除外'，但是法律并未规定哪些情形属于严重危害社会秩序和国家利益。"③ 从犯罪客体上看，刑法规定的诽谤罪是侵害名誉权的犯罪，它对言论自由权形成一定限制，但并不能同时成为限制公民监督权的理由，所有国家机关不得随意以涉嫌诽谤或涉嫌维护社会秩序为名滥用权力对行使监督权的公民采取法律行动，不得随意限制公民监督权的行使。

消除普通法律规定与宪法规定、原则和精神的矛盾，实现法制统一，是夯实公民监督权保障法律基础的题中之义。为此，要注意三个方面：

第一，推进科学立法。科学立法是我国《立法法》第 6 条的明确规定，其内涵主要是"从实际出发"④。科学立法是实事求是原则在立法中

---

① 例如，《信访条例》第 3 条规定："各级人民政府、县级以上人民政府工作部门应当畅通信访渠道，为信访人采用本条例规定的形式反映情况，提出建议、意见或者投诉请求提供便利条件。任何组织和个人不得打击报复信访人。"《信访条例》，《人民日报》2005 年 1 月 18 日。

② 对此，有学者作出过如下分析："近几年来公民因举报官员而被公诉的案件屡见不鲜，引发舆论关注。分析我国发生的一系列'诽谤官员案'，如 2006 年重庆'彭水诗案'、2007 年'稷山诽谤案'和'安徽五河案'、2008 年河南'王帅案'、2009 年四川'遂宁帖案'以及 2010 年宁夏'王鹏举报案'，不难发现此类案件有一个共同特点，即被告人因公开发表针砭时弊、揭露实情的言辞而被检察机关依公诉程序予以批捕，依据是我国《刑法》第 246 条之规定：'以暴力或者其他方法公然侮辱他人或者捏造事实诽谤他人，情节严重的，处三年以下有期徒刑、拘役、管制或者剥夺政治权利。前款罪，告诉的才处理，但是严重危害社会秩序和国家利益的除外。'"石毕凡：《诽谤、舆论监督权与宪法第 41 条的规范意旨》，《浙江社会科学》2013 年第 4 期。

③ 石毕凡：《诽谤、舆论监督权与宪法第 41 条的规范意旨》，《浙江社会科学》2013 年第 4 期。

④ 我国现行《立法法》第 6 条规定："立法应当从实际出发，科学合理地规定公民、法人和其他组织的权利与义务、国家机关的权力与责任。"《中华人民共和国立法法》，《人民日报》2015 年 3 月 19 日。

的体现,对公民监督的立法也应该遵循这一基本原则。具体而言,这一原则有两个基本要求。一方面,立法从实际出发。与所有立法一样,关于公民监督的立法必须立足于中国国情,从中国现有的政治制度、经济状况、历史传统、文化水平等方面的实际情况出发,尊重人类社会发展规律、社会主义建设规律以及立法规律,克服立法中的主观随意性和盲目性,从而提高立法的质量。另一方面,严格依照法定权限、遵循法定程序制定法律法规,适时开展对现行法律法规的清理工作,及时修改或废止落后于时代或与上位法相抵触的法律规范。我国的社会主义法律体系已经形成,但目前的法律体系存在相互矛盾的情形。为维护社会主义法制统一,未来在立法工作中不仅要继续重视法律法规的修改和完善,对现有法律法规的清理也需要得到更多的关注。

第二,推进民主立法。我国《立法法》第5条规定:"立法应当体现人民的意志,发扬社会主义民主,保障人民通过多种途径参与立法活动。"① 民主立法既是完善以宪法为核心的中国特色社会主义法律体系的基本要求,也是实现公民监督权的重要方式。为了保证民主立法,《中共中央关于全面推进依法治国若干重大问题的决定》要求:"拓宽公民有序参与立法途径,健全法律法规规章草案公开征求意见和公众意见采纳情况反馈机制,广泛凝聚社会共识。"② 为此,一要建立健全立法机关与公民的沟通机制,听取民意,了解民众的法律诉求;二要建立健全立法协商机制,发挥政治组织、社会组织、人民团体等在立法协商中的作用;三要建立健全立法论证机制,在立法涉及重大利益调整时,举行由专家学者、社会团体和国家机关工作人员等参加的论证会,进行论证。

第三,建立违宪审查制度。切实维护宪法的权威、严格遵行合宪性原则、以宪法的原则和精神为依据,是贯彻实施宪法、实现法制统一的普适性要求,也是解决公民监督权中普通法律规定与宪法规定之间矛盾冲突的现实需要。众所周知,国家机关有责任维护宪法的尊严、保证宪法实施,而依照宪法制定规范性法律文件是维护宪法尊严、保障宪法实施的不可或缺的内容。然而,我国"一元、两级、多层次"的立法体制,全国人民代表大会和全国人民代表大会常务委员会行使国家立法权、依照法定职权和程序制定法律,国务院及其所属部门依照法定职权和程序制定行政法规

---

① 《中华人民共和国立法法》,《人民日报》2015年3月19日。
② 《中共中央关于全面推进依法治国若干重大问题的决定》,《光明日报》2014年10月29日。

或行政规章，中央军事委员会及其所属部门依照法定职权和程序制定军事法规或军事规章等，省、自治区、直辖市、省会城市、国务院批准的较大的市、经济特区所在的省或市的权力机关及其常设机关依照法定职权和程序制定地方法规或自治条例或单行条例，地方各级行政机关依照法律定职权和程序制定地方规章或发表行政决定等。如果没有违宪审查，很难保障这么多国家机关制定出的规范性法律文件都符合宪法规定、原则和精神。西方宪政建设的历史经验证明，建立违宪审查制度，通过特定国家机关根据特定程序对规范性法律文件是否符合宪法进行审查并作出处理，是贯彻实施宪法、实现法制统一的制度保障。

（二）完善公民监督权行使的保障制度

虽然"'制度'这个名词的意义不确定"①，但在一般意义上，制度是社会公认的比较复杂而有系统的行为规则，是维系团体和人类关系的法则和社会行为模式，是在特定的社会活动领域中比较稳定和正式的社会规范体系。制度是"用规则或通过规则表述的"②，当制度通过法律规则来表达或构建时，法律制度就应运而生。公民监督权保障制度作为一种法律制度，具有以下三个基本特征。

一是价值性。邓小平的下列观点为我们所熟知："制度好可以使坏人无法任意横行，制度不好可以使好人无法充分做好事，甚至会走向反面。"③ 公民监督权保障制度对公民监督权行使和民主政治建设发挥积极功能，有力地推进社会主义政治文明。

二是稳定性。公民监督权保障制度在制定出台后的一定时间里由于符合适应社会发展要求而保持稳定，这种稳定性也是公民监督权有序行使的要求；如果朝令夕改，则公民监督就会无所适从，公民监督就可能陷入无序之中。

三是变动性。习近平指出："在认识世界和改造世界的构成中，旧的问题解决了，新的问题又会产生，制度总是需要不断完善。"④ 公民监督权保障制度将随着时代的变迁而不断发展、不断完善。我国从新中国成立

---

① ［美］康芒斯：《制度经济学》（上册），于树生译，商务印书馆1994年版，第86—88页。
② ［英］麦考密克等：《制度法论》，中国政法大学出版社1994年版，第19页。
③ 《邓小平文选》第2卷，人民出版社1994年版，第333页。
④ 《习近平谈治国理政》，外文出版社有限责任公司2014年版，第74页。

时就重视对公民监督权的保障,尤其是改革开放以来,随着民主法治建设的发展,公民监督权保障制度日益完善,形成了以听众制度、信息公开制度、信访制度、行政复议制度、行政诉讼制度等为子系统的制度体系,这一制度体系为公民监督权顺利行使提供了有力保障。但是,毋庸讳言,我国公民监督权保障制度还存在诸多不足,公民监督乏力也为我们所眼见或听闻。完善公民监督权保障制度,既是公民监督权顺利实现的基本要求,也是民主法治建设的重要内容。这是一项艰巨而复杂的系统工程。

1. 知情权制度的完善

笔者在第一章中曾指出,由公民监督权中可以引出公民知情权,因为知悉国家机关及其工作人员活动的相关信息是公民正确行使监督权的前提条件。因此,一个完善的知情权制度,构成公民监督权行使的有力保障。由于知情权是一种获取、接受以及传播信息的权利,因而知情权制度与政府信息公开制度和公职人员财产公开制度有着直接关系。对此,有学者写道:"监督权往往与公民知情权紧密相连,要进一步推动宪法有关对权力运行的监督制度的实施,一个重要方面就是扩大公民和社会的知情权,逐步健全国家机关信息公开制度和公职人员财产公开制度。"[1]

就信息公开制度而言,这一肇始于1776年瑞典的保障公民知情权的法律制度已于2008年在我国正式建立[2],此时的信息公开制度是通过国务院出台的《政府信息公开条例》构建的,该制度确立了我国政府的政府信息保护的"原则公开、例外保密"原则,对公民获取和了解政府信息从而实现公民监督权是大有裨益的。然而,应该看到,"在当下大力提倡'互联网+'和'万众创业'的大数据时代,中国政府信息公开制度在

---

[1] 崔英楠:《完善宪法监督制度始自保障公民知情权》,《北京人大》2014年第5期。

[2] 政府信息公开制度最早出现在瑞典,1776年,瑞典制定的《出版自由法》赋予了普通市民享有要求法院和行政机关公开有关公文的权利。到目前为止,世界上有四十多个国家和地区制定了专门的信息公开法。我国于20世纪80年代开始建立政府的信息公开制度,保护公民的行政知情权。但立法层面的公民知情权制度是由2007年1月17日通过、2008年5月1日起施行的国务院《政府信息公开条例》构建起来的,该条例明确立法宗旨是保障公民、法人和其他组织依法获取政府信息,提高政府工作的透明度,促进依法行政,充分发挥政府要求,大力推行国家机关信息公开工作。从此,获取政府行政信息成为公民的法定权利,信息公开成为我国政府的法定义务。这标志着我国的行政信息公开工作走向制度化和规范化,标志着我国公民的行政知情权有了明确的法律保障。参见崔英楠《完善宪法监督制度始自保障公民知情权》,《北京人大》2014年第5期;潘燕《公民行政知情权视角下政府信息公开制度的完善》,《劳动保障世界》2017年第8期。

如何应对日益增强的'知情权'需求以及'知情权'的不当使用等方面仍有进一步完善和提高的空间"①。况且,《政府信息公开条例》的适应对象仅仅为政府信息或者说行政信息,而司法信息的公开不在此列。此外,依据《宪法》第7条规定②,国有企业即全民所有制企业,"全民所有制"的性质决定了"最终的委托人,即投资人有权知道自己资产的运营情况……国企有义务向公众公开相关信息"③。然而,现行的《政府信息公开条例》规定的信息公开中也不包括国有企业的信息。

基于上述情况,笔者建议,借鉴国外的做法④,制定统一的《信息公开法》或《信息自由法》。根据学界讨论,我国《信息公开法》可以从以下方面考虑:第一,该法的立法目的是敦促包括党政机关、国有企事业单位、非政府组织等所有公共组织公开信息,保障公民知情权,以便保障和实现公民监督权;第二,该法坚持"原则公开、例外保密"的原则,在立法形式上明确规定不予公开信息的例外情况,除此之外一切信息都必须公开;第三,将公民信息公开请求权具体化,明确规定公民拥有公共组织信息公开请求权,同时明确规定公民信息公开请求权受侵害时的救济方式,公民在该权利受到侵害时有权进行行政举报或者寻求司法救济;第四,明确规定政府信息公开的客体和方式,所有隶属于记载公共组织信息的形式都可以成为公开的对象,公开的方式既可以是纸质文件,也可以是电子邮件;第五,对公民知情权作出必要的限制,"具体而言,在教育、医疗卫生、供水、供电、供气、供热、环保、公共交通等与人民群众利益密切相关的公共企事业单位在提供社会公共服务过程中制作、获取的信息公开,也属于信息拒绝应答制度的适用范围"⑤。

---

① 罗勇:《大数据背景下政府信息公开制度的中日比较——以"知情权"为视角》,《重庆大学学报》2017年第1期。

② 该条规定的内容是:"国有经济,即社会主义全民所有制经济,是国民经济中的主导力量。"

③ 黄淑文:《国企信息公开制度构建之初探——从公民知情权的角度谈起》,《经济研究导刊》2014年第3期。

④ 例如,美国于1966年正式颁布,并随着社会情况的变化不断修改和完善《信息自由法》,该法与《隐私法》和《阳光法》等相互独立又互有关联,构成美国联邦政府信息公开法律体系的基石。英国于2000年制定《信息自由法》,用以保护公民知情权的保护,澄清公众对政府管理的"错误认识",消除公众对政府管理的"抵触情绪"。

⑤ 罗勇:《大数据背景下政府信息公开制度的中日比较——以"知情权"为视角》,《重庆大学学报》2017年第1期。

如果说信息公开制度回应的是公民知情权对公共组织整体的要求，那么财产公开制度①回应的就是公民知情权对公职人员个人的要求。这项起源于1776年的瑞典、被英国于1883年首次以法律的形式加以确立、后来被越来越多国家的法律所规定、被称为"阳光法案"的制度，不论是其设计理念还是其域外实践，都表明它对于实现公民知情权、加强公民对公职人员的监督、推进反腐倡廉具有重要意义。通过法律构建官员财产公开制度，使公开财产成为公职人员的法定义务，从而人民群众可以更加充分地了解公职人员行使国家权力的情况，从而更好地行使监督权。概言之，"只有通过公开公职人员的财产，才能检验公职人员在从政过程中是否廉洁，是否存在权钱交易行为，从而满足公民的知情权、参与权与监督权"②。然而，正如笔者在上一章中所指出的，在我国，一些公职人员以隐私权为由反对财产公开，早在1994年全国人大常委会就已经列入立法规划的《财产收入申报法》迄今没有出台，虽然在各地已经有公职人员财产公开的各种形式的实践，但尚未形成全国统一适用的法律制度，且一些地方的实践也是昙花一现。如今，制定公职人员财产公开方面的法律已经成为我国民众的强烈呼声，学者也提出了诸多建议③，全国人大常委会也早已将《财产收入申报法》纳入立法规划。在此，笔者不再赘述，期盼着这部法律早日出台。

2. 信访制度的完善

我们已经知道，信访作为公民监督权的实现途径，已经为我国2005年《信访条例》所规定，就是说，我国已经建立起信访制度，该制度的内容包括公民信访的内容和渠道、信访事项的提出、信访工作机构的构

---

① 公职人员财产公开制度是指国家公职人员依照法定的期限和方式向有关机关如实报告自己和家庭成员的财产状况，依法接受有关机关的监督检查，并接受社会监督的法律制度。

② 王宏源：《公职人员财产公开制度与监督机制建设问题研究》，《中州大学学报》2016年第6期。

③ 参见以下资料：李辉《国外公职人员财产申报与公示制度的经验及启示》，《行政论坛》2015年第1期；黎治潭《我国建立公职人员财产公开制度的困境及对策建议》，《行政论坛》2016年第3期；王宏源《公职人员财产公开制度与监督机制建设问题研究》，《中州大学学报》2016年第6期；解志勇、马舒蕾《公职人员财产信息申报与公开研究》，《国家行政学院学报》2014年第3期；陈江生《以渐进方式推进公务员财产公开制度》，《深圳特区报》2013年2月26日；杨柳、王义杰《公职人员财产：绝不属于隐私内容》，《检察日报》2012年3月7日，等等。

成、信访事项的受理和办理以及法律责任等。而且，随着民主法治的发展，信访制度改革也向前推进，有学者将这项改革的成果归纳为以下方面："2014年中共中央办公厅、国务院下发的《关于创新群众工作方法解决信访突出问题的意见》《关于依法处理涉法涉诉信访问题的意见》以及国家信访局的《关于进一步规范信访事项受理办理程序引导来访人依法逐级走访的办法》"。① 从实践看，通过《信访条例》构建的信访制度对于保障公民监督权、解决权力侵害公民权利问题发挥了积极作用，但是由于它是国务院制定的，一方面它作为行政法规而存在，法律位阶不高；另一方面仅仅适用于行政机关的信访工作，而对于司法领域的信访则难以规范和调整。而从多年来的信访案件中，涉诉信访所占的比重不低，涉诉信访扰乱了司法秩序，损害了司法权威，因为它"导致大量终审裁判难以终结"②。基于我国目前信访工作的现状，有必要提高信访制度的法律位阶，由全国人大制定《信访法》。事实上，早在2002年，就有全国人大代表提出了制定"信访法"的议案③，2004年全国人大常委会冀刚毅"建议将制定国家信访法纳入立法规划"④。之后，尽管国务院出台了《信访条例》，但制定"信访法"的呼声并没有停止，而《信访条例》在实施中暴露的局限⑤更使人们期盼"信访法"的出台。

目前，制定《信访法》的时机已经成熟：首先，中共中央高度重视信访的法治化，《中共中央关于全面推进依法治国若干重大问题的决定》

---

① 蒋都都：《论我国信访制度改革的法治化具体途径——以行政复议制度完善为契机》，《时代法学》2017年第2期。
② 王次宝、祝小琴：《涉诉信访规范化：现状、问题与出路》，《中共天津市委党校学报》2017年第2期。
③ 刘相荣等30名全国人大代表2002年提出"在关于制定'信访法'的议案"，指出："目前，我国存在吏制腐败、司法腐败问题，有些矛盾相当复杂、激烈。需要加强党领导下的人大监督工作，重要环节是使人大信访工作法制化。要做出相应的决定。通过立法，使人大代表的批评、建议权和人民群众的申诉、控告权在法律上落到实处。"刘相荣：《关于制定"信访法"的议案》（第226号），《中国人大》2002年第13期。
④ 冀刚毅：《建议将制定国家信访法纳入立法规划》，《人大研究》2004年第2期。
⑤ 根据学界观点，国务院《信访条例》在实施中暴露的局限主要有三个方面：一是信访事项受理和处理的主体混乱；二是法律责任及其追究的规定不明确；三是对公民的信访诉求难以提供最终的权利救济。详细观点，参见以下资料：张红《破解信访困局亟需制定〈信访法〉》，《中国经济周刊》2013年第42期；李申学《应尽快制定〈中华人民共和国信访法〉》，《人民政协报》2016年8月23日；莫纪宏《信访法要以保障信访人合法权益为中心》，《理论视野》2016年第8期。

明确要求"把信访纳入法治化轨道，保障合理合法诉求依照法律规定和程序就能得到合理合法的结果"①；其次，国务院《信访条例》的制定和实施为《信访法》的制定提供了丰富的经验；最后，各界在《信访法》制定的诸多问题上达成了共识。对于《信访法》的制定，笔者认为要重视以下方面：在立法宗旨上，明确《信访法》的定位是"保障公民监督权"，其立法目的是"保持国家机关同人民群众的密切联系，保障公民监督权顺利行使，维护信访人的合法权益，防止权力滥用，推进反腐倡廉工作"；在立法原则上，《信访法》的制定应该按照《立法法》的要求，遵循宪法的基本原则，坚持法制统一原则，从我国国情出发，其内容不得违背宪法的规定、原则和精神，并且与《监督法》等相关法律相协调、不与之相矛盾；在具体内容上，《信访法》应该包括信访工作机构的构成和职责、办理信访工作以及信访复核的程序、信访人的权利和义务、信访工作机构不依法律规定办理信访工作以及信访人违法信访的法律责任等方面。

3. 行政复议制度与行政诉讼制度的完善

行政权力是一切权力中最活跃的权力，而我国改革开放以来社会生活的纷繁复杂使得行政权力运行的范围扩大，要求行政机关对公民生活"从摇篮到墓地"无所不管，因而行政权力侵害公民权利的风险也增大。基于此，对行政权力的法律控制也就成为行政法治建设的重心，形成了以行政复议制度和行政诉讼制度为核心的行政权制约制度。

行政复议是指包括法人或者其他组织、公民个人在内的社会主体认为行政机关的具体行政行为侵犯其合法权益，向该机关或上级行政机关提出复议申请，被申请机关受理复议申请并作出复议决定。该制度首先是由1990年国务院颁布的《行政复议条例》建立起来的，1999年全国人大常委会通过的《行政复议法》使这一制度从最高行政机关的条例形式上升为最高立法机关的法律形式，法律位阶的提高意味着法律权威的提高。行政复议既是公民寻求权利救济的一条渠道，也是公民监督国家行政机关及其工作人员的一条路径。这一点，体现在《行政复议法》第1条规定的立法目的中②。

然而，从现实看，行政复议制度的功能没有得到充分发挥，行政复议

---

① 《中共中央关于全面推进依法治国若干重大问题的决定》，《光明日报》2014年10月29日。
② 《行政复议法》第1条明确规定："为了防止和纠正违法的或者不当的具体行政行为，保护公民、法人和其他组织的合法权益，保障和监督行政机关依法行使职权，根据宪法，制定本法。"《中华人民共和国行政复议法》，《中国改革》（农村版）2002年第2期。

的效果不太理想,"对行政复议司法性特征进行片面强调的学术浮躁心态容易将行政复议引入'泛司法化'的歧路,使行政监督丧失存在的独特意义并背离其行政本性"①,行政复议制度的局限受到人们诟病②。修改《行政复议法》以完善行政复议制度,已经被立法机关提上议事日程,早在2014年,《行政复议法》的修改就已经列入全国人大常委会立法工作计划中。对于行政复议制度的完善,笔者赞同以下建议:建立具有中立性和独立性的行政复议机构,以减少"官官相护"的机会和可能性;增设回避制度和禁止单方面接触制度,以保证行政复议结果的公正性;给予当事人有陈述和申辩的权利,增设言辞辩论的正式听证程序,以防止复议机关"偏听则暗",保证复议决定所依据的事实清楚准确;增设复议机关说明理由的义务,加强对复议机关复议工作的监督和制约。③ 此外,要注意将行政复议制度的完善与信访制度的完善、行政诉讼制度的完善衔接起来。

行政诉讼俗称"民告官",有学者从学理上将它解释为"个人、法人或其他组织认为行政主体以及法律法规授权的组织作出的行政行为侵犯其合法权益而向法院提起的诉讼"④,《行政诉讼法》⑤ 构建起以规范行政诉

---

① 匡西涛:《论行政复议在本质上的行政监督性——基于"非司法化"视角的探讨》,《安阳师范学院学报》2013年第6期。

② 学者们对行政复议制度的诟病,可参见以下资料:刘芬、张淑瑛、张国滨《内部监督之外化——行政复议功能修复的路径选择》,《广西社会主义学院学报》2014年第6期;崔俊杰《推进行政复议制度的发展和完善》,《法制日报》2015年3月11日;刘莘、陈悦《行政复议制度改革成效与进路分析——行政复议制度调研报告》,《行政法学研究》2016年第5期;陈瑶《中国行政复议的观念更新和制度重构》,《法制博览》2017年第17期。

③ 罗豪才:《现代行政法制的发展趋势》,法律出版社2004年版,第371—373页。

④ 陈渊鑫:《〈中华人民共和国行政诉讼法〉部分法律条文的理解与适用》(一),《财政监督》2017年第7期。

⑤ 该法律于1989年4月4日由第七届全国人民代表大会第二次会议通过,1990年10月1日正式施行。随着社会主义民主法制建设的不断深入推进,行政诉讼中的"立案难、审理难、执行难"等问题突出,严重侵害了公民的合法权利。为此,全国人大法工委从2009年开始着手该法律的修订工作,历经数次审议,2014年11月1日,第十二届全国人民代表大会常务委员会第十一次会议通过了《关于修改〈中华人民共和国行政诉讼法〉的决定》,自2015年5月1日起施行。为保障司法的统一适用,2015年4月22日,最高人民法院制定发布《关于适用〈中华人民共和国行政诉讼法〉若干问题的解释》,与新《行政诉讼法》同时生效适用。参见陈渊鑫《〈中华人民共和国行政诉讼法〉部分法律条文的理解与适用》(一),《财政监督》2017年第7期。

讼活动、调整行政诉讼法律关系为内容和目的的行政诉讼制度。行政诉讼制度作为我国目前的三大诉讼制度之一，担负着解决行政争议、救济行政相对人的权利、监督行政权行使的重任，《行政诉讼法》开宗明义，在第1条中对这些任务作出了规定。① 对行政机关违法的具体行政行为提起行政诉讼，是公民行使监督权的一种方式，它具有三个基本特征：从监督的对象看，公民只能就行政机关的具体行政行为提出诉讼，而不能就行政机关工作人员的具体行政行为提出诉讼；从监督的结果看，法院撤销行政机关的违法具体行政行为，对合法权益被侵害的行政相对人给予救济，但不能对行政机关工作人员的违法犯罪行为追究法律责任；从监督的性质看，公民通过提起行政诉讼具有司法属性，只有通过司法权对行政案件的受理、审理才能转化为公民对国家行政机关权力运行的监督。

不可否认，我国行政诉讼法律制度自1989年正式建立以来，在解决行政争议、救济公民权利、监督行政权力等方面发挥了重要作用，然而也毋庸讳言，该制度的实际效果与制定目的存在一定偏差。在现实中，这样的现象并不鲜见：一些行政机关工作人员包括领导干部"尽量压制'民'告'官'，采取各种软硬兼施的手段和措施阻止行政相对人告；实在阻止不了，就向法院施加压力，让法院不受理，受理了就让驳回，驳不回就让'协调'其撤诉，'协调'不了就判其败诉"②。为了防止这种现象的发生，实现行政诉讼法的"以监督行政行为为宗旨来设计相关制度"③ 的初衷，2014年全国人大常委会在修改1989年《行政诉讼法》时，增加一条作为第3条，其内容是："人民法院应当保障公民、法人和其他组织的起诉权利，对应当受理的行政案件依法受理。行政机关及其工作人员不得干预、阻碍人民法院受理行政案件。被诉行政机关负责人应当出庭应诉。不能出庭的，应当委托行政机关相应的工作人员出庭。"④ 现

---

① 现行《行政诉讼法》第1条明确规定："为保证人民法院公正、及时审理行政案件，解决行政争议，保护公民、法人和其他组织的合法权益，监督行政机关依法行使职权，依据宪法，制定本法。"《中华人民共和国行政诉讼法》，《中国人大网》2014年12月23日。
② 姜明安：《法治思维与新行政法》，北京大学出版社2013年版，第428页。
③ 袁杰：《中华人民共和国行政诉讼法解读》，中国法制出版社2014年版，第7页。
④ 《中华人民共和国行政诉讼法》，《中国人大网》2014年12月23日。

行《行政诉讼法》实现的一系列制度创新①，使行政诉讼制度更加完善，从而能更有效地发挥保障公民以提起行政诉讼方式监督国家行政机关的权利。

4. 听证制度的完善

听证制度是这样一项法律制度：国家机关在作出影响公民、法人或其他组织合法权益的决定之前，将有关事项告知利害关系人，邀请其代表举行听证会，各方公开公平地发表意见、提供证据、进行辩论，国家机关在听取意见、接纳证据的基础上作出决定。这项法律制度渊源于英国普通法上的自然公正原则，由1865年法院审理"古柏诉万兹乌斯区工程管理局案"所确立，随着时间的推移，它从司法领域拓展到行政领域和立法领域，1946年美国《联邦行政程序法》将其作为一项重要的制度加以规定。

在我国，听证制度首先被《行政处罚法》所构建②，后来被《立法法》所规定。目前，我国诸多法律法规中都有听证制度的规定，如《行政处罚法》《立法法》《行政许可法》《规章制定程序条例》《行政法规制定程序条例》《价格法》等。听证制度为公民监督权行使提供了制度平台，通过这个制度平台，公民可以监督国家机关的公共决策活动、防止国

---

① 我国著名行政法学家姜明安认为，新《行政诉讼法》的制度创新最重要的有八项：（1）立案审查制改登记制，让当事人起诉难变起诉易；（2）案件可跨行政区域管辖，让地方干预易变干预难；（3）扩大受案范围，让行政解纷法治渠道窄变法治渠道宽；（4）放宽当事人资格限制，让利害关系人参与诉讼机会少变参与机会多；（5）增加复议机关被告责任和被诉行政机关负责人出庭应诉责任，让"告官见官难"变"告官见官易"；（6）改进诉讼程序，让起诉时限短、诉讼耗时长变起诉时限延长、诉讼耗时减少；（7）扩大司法审查强度，增加裁判形式，让行政诉讼救济手段更多、监督力度更大；（8）增加行政裁判的执行方式，让行政审判更有权威、更有公信力。参见姜明安《论新〈行政诉讼法〉的若干制度创新》，《行政法学研究》2015年第4期。

② 1996年《中华人民共和国行政处罚法》不仅界定了听证程序的定义，而且还明确了听证程序的适用范围和条件、听证的告知制度、公开听证制度、主持人及回避制度、对抗辩论制度和听证笔录制度等。2000年《立法法》明确规定：立法前应当广泛听取意见，听取意见可以采取座谈会、论证会、听证会等多种形式。这一规定意味着立法听证制度在我国的确立，标志着我国立法制度向着民主化的道路迈出了重要一步。参见丁玮、赵雪婷《论我国公民参与听证制度的完善》，《学理论》2010年第20期。

家机关工作人员,特别是领导干部滥用权力而导致公共决策腐败①,提高公共决策的民主化和科学化水平。②

虽然我国已经建立了听证制度,但是该项制度还不完善:从制度存在的形式看,它散见于不同的法律文件中,规定分散而缺乏统一性;从制度内容看,"有关公众听证的程序立法相对滞后,公众听证欠缺法律上的界定、制度上的系统性、适用范围上的周延性和效力上的正式性"③;从制度的效果看,一些听证会流于形式,有走过场之嫌。因此,有必要贯彻落实《宪法》第27条第2款关于"一切国家机关和国家工作人员必须依靠人民的支持,国家机关及其工作人员,经常保持同人民的密切联系,倾听人民的意见和建议,接受人民的监督,努力为人民服务"④的规定,制定一部《听证法》,建立统一的听证制度,对听证的原则和程序、听证会的适用对象、听证会组织者资格、听证代表的标准与产生方式、听证结果的法律效力、违反听证法的法律责任等作出明确规定,从而使得听证会的监督功能得到充分发挥,使国家机关公共决策的科学化和民主化水平得到提升。

(三)在公民监督领域实行人性化执法

法律的生命在于实施,法律的权威也在于实施。保障公民监督权的法律规定,只有落实到现实中,才能切实发挥其作用。有法可依、有法必依、执法必严、违法必究是社会主义法治的基本原则,严格执法、规范执法、公正执法、文明执法是社会主义法治的基本要求。在当今中国,权利

---

① 听证会对于预防决策腐败的作用,可以从下文中得到支持:"近年来,少数领导干部乱决策捅出不少篓子。有的领导干部拍脑袋决策,决策错误拍屁股走人,最终财政买单、百姓遭殃。季建业主导投资180亿元的全城雨污分流工程就是这样,又不开市民听证会,又不听专家学者意见,说上马就上马,教训何其深刻。一个重大决策错误有时比一个领导干部出了个人腐败问题危害性更大、影响更深,因此,把乱决策上升到'决策腐败'的层面去治理,非常必要。"宛诗平:《对"决策腐败"就该坚决问责》,《湖北日报》2017年6月14日。

② 例如,"在涉及一些关系公共利益的行政行为之前,通过听证会的形式,可以使公民了解政策出台之前的各项程序、制定一项政策之前要解决的问题有哪些。通过听证会的形式,让公民或者行政行为的相对人与制定政策的机关展开讨论,对于一些错误的决策及时发现并予以制止,以避免不必要的公众利益损失"。丁玮、赵雪婷:《论我国公民参与听证制度的完善》,《学理论》2010年第20期。

③ 关保英:《论公众听证制度的程序构建》,《学习与探索》2013年第9期。

④ 《中华人民共和国宪法》,《人民日报》2004年3月16日。

文化的兴起，以人为本理念的拓展，使行政执法模式不再是过去的执法主体与相对人之间纯粹的命令——服从模式，而更多的是服务——接受服务的模式。面对公民的监督，执法主体应该摒弃生硬的执法方式，实行人性化执法。

1. 人性化执法释义

人性化执法是法律人文精神对执法的要求，也是法律人文精神在执法中的体现，它是执法者在行政执法过程中依据正当程序进行非歧视的、理性化的执法，"执法者在执法过程中，既要严格按照法律法规执行，又要用人性化的办法去疏导、治理供与需"①。人性化执法是一种有别于冷酷无情、漠视人权、暴力执法的全新执法方式，是一种文明进步的执法方式，它坚持合法性原则、人权原则与人道原则，从而它不仅是法律的规则之治，而且是对个体生命的爱护之治、对个人价值和尊严的尊重之治、对公民人权和私权的保护之治；不仅注重人的社会属性，即社群的稳定与秩序，而且注重人的自然属性，即以心灵感化和灵魂净化来重塑个体；不仅重视普通人的价值——为受害者匡扶正义，而且关注违法犯罪者的价值——对被执法者给予平等对待和人道关怀并教育改正。概言之，人性化执法一方面体现的是对违法犯罪行为的荡涤与惩处，另一方面体现的是对公民的自由和权利的尊重和保护，从而实现了法律的惩罚功能与教育功能的统一。

人性化执法的理论源流可以追溯到文艺复兴时期的人道主义和人文主义。人道主义提倡关怀人、尊重人、以人为中心，强调人的生存和发展。人文主义也主张人是世界的中心，强调对权利的尊重与保护。近代的启蒙思想家将这些思想发扬光大，他们从人性出发，认为人的自然权利是国家和政府赖以构建的基础，而理性应作为判断存在着的事物是否合理的唯一标准——"一切都必须在理性的法庭面前为自己的存在做辩护或者放弃存在的权利"②。在理性的法庭之下，行政执法也必须考问自己行为的合理性和正当性。法律不是神谕或君命，而是人民为了保护其生命、自由、财产等权利而订立的社会契约，是人民共同意志的集中反映，是人的理性的化身。因此，行政机关的执法活动应该以满足人民的需要、保护公民的权利、实现人的价值为根本目标。然而，封建法制是君权或神权统治机器中的工具与附庸，执行这样的法律就是以残酷非人性的刑罚和野蛮非正义

---

① 晓剑：《用"人性化"破解"执法难"》，《中国劳动保障报》2017年6月20日。
② 《马克思恩格斯选集》第3卷，人民出版社1995年版，第719页。

的擅断等方式打击异己、压迫民众、侵害人权。这样的执法必须"放弃自己存在的权利",由人性化执法取而代之。随着资产阶级政权的建立,人性化执法获得了广阔的社会实践空间。

人性化执法富含人文精神,表达了对美好生活的向往,因此"它并不会随着古典学派远去的背影而被人遗忘,也不会因为实证学派对它的解构而消亡"①。随着历史从近代到现代的发展,人性化执法获得越来越多国家的推崇,在当今时代已经成为大多数国家法治建设的内容。在我国,随着社会主义民主法治建设的推进,人性化执法在依法治国的伟大实践中地位也日益突出。今天,人性化执法已经成为我国执法中的亮丽风景线,它将法律人文精神具体化为"知民情、察民意、体民忧、护民安、保民利",从而实现执法为民。有这样一个案例:2017年6月8日,恩施公安机关的民警准备对一名网上在逃犯罪嫌疑人黄某进行抓捕时,发现他正在陪孙子高考,为了不影响其孙子考试,民警向上级请示后,决定暂缓抓捕行动,尤其是避免当着黄某家人的面进行抓捕,公安人员等候5个小时,在黄某孙子考试结束后才实施抓捕。②恩施公安机关这一人性化的执法方式获得广大网民点赞,有人这样评论说:"在不违反法律规定的前提下,对执法对象给予更多的人文关怀,把执法为民理念贯穿于执法全过程,真正做到了以人为本,从而实现了合法、合情与合理的最佳统一,这种做法值得推广和借鉴。"③有人针对我国存在的执法难的问题,建议用"人性化执法"加以破解,认为只有人性化执法"才能体现出执法者的以人为本,才能达到执法为民目的"。④

2. 公民监督领域的人性化执法

马克思曾言:对于法律,"既不能从它们本身来理解,也不能从所谓人类精神的一般发展来理解"⑤。就公民监督领域的人性化执法而言,它既不是执法者逻辑推演得出的惊喜,也不是执法者随心所欲产生的臆想,而是由诸多因素决定的,这些因素归纳起来至少有以下三个方面。

第一,国家一切权力属于人民,公民对国家权力进行监督是国家一切

---

① 李峰:《对刑法正当性的诘问——罪刑法定含义解析》,《上海市政法管理干部学院学报》2001年第2期。
② 参见胡志良《湖北民警追捕嫌犯遇其送孙高考 延迟5小时抓获》,《湖北日报》2017年6月10日。
③ 武西奇:《人性化执法让法律更有温度》,《人民公安报》2017年6月15日。
④ 晓剑:《用"人性化"破解"执法难"》,《中国劳动保障报》2017年6月20日。
⑤ 《马克思恩格斯选集》第2卷,人民出版社1995年版,第32页。

属于人民的基本要求和具体表现。因此，对于公民的监督行为，执法机关和执法人员不应该粗暴而生硬地拒绝或推诿，而应该坚持人性化执法，对公民在监督中提出的问题作出积极回应，查清事实，负责处理。有学者写道："人性化执法一个最基本的含义就是执法者的权力是受制约与监督的，它的底线是每一个公民的合法权利。非经法院审判定罪，任何人都不应该被视为罪犯，都应该受到平等对待。即使面对罪犯，也应该尊重他的人格和法定权利。"①

第二，执法以国家暴力机器为后盾，执法者"身怀利器"，具有"合法地祸害别人的能力"。② 如果执法者坚持"政治挂帅"和"权力本位"，那么在面对公民监督时就不可能认识到这是公民的合法权利，而可能产生"刁民可恶"的思想，并由此运用手中的权力"合法地祸害"监督者，造成监督者不幸。前面提到过的"跨省抓捕"就是典型例证。在公民监督领域实行人性化执法，重人权、讲人道、赋温情，则可以有效消解国家暴力机器的暴戾，防止执法者将所掌握的权力变成"合法地祸害"公民的利器，防止国家权力异化而导致恶政。

第三，"法治表达或者主要表达了社会公众对法的一种神圣的法律情感。这种法律情感的形成不是靠法律的严酷与冷峻，也不是靠外力的强迫、压制与威胁……这种神圣的法律情感是社会公众出自内心的对法的真诚信仰"③。公民对法律的真诚信仰，既要求实行人性化立法，"使每一项立法都符合宪法精神、反映人民意志、得到人民拥护"④，也要求实行人性化执法，保障公民权利的实现，促进公民自由而全面发展。唯其如此，才能使公民既体会到法律的神圣权威，又感受到法律的人文关爱，从而去恶从善，自觉地运用法律调整和规范自己的行动，做一个遵守法律的良善公民。

我国有关公民监督的法律规定贯彻了以人为本理念，符合人性化立法的要求。且不说宪法对公民监督权的直接规定体现了在国家权力与公民权利关系上以公民权利为本位的价值取向，而且普通法律在对待公民监督的

---

① 晓来：《关注南京人性化执法》，《东方卫报》2003年9月11日。
② 吴思：《潜规则——中国历史中的真实游戏》，复旦大学出版社2009年版，第3页。
③ 姚建宗：《信仰：法治的精神意蕴》，《吉林大学社会科学学报》1997年第2期。
④ 《中共中央关于全面推进依法治国若干重大问题的决定》，《光明日报》2014年10月29日。

态度上也贯彻了公民权利本位的理念。① 然而，立法的人性化取向、立法的以人为本诉求常常为粗暴执法、为滥用法律所消解。本来，《宪法》第41条规定"对于公民的申诉、控告或者检举……任何人不得压制和打击报复"，《信访条例》第4条也规定"任何组织和个人不得打击报复信访人"，但是在现实中，打击申诉者、举报者的事件绝非个例。被评为2012年"中国十大影响性诉讼"之一的"大学生村官任建宇诉重庆市劳教委案"就是一个典型的个案。2011年9月，大学生"村官"任建宇被重庆市公安局以发表"反面言论和信息"为由，判处劳教两年。2012年8月，任建宇在其父代理下向重庆市第三中级人民法院提起行政诉讼。11月19日，重庆市劳教委以"处理不当"为由，撤销了对任建宇的劳教决定，20日，法院公开宣判因任建宇起诉超过法定期间，裁定驳回其起诉。11月29日，任建宇上诉，要求法院认定劳教决定违法，12月28日，二审上诉开庭并当庭裁定驳回上诉，维持原裁定。②

　　劳动教养曾经被行政机关作为惩治上访者的利器。2013年12月28日，十二届全国人大常委会第六次会议通过了《关于废止有关劳动教养法律规定的决定》，在我国存在56年的劳教制度退出历史舞台。这是法治和文明的进步。以后，对于上访者，有关机关不能以劳动教养处理之。然而，有人尖锐地指出：有三大法规被滥用，成为打击报复举报人利器。一是将合理索赔变为敲诈勒索罪，二是将正常上访变成聚众冲击国家机关罪，三是将合同纠纷变成合同诈骗罪。③ 在一些情况下，公安机关以涉嫌犯罪为名对举报人予以行使拘留，甚至使一些维权纠纷演变为刑事案件。例如，钟祥市大生化工有限公司于2006年在刘冲村落成投产以后，其产生的污水、有害气体、粉尘、噪声导致村民的猪圈、山林、庄稼受到不同程度的损害。在和公司交涉未果的情况下，2011年5月前后，村民们走

---

① 以《信访条例》为例，它宣布其立法目的是"为了保持各级人民政府同人民群众的密切联系，保护信访人的合法权益，维护信访秩序"（第1条），要求"各级人民政府、县级以上人民政府工作部门应当做好信访工作，认真处理来信、接待来访，倾听人民群众的意见、建议和要求，接受人民群众的监督，努力为人民群众服务。各级人民政府、县级以上人民政府工作部门应当畅通信访渠道，为信访人采用本条例规定的形式反映情况，提出建议、意见或者投诉请求提供便利条件"（第3条）。《信访条例》，《人民日报》2005年1月18日。
② 南方周末编辑部：《2012年中国十大影响性诉讼》，《南方周末》2013年1月10日。
③ 李林：《打击报复举报人，滥权者有三大"法律利器"》，《南方周末》2013年9月3日。

上了上访维权之路。最终，村民魏开祖、余定海拿到了赔偿款。但公司对其他村民承诺的每年2万元环境补偿一直未到账。于是，这些村民多次前往武汉和北京上访。2012年9月6日，大生化工有限公司向公安部门发出对魏开祖、余定海的控告书，表示：魏开祖和余定海曾多次组织群众到各级政府及政府职能部门上访，围堵公司以及钟祥市环保局大门，给公司带来很大压力，公司迫于压力才付给魏开祖和余定海赔偿款。2012年9月26日，磷矿镇派出所发现魏开祖"敲诈"事实，9月27日和10月12日，钟祥市公安局以涉嫌敲诈勒索罪，分别将魏开祖、余定海刑事拘留。一起环保维权纠纷，演变成了一起刑事案件。①

当然，以涉嫌犯罪对上访者进行刑事拘留的情况并不多见，比较多的情况是，公安机关将上访者的上访行为当作违反了《治安管理处罚法》的行为而给予治安管理处罚。这些问题的存在反映了一些执法者以人为本理念的缺乏，甚至个别执法者将执法活动建立在"人性恶"的认识基础之上，重视执法活动对人性恶的矫正与鞭挞，忽视执法活动对人性善的肯定和张扬，习惯于以硬、冷、暴的形象示人。实际上，简单粗暴地执法或许可以解决眼前的个案，但从长远看不利于树立民众对法律的信仰，最终会动摇法治的社会根基。无数的例证说明，对公民监督实行人性化执法的重要性，执法机关必须改掉生硬冷酷的"老面孔"，在执法中给予监督者更多柔性的人文关怀，尊重其人格尊严，维护其正当权益，体恤其自然需求，顾及其基本生活，保障其基本权利。

具体地说，公民监督领域的人性化执法，要求执法者做到两个方面。一方面，认真对待公民监督。不论监督者是基于维护公共利益的目的，还是基于维护个人权益的需要，其对国家机关及其工作人员的职务工作提出建议、进行批评，其对国家机关及其工作人员滥用职权或其他违纪违法行为进行检举、揭发，受理机关应该认真对待。对监督者反映的问题，受理机关应该调查核实；对监督者提出的正当要求，受理机关应该尽量满足；对监督者提出的非正当要求，受理机关应该做好解释、说服和教育工作。另一方面，慎用法律制裁，尤其要慎用刑事处罚。这一点已经成为法律人的共识。正如2014年中国十大影响性诉讼评审委员会在评价2014年"网络推手'秦火火'诽谤寻衅滋事案"的影响时所指出的："此案被称为2013年'两高'出台相关司法解释以来的'网络谣言第一案'。法院的判决证明，网络绝非法外之地。在此案之外，我们还要注意区分合理的批

---

① 参见周琦《从污染获赔到"敲诈勒索"》，《法治周末》2013年4月28日。

评意见与谣言诽谤的界限。针对个人权利被侵害的时候，可能要更多依靠民法的力量。刑法作为最后和最严厉的手段，应当谨慎使用。"①

（四）对受侵害的公民监督权进行救济

所谓法律救济，是指行政机关或人民法院对社会主体依照法律规定就自己认为权利受到行政机关的行政行为、其他单位的行为和其他个人的行为侵害而提出的控告进行处理、作出裁决的活动。法律救济对于实现权利具有重要意义，"有权利就有救济"是在法律界和法学界广为流传的法律谚语。对受侵害的权利，必须有法律救济的途径，而且法律救济的途径越宽越好。缺乏法律救济途径的权利就会蜕变为一种空洞的权利言辞，空洞的权利言辞说起来似乎美妙动听，但对于主体来说只是"画饼充饥"，难以为权利主体实际享有而成为其现实权利。正是在这个意义上，对公民监督权的关注，就不能停留于法律确认，而必须拓展到法律救济。法律救济是正义的要求，早在古希腊时期，亚里士多德在解构正义概念时就将其分为分配的正义和矫正的正义，法律救济就属于矫正的正义。如果国家机关或公职人员侵犯了公民的监督权，矫正的正义就要求侵害者补偿或赔偿受害者的损失，或追究侵害者与其行为相称的法律责任。所以，追究侵害公民监督权行为的法律责任与补救受侵害的公民监督权利，是公民监督权受侵害之法律救济的两种基本方式。

1. 追究侵害公民监督权行为的法律责任

有学者曾就"宁夏吴忠市公安局利通区分局民警赴甘肃省将在甘肃省图书馆工作的图书馆助理馆员王鹏刑拘"事件做过如下评析：甘肃省图书馆助理馆员王鹏，因举报"马晶晶在公务员招考中作弊"，被宁夏吴忠市公安局利通区分局以其行为"严重危害国家利益和社会秩序"、涉嫌"诽谤罪"为由"跨省拘捕"。然而，警方以此刑拘王鹏缺乏事实依据，因为在他的发帖举报行为中并未看到"严重危害社会秩序和国家利益"的情形。从这个意义上说，警方刑拘王鹏的行为是对王鹏的监督权的不法侵害。最高人民检察院明确要求，各地检察机关不能把对个别领导干部的

---

① 2013年8月，北京警方称，尔玛互动营销策划有限公司涉嫌编造和传播中国政府花2亿元天价赔偿"7·23动车事故"外籍旅客、"张海迪国籍"事件等一系列谣言，扰乱了社会秩序。秦志晖（网名秦火火）等10名嫌疑人被抓捕归案。2014年4月17日，北京市朝阳区法院以诽谤罪、寻衅滋事罪一审判处秦火火有期徒刑三年，秦未上诉。南方周末编辑部：《2014中国十大影响性诉讼》，《南方周末》2015年1月22日。

批评、指责乃至过激的言语当作诽谤犯罪来办。但是，有的地方警察却对诽谤罪任意解释，这一方面显示警察权力恣意妄为，也意味着警察权力向公民监督权"寻衅滋事"。① 国家权力对公民监督权"寻衅滋事"，必将伤害公民对法律的信仰，必将损害政府的形象，最终摧毁法治的根基。因此，必须追究侵害公民监督权行为的法律责任。

现行《宪法》第5条规定："一切违反宪法和法律的行为必须给予追究。"② 目前，我国已经构建起法律责任制度，这一责任制度由违宪责任、刑事责任、行政责任、民事责任等方面构成，这些责任中的部分内容适用于侵害公民监督权的行为。（1）违宪责任。依据《宪法》第62条、第67条规定，对于全国人民代表大会常务委员会就公民监督方面的不适当的决定，全国人民代表大会有权改变或者撤销；对于国务院和省、自治区、直辖市国家权力制定的违反宪法规定而制定的剥夺或不当限制公民监督权的规范性法律文件，全国人民代表大会常务委员会有权撤销。（2）刑事责任。依据《刑法》第254条规定，对于滥用职权对举报人、批评人、申诉人、控告人等实行报复或陷害的公职人员，司法机关以打击报复罪追究其刑事责任，一般情况下"处二年以下有期徒刑或者拘役"，如果犯罪情节严重，则"处二年以上七年以下有期徒刑"。（3）行政责任。依据《公务员法》第56条的规定，行政法律责任形式有警告、记过、记大过、降级、撤职、开除等，这些责任形式适用于国家机关工作人员侵害公民监督权的行政违法行为。（4）民事责任。依据《侵权责任法》第2条、第6条、第7条的规定，国家机关及其工作人员对公民批评、举报等监督行为的执法因过错侵害了监督者的民事权益，应承担侵权责任；依据《国家赔偿法》第2条，国家机关和国家机关工作人员行使职权对公民监督行为进行执法，有该法规定的侵犯公民、法人和其他组织合法权益的情形，造成损害的，国家承担赔偿责任。

2. 补偿监督权受侵害者的权利

法律的意义不仅仅规定法律责任由谁承担以及如何承担，而且追求法律结果的正义性、公平性。因此，在法律活动中，"正义的实现需要把受害者的满意、侵害者责任承担以及社会准则（国家权威的体现）的重新确

---

① 参见王刚桥《"跨省拘捕"是向公民监督权"寻衅滋事"》，《新京报》2010年12月1日。

② 《中华人民共和国宪法》，《人民日报》2004年3月16日。

立整合在一起"①。如果说追究侵害公民监督权行为的法律责任属于"惩罚正义",那么补偿受侵害的权利则属于"恢复正义"。补偿受侵害的监督权的具体方式具有多样性,依据法律规定,主要有包括重新办理、赔礼道歉、补偿或赔偿等方面。

第一,重新办理。这是指受理机关对公民依法申诉、控告、检举等行使监督权的事项加以推诿、拖延,在上级机关督办下或者在公民的要求下,加以改正,重新办理。我国《信访条例》规定了对行政机关侵害公民信访监督权的行为责令改正、重新办理的具体情况②。由于公民监督的对象是国家机关及其工作人员,因而恢复办理的机关不仅仅是行政机关及其工作人员,而且包括司法机关及其工作人员。以曾经震惊全国的"张高平张辉案"为例,自叔侄二人于 2003 年 5 月被当作杀人嫌疑犯遭到逮捕时开始,其家人和他们自己就不停地申诉,在他们被判有罪投入新疆石河子监狱劳动改造后,驻监检察官张飚也给浙江省高级人民法院去函帮助申诉,但是,直到张飚退休后为张氏叔侄联系的律师朱明勇接手这个案子第一次去浙江省高级人民法院时发现,张氏叔侄本人和家人之前 7 年的申诉,从未被登记过。在朱明勇律师的努力下,2011 年 11 月底,杭州市有关部门开始复查此案,最终浙江省高级人民法院于 2013 年 3 月 26 日对于张氏叔侄强奸案再审,宣判张高平、张辉无罪。正是杭州市有关部门和浙江省高级人民法院在朱明勇律师的介入下对张高平、张辉申诉的重新办

---

① 姜敏:《刑事和解:中国刑事司法从报应正义向恢复正义转型的路径》,《政法论坛》2013 年第 5 期。

② 依据《信访条例》规定,对行政机关侵害公民信访监督权的行为责令改正、重新办理的具体情况包括以下方面:"县级以上人民政府信访工作机构对收到的信访事项应当登记、转送、交办而未按规定登记、转送、交办,或者应当履行督办职责而未履行的,由其上级行政机关责令改正"(第 41 条);"负有受理信访事项职责的行政机关在受理信访事项过程中违反本条例的规定,有下列情形之一的,由其上级行政机关责令改正……:(一)对收到的信访事项不按规定登记的;(二)对属于其法定职权范围的信访事项不予受理的;(三)行政机关未在规定期限内书面告知信访人是否受理信访事项的"(第 42 条);"对信访事项有权处理的行政机关在办理信访事项过程中,有下列行为之一的,由其上级行政机关责令改正……:(一)推诿、敷衍、拖延信访事项办理或者未在法定期限内办结信访事项的;(二)对事实清楚,符合法律、法规、规章或者其他有关规定的投诉请求未予支持的"(第 43 条)。《信访条例》,《人民日报》2005 年 1 月 18 日。

理，才使张高平、张辉的申诉权得到实现，也才因此恢复人身自由等其他权利。①

第二，赔礼道歉。这是指行为人认识到自己给他人利益造成妨碍或损害的行为具有不当性从而向他人表示歉意，它本来是一种道德责任，后来得到法律的规定而转化为承担法律责任的方式。我国不仅在《民法总则》《侵权责任法》等私法中，而且在《国家赔偿法》等公法中，都对它作出了规定。例如，《国家赔偿法》第35条规定："有本法第三条或者第十七条规定情形之一，致人精神损害的，应当在侵权行为影响的范围内，为受害人消除影响，恢复名誉，赔礼道歉……"② 国家机关及其公职人员侵害公民行使监督权，不仅导致受害者的民主权利减损和财产损失，而且给受害者带来精神伤害。前面提到的因举报山西省夏县县长的腐败问题而被公安局进行手机监听、刑拘和抄家的该县教育局局长吴东强曾言："这件事给我的打击太大了。那段时间，老父亲整天以泪洗面，在太原读书的孩子也提心吊胆……"③ 侵权机关及其负责人向被侵权者赔礼道歉，有利于抚慰其心灵、平息其怨气，从而化解社会矛盾、使公民重拾对国家机关及其工作人员的信心和信任。

前文已指出，在公民监督领域存在着暴力执法的现象，信访人、举报者等监督主体的人身权受到侵害的事件时有出现。侵权机关在被侵权者提出赔礼道歉的要求时应该给予积极回应，以便抚慰被侵权者的心灵。从现实看，这一责任形式已经为国家机关经常采用。例如，2010年，郧西县警方因陈永刚持续在论坛发帖质疑当地政府与"奸商"勾结、斥巨资搞形象工程，以"侮辱诽谤他人"之罪名对他跨地拘捕并作出行政拘留8日的决定。在网友及媒体的关注下，十堰市公安局对陈永刚诽谤案件作出审查复核决定，最终撤销对陈永刚的拘留决定，郧西县警方向陈永刚赔礼

---

① "张高平张辉案"经媒体报道后，引起了众多学者的反思，这方面的成果包括以下方面。余建华、孟焕良：《浙江高院再审宣告张辉、张高平无罪》，《人民法院报》2013年3月27日；谢姝玮：《我国刑事错案防控与纠错机制之思考——张高平叔侄案引发的思考》，《辽宁公安司法管理干部学院学报》2013年第4期；刘祥福：《试论监所检察监督的缺位与完善——以张高平、张辉叔侄"十年冤狱"案件为视角》，《中国检察官》2013年第18期；沙季超：《司法审判中的直觉运用——以"张辉、张高平"案为例》，《学术探索》2014年第10期；武晓艺：《狱侦耳目的证据法问题分析与制度完善——从张辉、张高平冤案视角的反思》，《学术月刊》2015年第4期。

② 《中华人民共和国国家赔偿法》，《司法业务文选》2012年第37期。

③ 潘京：《山西夏县教育局长举报县长遭抄家事件再调查》，《华商报》2011年2月25日。

道歉、给予国家赔偿。

当然,被侵权者对赔礼道歉的诉求不一定都能得到实现。例如,唐慧因为上访而被永州市劳教委劳教,后来唐慧对永州市劳教委提出行政赔偿的诉讼,终审机关湖南省高级人民法院认为,永州市劳教委没有综合考虑唐慧及其家人的特殊情况,对唐慧实施了劳动教养,处理方式明显不当,给其精神造成了一定损害,因而判决由永州市劳教委赔偿唐慧被限制人身自由 9 天的赔偿金 1641.15 元,精神损害抚慰金 1000 元;但对于唐慧提出的书面道歉要求,被法院认为没有法律条款支持而予以驳回。唐慧在案件结束后所表示的,判决"还能接受",但"有些遗憾"。① 这一事件表明,行政机关应该改变观念,司法人员应该熟悉法律规定,通过赔礼道歉化解受害者心中的怨气,抚慰其受伤害的心灵。

第三,赔偿损失。对监督权遭受侵害导致其民事权利受到损害的公民赔偿损失,对公民而言是一种权利救济,它是基于"功利的正义要求"而通过赔偿损失的方式使受侵害的民事权利得到救济;对国家而言是一种责任,它是国家机关及其工作人员在履行公职的过程中侵犯公民的监督权而导致其民事权益受到损害而由国家承担的民事责任,属于国家赔偿的范围。依据国家赔偿法的精神,国家对监督权遭受侵害而导致其民事权利受到损害的公民赔偿损失,是一种无过错责任。就是说,国家赔偿责任的存在并不以实施侵权行为的国家机关及其工作人员存在故意或重大过失为构成要件。所以,在性质上,国家赔偿是一种职务侵权赔偿。换言之,侵害公民监督权而导致其民事权益受到损害的主体是国家机关(通常是行政机关、检察机关和审判机关)及其工作人员(不仅包括正式任命或聘用的,也包括临时雇用或特别委托的)。这里需要注意的是,侵权主体与责任主体是相脱离的,侵权主体是国家机关及其工作人员,但责任主体是国家,因为国家机关及其工作人员的公职行为是以国家名义进行的。

采用赔偿损失的方式对公民受侵害的监督权进行救济,以侵权行为与损害结果之间存在因果关系为前提。因为这一方式对监督权受侵害的公民而言是一种权利救济,而对于赔偿机关而言则是一种法律义务。依照法治的原则和精神,任何法律责任的承担都必须有损害结果的存在,而且这种损害结果是由侵权行为引起的,即侵权行为与损害结果之间存在着因果联系。国家赔偿也不例外,如果国家机关及其工作人员在履行公职的工作

---

① 参见周楠、袁汝婷等《唐慧诉永州劳教委案终审胜诉》,《新华每日电讯》2013 年 7 月 16 日。

中，侵害公民监督权导致公民人身权和财产权受到损害的，那么受害者就有向侵害者提出赔偿的权利，侵害者就有向受害者给予赔偿的义务。①

三 公民监督权行使新途径的法律调控
——以网络监督、电视问政为例证

随着民主法治建设的推进、公民权利意识的增强以及科技手段在监督中日益广泛的运用，公民对公职人员的监督力度不断加强，网络监督、电视问政作为公民监督的新路径应运而生。这些新路径对于监督公权力行使、对于推进政治文明等发挥了重要作用。早在2012年9月，环球时报就发表了题为《互联网曝光在改变中国反腐格局》的评论，文章指出："由于中国的网民多，热衷做上述监督的人也很多，扩大互联网曝光官员腐败的功能有无数志愿者做推动，互联网反腐也为一些人针对特定对象提供推手。它的实际效果有可能出现井喷式上升。"② 然而，现实表明，网络监督、电视问政具有两面性，如果使用不当，则可能被公民滥用。发挥网络监督和电视问政的积极效能，预防其负面效应，要求加强对它们的法律调控。

（一）将网络监督纳入法治轨道

荷兰哲学家 E. 舒尔曼（E. Schuurman）告诫我们："人们必须用超越主观的规范性原则来约束自己……这些规范将不允许技术发展僵化为一种计算机统治，使得个人可以享受对于一种健全的民主制来说极为重要的自由和责任。"③ 鉴于网络监督的"双刃剑"效应，有必要将其纳入法治轨道。法治不容许有不守法的地带，具有"双刃剑"效应的网络监督也应该依法而行。

---

① 依据我国《国家赔偿法》的规定，行政机关及其工作人员行使行政职权侵犯公民的监督权造成损害的，该行政机关为赔偿义务机关（第7条）；侦查、检察、审判机关以及监狱、看守所等相关机关和他们的工作人员在行使职权中侵犯公民监督权并造成损害的，该机关为赔偿义务机关（第21条）。《中华人民共和国国家赔偿法》，《司法业务文选》2012年第37期。

② 社评：《互联网曝光在改变中国反腐格局》，《环球时报》2012年9月3日。

③ ［荷］E. 舒尔曼：《科技时代与人类未来——在哲学深层的挑战》，李小兵等译，东方出版社1995年版，第377—378页。

1. 加强公民网络监督的法律制度建设

美国政治学家塞缪尔·亨廷顿（Samuel P. Huntington）的下列观念具有普适性："一个政治制度能否对那些提出新要求的集团所使用的新的政治手段加以吸收、缓和并使之合法化，实际上是对这个制度的适应性的一种考验。"① 对网络反腐的支持和引导，不仅在于提供网络监督的官方平台，更在于提供网络监督的制度支持。面对人肉搜索这种反腐的新形式，面对网络监督这种反腐的新方法，必须加强法制建设，使其获得强有力的法律制度支持。在宏观层面，需要加强互联网领域立法，完善网络管理、网络安全、网络信息服务等方面的法律法规，为调整和规范网络行为提供充分的法律依据。在微观层面，需要完善网民的民意表达机制，健全网络举报与其他举报对接的机制，规范网络举报的程序与方法。

在现实中，无限度地将私人信息散布于网络社区等侵害他人隐私权的现象时有发生，这一现象表明在网络监督立法中坚持监督适度原则的重要性，监督适度原则要求网民所披露的信息应该与所要公开的事件相关，不得披露与所要公开的事件无关的信息。在笔者看来，就网络监督的法律制度建设而言，尤其需要重视以下三个方面。

第一，制定网络信息公开办法。在现有的《政府信息公开条例》的基础上，结合互联网络的特性，对政府行为中与公民切身利益相关的或是公民所关注的诸如行政审批、人事任免、财政支出、政府招标采购等事项，制定网络公布规则与公布程序，不仅有利于增加政府信息透明度，还有利于接受和引导网民的政治参与和民主监督。

第二，适时出台领导干部财产公示制度。我国"领导干部财产公示制度的理论和实践探索在中国已经进行了27年的时间……我们在法理上、廉政文化建设上、顶层设计上付出了艰苦的努力，为我国领导干部财产公示制度构建提供了有力的支撑"②，在实践中诸多地方政府也进行了领导干部财产公示制度的探索、积累的经验。应该说，出台全国适用的领导干部财产公示制度的时机已经成熟。通过互联网络上公示领导干部财产，有利于推进公民监督。

第三，制定网络反腐信息和腐败查处案件的公示办法。将已成为舆情

---

① ［美］塞缪尔·P. 亨廷顿：《变化社会中的政治秩序》，王冠华译，生活·读书·新知三联书店1989年版，第89页。

② 李辉、田鹏飞：《我国领导干部财产公示制度构建的基础》，《党政研究》2014年第4期。

焦点的大案要案的受理、审查、处理等情形及时与公众进行交流，通过倾听群众的呼声与建议，架起一座民间网络反腐和官方反腐之间沟通互信的桥梁。

2. 加强民间网络监督与官方网络监督的对接

英国哲学家卡尔·雷蒙德·波普尔（Karl Raimund Popper）曾告诫人们："被称为公众舆论的那个不可捉摸、含糊不清的实体有时表现出一种质朴的敏锐，或者更典型地，表现出一种超过掌权政府的道德敏感。然而，如果没有一个更为强大的自由主义传统加以节制，公众舆论对于自由会是一种危险。公众舆论作为趣味的仲裁者是危险的，作为真理的仲裁者则是不可接受的。"① 面对公民的网络反腐热情，政府既要鼎力支持也要加强引导。我国政府在为网络反腐提供平台方面已有所建树。最高人民检察院早在2003年建立网络举报平台；中央纪委和监察部在2005年公布了中央纪委信访室、监察部举报中心的网址，2015年新年伊始，中纪委官方网站通过"上中下"连载式的介绍，图文并茂地公开了受理举报的全过程，时至今日，几乎所有省级纪检监察机关开通了网站。所有这些，为网络监督、网络反腐提供了平台，有利于克服民间网络反腐的无序性。

当前的反腐工作既离不开民间网络反腐，也离不开官方网络反腐，但民间网络反腐和官方网络反腐各有利弊优缺。民间网络反腐由于其高度的自主、自发与开放，可以充分利用群众的智慧和集体的力量。同时，相比于官方反腐，民间网络反腐较少存在像政府部门内部权力纠葛和派系利益纠纷的掣肘。但是，民间网络反腐的专业性、真实性和有效性不够高，仅仅依靠民间网络反腐不足以遏制腐败。官方网络反腐的优势在于可以动用强大的政治资源和权力资源推进反腐工作的开展，但是由于体制内的利害关系等原因，有时信息来源单一，工作被动，搜集腐败的信息时受到的牵制也较多。因此，网络反腐需要加强民间和官方的互动，弥补各自的局限，发挥各自的优势。政府不仅应该认真对待和处理有网民对腐败现象的"人肉搜索"、公民在网络上发布的举报信息等，而且应该坚持政务公开。《中共中央关于全面推进依法治国若干重大问题的决定》提出了如下具体要求："各级政府及其工作部门依据权力清单，向社会全面公开政府职能、法律依据、实施主体、职责权限、

---

① ［英］卡尔·波普尔：《猜想与反驳：科学知识的增长》，傅季重等译，上海译文出版社1986年版，第505页。

管理流程、监督方式等事项。重点推进财政预算、公共资源配置、重大建设项目批准和实施、社会公益事业建设等领域的政府信息公开。"①政务公开有利于将公民网络监督有序化,有利于防治网络谣言的滋生和蔓延,有利于提高公民网络监督的实效。

3. 公民网络言论自由的限制与保护

言论自由的范畴是随着时代的进步与科技的发展不断扩展的,网络言论自由实质是言论自由在网络上的延伸。与报刊、广播、电视等传统媒体相比,互联网这一新兴的第四媒体为言论自由提供了一个前所未有的广阔平台。在这个平台里,每一个人都能够畅所欲言,用文字、声音甚至是图像等手段来对政治、经济、文化等各方面的事务进行评论,发表自己的见解。正是基于网络言论自由的特性,才使得网络监督在反腐中大放异彩。长期以来,我国的舆论监督的主要力量是报纸、电视、广播等媒体,这些传媒大多都是国家出资兴办的,具有鲜明的政治立场,且其播放的消息大多是经过了严格审查的,因而传统媒体对监督公权力的功能是有限的。但是,网络监督源自公民掌握的官员失范行为或官员腐败的点滴信息,通过人肉搜索将"点"串成"线",最终使腐败问题"浮出水面"。网络监督的成绩表明,它在反腐中的作用已经优于传统媒体。

网络世界是"一片崭新的疆土,可以释放出难以形容的生产能力,但是它也可能成为恐怖主义和江湖巨骗的工具,或是弥天大谎和恶意中伤的大本营"②。因此,网络言论自由不是绝对的,必须受到法律的限制。正如有学者指出的:"制定相关法规条例,明确网络行为是非善恶的评判、监督、监管的责任主体。明确'责任链',种好'责任田',对落实监管责任不到位、把关不严、制止错误言论不力的单位或个人予以责任追究。"③

从整体上来看,我国已经初步建立了一个保障和规范网络言论自由的法律法规体系,这些法律法规的贯彻执行对网络言论自由的保护、对网络言论自由滥用的限制发挥了积极作用。然而,"我国现有的互联网法律法规中有较强的行政监管色彩……这不仅使多个行政部门产生管辖重叠,也

---

① 《中共中央关于全面推进依法治国若干重大问题的决定》,《光明日报》2014 年 10 月 29 日。
② [美] 埃瑟·戴森:《2.0 版数字化时代的生活设计》,胡咏梅译,海南出版社 1998 年版,第 347 页。
③ 周义顺:《新时代网络空间道德建设的制度化路径》,《光明日报》2019 年 12 月 3 日。

常忽略了权利与自由的边界"①。这样的互联网法律法规具有过分限制网络言论自由的嫌疑,这对发挥网络监督在反腐中的功能是不利的,这种状况必须改变,必须将互联网立法的价值重心从限制网络言论自由转向保护网络言论自由。

4. 打击网络谣言与保护公民网络监督权并行不悖

谣言是指没有事实根据而故意捏造并在一定人群中传播的虚假信息。谣言的历史源远流长,但传统社会中谣言传播和影响的空间有限。互联网的产生和发展为谣言的传播和扩散提供了途径,在互联网上传播和扩散的谣言即网络谣言,这种谣言具有较大的社会危害性,对这种谣言的治理也较为困难。目前,"在网络传播谣言、渲染社会危机、引发群体性事件、公共秩序混乱甚至民族、宗教冲突,已成为困扰中国社会的突出问题"②。

为了治理谣言,人们献计献策。然而,"令人遗憾的是,谣言(尤其是新媒体上流传的各种社会谣言)并没有越来越少,反而越来越多"③。在笔者看来,网络谣言的产生有其深刻的社会根源,因而需要从消除谣言产生的社会根源方面着力,否则将出现这样的情况:一个谣言被治理了,另一个谣言又产生了;谣言的治理应该与社会改革结合起来,通过社会改革更好地实现社会公平,更好地满足人们的诉求、平息人们的怨气、实现人们的心理平衡。

打击网络谣言与保护公民监督权,两者应该并行不悖。2013年9月,最高人民法院、最高人民检察院发布《关于办理利用信息网络实施诽谤等刑事案件的司法解释》,对办理利用信息网络实施诽谤、寻衅滋事、敲诈勒索、非法经营等刑事案件适用法律的若干问题做出规定,使司法介入网络谣言的治理有据可依。在价值取向上,该司法解释体现了打击网络谣言和保护公民监督权相统一的原则,正如有学者所分析的:它"对网络诽谤等犯罪的行为手段、危害后果进行界定,同时对罪与非罪、此罪与彼罪、轻罪与重罪作出区分,提出明确的量化标准。既为公

---

① 自言:《以互联网立法规范网络秩序——四中全会"依法治国"系列评论之十七》,http://opinion.people.com.cn/n/2014/1102/c1003-25957285.html,访问时间 2015 年 2 月 25 日。
② 徐东:《司法视野中言论自由的边界——兼评两高〈关于办理利用信息网络实施诽谤等刑事案件适用法律若干问题的解释〉》,《法律适用》2014 年第 5 期。
③ 周裕琼:《"网络谣言"之学术考察》,《北京日报》2013 年 2 月 18 日。

民在网络空间设置了行为底线，也充分尊重和保证了公民通过网络行使社会监督的合法权益"①。

（二）以法治思维提升电视问政的监督效能

电视问政是公民行使监督权的新途径，作为一个新兴的社会"通气阀"，它在一定程度上缓解了当下官民之间的矛盾，解决了民众关系的现实问题，高效且实效地服务了民众。因此，我们应该充分发挥电视问政节目的优势，尽量减少和避免电视问政节目的弊端，让电视问政节目发挥应有的监督作用。党的十八届三中全会强调："坚持依法治理，加强法治保障，运用法治思维和法治方式化解社会矛盾。"② 遏制电视问政的负面效应，优化和改进电视问政，使电视问政成为常态化的舆论监督节目，"关键是摆脱和超越人治思维"③，以法治思维提升电视问政的监督效能。

1. 电视问政组织者、策划者树立法治思维

前面，笔者已经对法治思维及其构成有过诠释，这里就不再赘述，仅仅运用法治思维的理论对电视问政组织者、策划者如何树立法治思维进行说明。法治思维是提升电视问政监督效能的思想基础，电视问政组织者、策划者要树立法治思维，以法治思维和法治方式保障节目的顺利进行。

第一，电视问政组织者、策划者树立合法性思维。电视问政所涉事务的复杂性决定了组织者应该从多维度审视、从多视角思量，即应该分析和考虑政治的、经济的、道德的、法治的等多种因素。与此相应，电视问政节目的思维方式具有多样性，包括政治思维方式、经济思维方式、道德思维方式、法律思维方式等。站在全面依法治国的角度看，在这些思维方式中，法律思维居于核心地位。电视问政节目的组织者、策划者必须树立合法性思维，节目内容的选择、节目进行的过程、节目参加者的发言等方面都必须符合法律规定、法律原则和法律精神。

第二，电视问政的组织者、策划者树立人权思维。当今中国正处于一个人权旗帜高扬的时代，正如习近平 2016 年 12 月在致"纪念《发展权利宣言》通过 30 周年国际研讨会"的贺信中所写道的："中国坚持把人

---

① 沈加军：《打击网络谣言和公民网络监督并行不悖》，《通信信息报》2013 年 9 月 11 日。
② 中共中央：《关于全面深化改革若干重大问题的决定》（2013 年 11 月 12 日中国共产党第十八届中央委员会第三次全体会议通过），《人民日报》2013 年 11 月 16 日。
③ 曹林：《超越人治的电视问政才能长久》，《新华每日电讯》2015 年 1 月 23 日。

权的普遍性原则同本国实际相结合,坚持生存权和发展权是首要的基本人权。"① 人的尊严和自由、人的愿望和诉求借助权利语言逐渐成为法治建设的核心价值。电视问政节目的组织者、策划者应该树立人权思维,在节目的选择和内容安排上,关注政府在保障和实现人权方面存在的问题;在节目制作过程中,防止出现参与民众侵害公职人员的名誉权和隐私权等情形。

第三,电视问政组织者、策划者树立公正思维。平等、公平和正义是法治的基本价值,公正思维是法治思维不可或缺的内容。习近平说:"平等是社会主义法律的基本属性,是社会主义法治的基本要求,坚持法律面前人人平等,必须体现在立法、执法、司法、守法各个方面。"② 树立公正思维对于提升电视问政的监督效能是事关宏旨的,众所周知,社会公正问题随着市场经济的发展、社会结构的变动、利益关系的多元化而日益凸显,而解决社会公正问题是政府的职责和义务。用公正思维指导电视问政,一方面敢于选择领导干部搞"特权"实例,使"特权"行为得到曝光、受到公众的批评,以消除领导干部的"人治思想和长官意识"③,敦促政府工作"以促进社会公平正义、增进人民福祉为出发点和落脚点"④;另一方面要平等对待节目参加者,给予参与电视问政节目的政府官员和民众平等的发言机会,既允许民众对政府工作的质疑和批评,也允许政府官员对民众质疑和批评的事件进行解释和辩论。

第四,电视问政组织者、策划者树立责任思维。责任一词有狭义与广义之分,狭义上的责任是指不履行法定义务所应承担的法律上的消极后果;广义上的责任包括法定义务(职责)和法律责任两个部分。作为法治思维的构成部分,责任思维是对自己应承担的法定义务和法律责

---

① 习近平:《致"纪念〈发展权利宣言〉通过30周年国际研讨会"的贺信》,《人权》2017年第1期。

② 中共中央文献研究室:《习近平总书记重要讲话文章选编》,党建读物出版社、中央文献出版社2016年版,第208页。

③ 习近平曾经指出:"现在,一些党员、干部仍然存在人治思想和长官意识,认为依法办事条条框框多、束缚手脚,凡事都要自己说了算,根本不知道有法律存在,大搞以言代法、以权压法。这种现象不改变,依法治国就难以真正落实。"中共中央文献研究室:《习近平总书记重要讲话文章选编》,党建读物出版社、中央文献出版社2016年版,第209页。

④ 中共中央:《关于全面深化改革若干重大问题的决定》(2013年11月12日中国共产党第十八届中央委员会第三次全体会议通过),《人民日报》2013年11月16日。

任的一种主观认识，它对于新闻工作者是极为重要的。习近平指出，新闻工作者要承担起这个职责和使命："高举旗帜、引领导向、围绕中心、服务大局，团结人民、鼓舞士气，成风化人、凝心聚力，澄清谬误、明辨是非，联结中外、沟通世界。"① 为了提升电视问政的监督效能，电视问政的组织者、策划者必须强化责任意识：（1）树立人民至上理念，始终将服务人民作为电视问政节目的导向，将习近平提出的"随时随刻倾听人民呼声、回应人民期待，保证人民平等参与、平等发展权利"②作为组织、策划电视问政节目的行动指南；（2）牢记新闻工作者的职责和使命，重视电视问政的党性，节目的安排和内容的选择"要密切配合党的各项工作，积极准确地阐释党的路线方针政策"③；（3）坚持实事求是的精神，遵循新闻传播规律，"要根据事实来描述事实，既准确报道个别事实，又从宏观上把握和反映事件或事物的全貌"④。

2. 以法治思维全面推进电视问政

在当今中国，依法治国是党领导人民治理国家的基本方略。习近平指出，贯彻落实依法治国方略，必须"充分调动人民群众投身依法治国实践的积极性和主动性，使全体人民都成为社会主义法治的忠实崇尚者、自觉遵守者、坚定捍卫者，使尊法、信法、守法、用法、护法成为全体人民的共同追求"⑤。电视媒体既是宣传党的路线方针政策的重要平台，也是推进依法治国的重要力量。以法治思维指导推进电视问政，是尊法、信法的基本要求，也是守法、用法的题中之义。

第一，恰当选择问政内容。电视问政节目的定位与选题要恰当，防止激化公众矛盾。电视问政节目在选题内容上，必须要平衡好舆论导向与科学监督之间的关系，其目的是促进政府及时解决问题、有所作为，而不是无限放大公民监督内容或过度批评政府。选择的问政内容并非越激烈、越

---

① 习近平：《坚持正确方向创新方法手段 提高新闻舆论传播力引导力》，《党政干部论坛》2016年第3期。
② 同上。
③ 孟威：《习近平的新闻舆论观——深入学习习近平总书记在党的新闻舆论工作座谈会上的讲话》，《当代传播》2016年第3期。
④ 习近平：《坚持正确方向创新方法手段 提高新闻舆论传播力引导力》，《党政干部论坛》2016年第3期。
⑤ 中共中央文献研究室：《习近平总书记重要讲话文章选编》，党建读物出版社、中央文献出版社2016年版，第208页。

劲爆就越好,在选题时,除一般涉及社会民生问题外还要相应地扩大范围,如经济问题、文化问题等,这些问题是现阶段表现突出、应该解决且政府有能力解决的问题。① 事实上,在电视问政中,不可能将公众的全部意见和要求纳入有限的节目时空,甚至一些专业性较强的问题因为时间的限制也无法作出详细说明。如果选题过多或者选题不当,就会影响现场的沟通效果,甚至引发民众不满。选择问政节目的讨论话题,不应该停留于政府的问题框架,而应该在民众议题与政府议题的结合点上进行考虑,让节目讨论的议题与民众产生关联度,从而调动民众的参与积极性,避免民众产生看客心理。

问政不能只单纯停留在"问"的层面,要有问,更要有"立"。因此,电视问政内容要突破"小民生",转向"大民生",推动制度建设。众所周知,解决一个问题是比较容易的,但是解决一系列问题则是比较困难的,需要花费大量的人力、物力和财力,找准系列问题的症结所在,对症下药,达到治标兼治本的效果。因此,选题应具有典型性与代表性,力图通过一个问题的解决,进而推动一批问题的解决。很多节目打着电视问政的招牌,最终关注的却只是类似于小区停车位纠纷这样的生活琐事,和问政却并不相关。② 作为电视问政节目的策划者,应该紧贴公共问题而选择讨论的主题,而不是限于琐碎的小事,相关专家及问政对象则应提出可操作性的建议。

第二,避免问政形式化。电视问政是执政者通过电视媒体就公共事务与公众沟通、公众借此参政议政的传播活动。电视问政的直接参与者有三方,即节目主持人、政府代表和民众代表,这三方应该构成一种合理的三角关系,否则就可能因为三者地位的失衡而不能发挥电视问政的应有效能。电视讨论会是一个由主持者、参与者、话题、会话等要素构成的结构性的场所,它是否精彩以及精彩的程度取决于这四个因素在场域中的安排和组合是否最优。电视问政要拓展场域,让问政围绕话题深入展开,让作为参与者的政府代表、民众代表、观众代表、评论员、主持人等热烈发言,将"问政"真正问到实处。因此,为了避免电视问政形式化,在参与者方面,一是要求节目主持人不得"越界",在电视问政节目中主持人不得喧宾夺主,不得对参与节目的政府代表进行咄咄逼人的追问,也不得将参与节目的民众代表变为陪衬;二是要求政府代表破除"官本位"的

---

① 参见何润萱、郑智斌《电视问政节目的问题与改进》,《青年记者》2013年第2期。
② 参见宋玉芹《别让电视问政昙花一现》,《浙江城市广播电视报》2014年第4期。

意识，明确其身份是政府部门的代表而非其个人，杜绝"打官腔、打太极"的行为，更不能把问政节目当成部门或者个人的政绩报告会；三是要求对于参加问政的民众代表的选择，不能人为画圈，也不能让参与民众依照事先"背台词"，不能绑架民意更不能违背民意。

电视问政作为理政、施政的有益补充和重要平台，一方面要讲究活动的具体形式，另一方面要重视为民排忧解难这一施政内容。笔者赞同下列观点：电视问政监督政府要树立事实意识、理性意识、追踪意识、大局意识等四个意识。须知，监督政府的目的并不是发泄情绪、激化矛盾，而在于发现问题的症结，找出导致问题的根源，从而对症下药，更好地解决问题。因此，在电视问政节目的讨论过程中，应该避免将节目现场变成专家评论员的论坛，而应给予民众发言的机会，让他们表达意见，须知"让人民满意"是我们党和政府的永恒理念和不变立场。仅仅让民众代表举满意牌或仅逼问政府部门整改期限，并不能有效提升民众思考能力。电视问政节目的策划者应该给民众提供公共问题的背景材料，甚至在节目设置上促成民众主动收集背景材料的兴趣，在节目中通过主持人的层层设问引导民众学会深入思考，从而更好地发挥公民监督权的行使效应。

第三，建立长效保障机制。为了保证参与电视问政的政府代表履行在问政节目中的承诺，有必要建立长效保障机制。电视媒体应该进行回访，跟踪事情的解决过程，敦促官员履行承诺。唯其如此，才能避免电视问政落入走过场的窠臼，督促政府勤政廉政，防止政府庸政怠政，化解社会负面情绪，提高媒体监督的影响力。

当然，要使参与电视问政节目的政府代表履行承诺，仅仅依靠电视媒体的跟踪和回访是不够的，还应该健全问责制度。前面已经指出，问责制度是指特定的问责主体依照规定对没有履行或者没有很好地履行其职责或义务的政府机关或者公职人员给予否定性评价并对其追究责任的制度。问责有同体问责和异体问责之分，前者是指国家机关内部各层级的问责，后者是指国家机关以外的社会组织、新闻媒体和公民等主体的问责，两相比较，异体问责具有更强的约束力、更高的公信力。电视问政中的问责主要是公民问责和媒体问责，这两种都属于异体问责，由于电视媒体传播的公开性、广泛性，因而电视问政中的问责形式有利于保证政府及其工作人员对公民的要求及反映的意见及时和负责地做出反应。

结　　语

《中共中央关于坚持和完善中国特色社会主义制度　推进国家治理体系和治理能力现代化若干重大问题的决定》指出："我国是工人阶级领导的、以工农联盟为基础的人民民主专政的社会主义国家，国家的一切权力属于人民。必须坚持人民主体地位，坚定不移走中国特色社会主义政治发展道路，健全民主制度，丰富民主形式，拓宽民主渠道，依法实行民主选举、民主协商、民主决策、民主管理、民主监督，使各方面制度和国家治理更好体现人民意志、保障人民权益、激发人民创造，确保人民依法通过各种途径和形式管理国家事务，管理经济文化事业，管理社会事务。"[①]这一论断既揭示了坚持和完善人民当家做主制度体系的法理依据，也指出发展社会主义民主政治的基本路径。健全和完善公民监督权行使的法律制度，提升公民监督的法治化水平，是新时代全面推进依法治国、加强人权法治建设、大力发展社会主义民主政治的共同内容。

历史和现实表明，监督是人类政治生活中普遍存在的一种现象，也是被人类社会普遍采用的一种治理方式，在制约国家权力、防止国家权力滥用、发挥国家权力维护国泰民安之功能等方面发挥着重要作用。不同时代有不同的监督理论，不同社会构建不同的监督制度。中国共产党以马克思主义理论为指导，在追求人民解放的历史进程中找到了防止陷入"其兴也勃焉，其亡也忽焉"之"历史周期律"的对策，这就是让人民起来监督政府。随着社会主义制度在中国的建立，人民监督从中国共产党的政治理念落实为中国社会主义国家的政治实践，从1954年宪法开始，中国历部宪法不仅将人民监督制度纳入社会主义民主制度的组成部分，而且对公民监督权予以确认和保障。

如今，中国特色社会主义进入新时代，国家制度和国家治理体系所具

---

① 《中共中央关于坚持和完善中国特色社会主义制度　推进国家治理体系和治理能力现代化若干重大问题的决定》，《人民日报》2019年11月6日，第1版。

有的"坚持人民当家做主，发展人民民主，密切联系群众，紧紧依靠人民推动国家发展的显著优势"①不断显现，公民监督权制度对实现公民的民主监督权利、推动我国民主法治建设进程发挥了极为重要的作用。当然，不可否认，在现实中公民监督权的行使存在这样或那样的问题，公民监督权滥用不仅会影响权力的正常行使，而且会破坏社会的和谐稳定。准确把握公民监督权行使的现状与存在的问题，是完善公民监督权行使法律制度的基础和前提。

完善公民监督权行使法律制度是一项十分复杂的系统工程，要求树立新观念，明确新思路，创建新模式。对公民监督权法律保障的制度设计方面，除了注重传统的权利救济这一被动保护机制的运用，还应将视角向前延伸和拓展，突出法律宽容机制、法律促进机制等主动性保护机制的构建。由于目前互联网发展速度很快，且技术性特征非常明显，而法律规范又具有相对稳定性，这就必然使法律对公民网络监督行为的调整呈现出一定程度的滞后性。在这种情况下，可以发挥行业协会、社会团体等自律性规范的调控功能。这些自律规范具有针对性和灵活性等特点，更容易契合网络技术迅猛发展、更新频繁的现实需求。在强调公民网络监督法律规范的制定和实施的同时，不能忽视行业协会、社会团体等自律性规范的作用。

概而言之，对于公民监督权及其行使，切不可持形而上学的态度，既不能盲目乐观，无原则地袒护、放纵，也不能求全责备，无端挑剔、一味排斥，否则极有可能捧杀或棒杀公民监督这一为人们所广泛称道的监督方式。唯物辩证法是正确认识世界和改造世界的科学方法，应当坚持唯物辩证法的根本观点和方法，构建一个涵盖权利保障和行为约束的"双重多维"的公民监督权行使法律规范制度体系。唯此，才能够做到既有效保障公民正当行使监督权利，又有效遏制其权利滥用行为，一方面凝聚因公民监督权规范行使而产生的"正能量"，另一方面防止公民监督权滥用而带来的"负效应"，从而更好地彰显公民监督权应有的价值功能，确保公民监督始终保持蓬勃的生机与活力、朝着健康有序的方向不断发展。

---

① 《中共中央关于坚持和完善中国特色社会主义制度　推进国家治理体系和治理能力现代化若干重大问题的决定》，《人民日报》2019年11月6日，第1版。

参考文献

［英］M.J.C.维尔：《宪政与分权》，苏力译，生活·读书·新知三联书店1997年版。

［英］安德鲁·海伍德：《政治的常识》，李智译，中国人民大学出版社2016年版。

北方：《官员能否有"不要删帖"的胸怀》，《党政论坛》2017年第3期。

［英］彼德·斯坦等：《西方社会的法律价值》，王献平译，中国人民公安大学出版社1999年版。

［英］边沁：《道德与立法原理导论》，时殷弘译，商务印书馆2000年版。

卞建林、李晶：《论媒体监督与审判公开》，《法制资讯》2008年第4期。

［英］伯兰特·罗素：《权力论》，靳建国译，商务印书馆1991年版。

蔡辉：《所有公民的监督权都应受保护》，《北京晨报》2010年9月2日。

曹林：《编造雷语会恶化舆论生态》，《文摘报》2014年3月12日。

曹林：《超越人治的电视问政才能长久》，《新华每日电讯》2015年1月23日。

陈柏峰：《无理上访与基层法治》，《中外法学》2011年第2期。

陈金钊：《法治思维和法治方式的意蕴》，《法学论坛》2013年第9期。

陈卫东：《司法机关依法独立行使职权研究》，《中国法学》2014年第2期。

程燎原、王人博：《权利及其救济》，山东人民出版社1998年版。

崔英楠：《完善宪法监督制度始自保障公民知情权》，《北京人大》2014年第5期。

《邓小平文选》（第2—3卷），人民出版社1993年、1994年版。

杜帆、吴玄娜：《程序公正、不确定性对公共政策可接受性的影响：情感信任、认知信任的中介作用》，《心理科学》2017年第2期。

杜力夫：《人民代表大会制度视野下的公民监督权再探讨》，《福建师范大学学报》2010年第1期。

高慧铭：《论基本权利滥用的认定标准》，《比较法研究》2016年第1期。

郭明瑞：《权利冲突的研究现状、基本类型与处理原则》，《法学论坛》2006年第1期。

韩红、李晓秋：《网络反腐中政府官员隐私权保护的适度边界》，《重庆邮电大学学报》2016年第2期。

[美] 汉密尔顿等：《联邦党人文集》，程逢如等译，商务印书馆1980年版。

何进平、江游：《权利本位新论》，《社会科学战线》2015年第2期。

何士青：《法学基础理论与案例教程》，华中科技大学出版社2019年版。

贺电、孙洪波：《法治：权利义务平衡之治》，《广东社会科学》2014年第6期。

[美] 亨廷顿：《变革社会中的政治秩序》，李盛平等译，华夏出版社1988年版。

侯玉波、李昕琳：《中国网民网络暴力的动机与影响因素分析》，《北京大学学报》2017年第1期。

胡弘弘：《论公职人员的名誉权救济》，《法学》2009年第2期。

胡锦光：《宪法学关键问题》，中国人民大学出版社2014年版。

胡锦光等：《国家赔偿法》（第三版），中国人民大学出版社2017年版。

胡肖华等：《论公民基本权利限制的正当性与限制原则》，《法学论坛》2005年第6期。

胡杨：《网络反腐的制度化路径分析》，《河南社会科学》2011年第1期。

黄文艺：《权利本位论新解——以中西比较为视角》，《法律科学》2014年第5期。

[英] 霍布斯：《利维坦》，黎思复等译，商务印书馆1985年版。

霍洪田：《"把关人"在网络媒体中的角色重构》，《编辑之友》2013

年第 4 期。

贾永健：《公民控告权的正义价值分析》，《公民与法》2015 年第 9 期。

《江泽民文选》（第 1—3 卷），人民出版社 2006 年版。

姜明安：《论新〈行政诉讼法〉的若干制度创新》，《行政法学研究》2015 年第 4 期。

［美］杰弗里·布兰德：《法治的界限》，娄曲亢译，中国人民大学出版社 2016 年版。

靖鸣、李姗姗：《微博舆论监督中的集群行为及其成因探析——以"药家鑫事件"为例》，《新闻与写作》2012 年第 1 期。

［美］凯斯·桑斯坦：《网络共和国：网络社会中的民主问题》，黄维明译，上海人民出版社 2003 年版。

［德］康德：《法的形而上学原理——权利的科学》，沈叔平译，商务印书馆 1991 年版。

李建华：《官员的道德》，北京大学出版社 2012 年版。

李建华：《权利本位文化反思与我国民法典编纂》，《法学家》2016 年第 1 期。

李洁茹等：《广州纪委：白云区 81 官员落马 582 干部受诬告》，《羊城晚报》2013 年 7 月 23 日。

李林：《打击报复举报人，滥权者有三大"法律利器"》，《南方周末》2013 年 9 月 3 日。

李龙：《法理学》，武汉大学出版社 2011 年版。

李龙：《宪法基础理论》，武汉大学出版社 1999 年版。

李申学：《应尽快制定〈中华人民共和国信访法〉》，《人民政协报》2016 年 8 月 23 日。

李婷婷、邓德花：《删帖生意：买方及其信息规制》，《当代传播》2017 年第 1 期。

李卫国：《举报制度：架起公众监督的桥梁》，中国方正出版社 2011 年版。

梁上上：《公共利益与利益衡量》，《社会科学文摘》2017 年第 1 期。

廖红：《新〈立法法〉下我国地方立法界限探究——以法律保留原则为视角》，《湘潭大学学报》2016 年第 4 期。

林来梵、骆正言：《宪法上的人格权》，《法学家》2008 年第 5 期。

凌斌：《权利本位论的哲学奠基》，《现代法学》2015 年第 5 期。

刘红凛：《网络舆论监督的发展态势与有效运用》，《中共中央党校学报》2017 年第 3 期。

刘建国：《网络反腐立法关键在确定正常反腐与侵权之间界限》，《检察日报》2013 年 2 月 19 日。

刘卫红：《法治视野下信访制度的完善》，《河北法学》2010 年第 10 期。

刘晓青：《论科学理性与德行伦理之间的张力——关于大卫·克希霍夫尔人格尊严多维模型的分析》，《自然辩证法研究》2017 年第 4 期。

刘作翔：《权利相对性理论及其争论——以法国若斯兰的"权利滥用"理论为引据》，《清华法学》2013 年第 6 期。

［法］卢梭：《社会契约论》，何兆武译，商务印书馆 1980 年版。

罗勇：《大数据背景下政府信息公开制度的中日比较——以"知情权"为视角》，《重庆大学学报》2017 年第 1 期。

［英］洛克：《政府论》，叶启芳等译，商务印书馆 1983 年版。

骆沙、孙静静：《保护隐私不是官员拒绝财产公开的理由》，《中国青年报》2012 年 6 月 7 日。

［美］马克·艾伦·艾斯纳：《规制政治的转轨》（第二版），尹灿译，中国人民大学出版社 2015 年版。

《马克思恩格斯选集》（第 1—4 卷），人民出版社 1995 年版。

马俊驹、王恒：《未来我国民法典不宜采用"一般人格权"概念》，《河北法学》2012 年第 8 期。

［美］麦克斯怀特：《公共行政的合法性》，吴琼译，中国人民大学出版社 2016 年版。

《毛泽东选集》（第 1—4 卷），人民出版社 1991 年版。

毛玮：《香港申诉专员制度值得借鉴》，《组织人事报》2014 年 6 月 3 日。

［法］孟德斯鸠：《论法的精神》，张雁泽译，商务印书馆 1961 年版。

孟德宇：《数字新媒体环境下的纸质媒体发展举措探索》，《传媒与发展》2017 年第 1 期。

孟威：《习近平的新闻舆论观——深入学习习近平总书记在党的新闻舆论工作座谈会上的讲话》，《当代传播》2016 年第 3 期。

［美］欧文·费斯：《言论自由的反讽》，刘擎、殷莹译，新星出版社 2005 年版。

［美］潘恩：《潘恩选集》，马清槐等译，商务印书馆 1981 年版。

彭玉:《如何对待人权?——从马克思主义人权观切入》,《中国社会科学报》2017年1月18日。

齐小力:《论表达自由的保障与限制》,《中国人民公安大学学报》2010年第2期。

秦小建:《论公民监督权的规范建构》,《政治与法律》2016年第5期。

秦小建:《信访纳入宪法监督体制的证成与路径》,《法商研究》2016年第3期。

饶龙飞、陈建晖:《比例原则的中国宪法规范依据》,《山东科技大学学报》2016年第4期。

饶龙飞、叶国平:《论法律明确性原则:依据、标准和地位——基于违宪审查角度的解读》,《贵州警官职业学院学报》2016年第5期。

人民日报法评:《立法保护公民个人信息》,《人民日报》2014年5月1日。

任喜荣:《作为"新兴"权利的信访权》,《法商研究》2011年第4期。

[美]塞缪尔·P.亨廷顿:《变化社会中的政治秩序》,王冠华译,生活·读书·新知三联书店1989年版。

商登煇:《新媒体视野下媒介审判与司法公正的博弈——以"药家鑫案"为例》,《西南石油大学学报》2013年第3期。

社评:《互联网曝光在改变中国反腐格局》,《环球时报》2012年9月3日。

沈文莉:《政治学原理》(第三版),中国人民大学出版社2017年版。

石毕凡:《诽谤、舆论监督权与宪法第41条的规范意旨》,《浙江社会科学》2013年第4期。

司国安、蒙胜军:《"跨省追捕"与"媒介审判"——浅谈当前我国地方公权与媒介环境的关系》,《理论导刊》2011年第10期。

孙龙桦:《近二十年国内外财产申报制度研究综述》,《理论月刊》2012年第4期。

孙乾:《中纪委:实名举报将优先办理》,《京华时报》2013年1月10日。

孙笑侠:《法律对行政的控制》,山东人民出版社1999年版。

谈燕:《解决信访问题根本靠法治》,《解放日报》2016年2月20日。

谭世贵:《网络反腐的机理和规制》,《党政干部文摘》2009年第

7期。

谭宗泽、杨靖文:《行政诉讼功能变迁与路径选择——以法与治的关系为主线》,《行政法学研究》2014年第4期。

田禾、吕艳滨:《论公职人员亲属盈利性行为的法律规制》,《马克思主义研究》2014年第2期。

［法］托克维尔:《论美国民主》,董良果译,商务印书馆1993年版。

汪红:《国家公职人员隐私权受限》,《法制晚报》2013年8月8日。

汪庆华:《法律保留原则、公民权利保障与八二宪法秩序》,《浙江社会科学》2014年第12期。

汪太贤:《西方法治主义的源与流》,法律出版社2001年版。

王博:《权利冲突化解路径的解构与重建》,《社科科学文摘》2017年第1期。

王刚桥:《"跨省拘捕"是向公民监督权"寻衅滋事"》,《新京报》2010年12月1日。

王贵松:《信息公开行政诉讼的诉的利益》,《比较法研究》2017年第2期。

王景喜、罗有远:《信访举报严处置、内部巡察强监督、交叉办案解难题:广东立案查处95名纪检干部》,《中国纪检监察报》2016年2月20日。

王锴:《论立法在基本权利形成中的作用与限制——兼谈"公有制"的立法形成》,《法治研究》2017年第1期。

王克群:《提高党员干部法治思维和依法办事能力》,《前进》2014年第12期。

王世杰、钱端升:《比较宪法》,中国政法大学出版社1997年版。

王薇:《完善行政复议制度的若干思考》,《湖北社会科学》2017年第6期。

王玉全:《论法律保留原则的类别与二元判断基准》,《黑龙江省政法管理干部学院学报》2017年第1期。

王月明:《公民监督权体系及其价值实现》,《华东政法大学学报》2010年第3期。

《网络与司法:困境与契机并存——由药家鑫案引发的法律思考》,《河北法学》2013年第1期。

［英］维克托·迈尔·舍恩伯格、［英］肯尼思·库克耶:《大数据时代:生活、工作与思维的大变革》,盛杨燕、周涛译,浙江人民出版社

2013 年版。

魏宏:《权力论——权力制约与监督法律制度研究》,上海三联书店 2011 年版。

吴家清等:《公民检举权的概念及权利类型探论》,《广州大学学报》2015 年第 1 期。

吴英姿:《预决事实无须证明的法理基础与适用规则》,《法律科学》2017 年第 2 期。

武西奇:《人性化执法让法律更有温度》,《人民公安报》2017 年 6 月 15 日。

[古罗马]西塞罗:《国家篇法律篇》,沈叔平等译,商务印书馆 1999 年版。

《习近平谈治国理政》,外文出版社 2014 年版。

《习近平总书记重要讲话文章选编》,党建读物出版社、中央文献出版社 2016 年版。

习近平:《共同构建人类命运共同体——在联合国日内瓦总部的演讲（2017 年 1 月 18 日,日内瓦）》,《人民日报》2017 年 1 月 20 日。

习近平:《坚持正确方向创新方法手段 提高新闻舆论传播力引导力》,《党政干部论坛》2016 年第 3 期。

习近平:《决胜全面建成小康社会 夺取新时代中国特色社会主义伟大胜利——在中国共产党第十九次全国代表大会上的报告》,《人民日报》2017 年 10 月 28 日。

习近平:《牢固树立以人民为中心的发展思想》,《党建》2017 年第 2 期。

习近平:《全面加强和规范党内政治生活》,《中国领导科学》2017 年第 4 期。

[英]休谟:《人性论》,潘华志译,人民出版社 2010 年版。

徐骏:《司法应对网络舆论的理念与策略》,《法学》2011 年第 12 期。

[古希腊]亚里士多德:《政治学》,吴寿彭译,商务印书馆 1965 年版。

杨海坤、章志远:《公民请愿权基本问题研究》,《现代法学》2004 年第 4 期。

杨佶:《政府信息公开法律规范必须转变视角——以保障公民知情权为宗旨》,《政治与法律》2013 年第 2 期。

姚辉、段睿：《"赔礼道歉"的异化与回归》，《中国人民大学学报》2012年第2期。

雍自元：《"媒体审判"辨析》，《法学杂志》2017年第3期。

尤光付：《中外监督制度比较》，商务印书馆2003年版。

喻君：《论政府官员隐私权及其规制——以绝对隐私、相对隐私为切入点》，《政治与法律》2013年第5期。

喻中：《宪法社会学》，中国人民大学出版社2016年版。

［美］约翰·罗尔斯：《正义论》，何怀宏、何包钢、廖申白译，中国社会科学出版社1988年版。

［英］约翰·密尔：《论自由》，程崇华译，商务印书馆2009年版。

张蓓：《网络反腐的问题与对策》，《光明日报》2014年6月28日。

张弘：《论行政权的谦抑性及行政法的相应对待》，《政法论丛》2017年第3期。

张军：《宪法隐私权研究》，中国社会科学出版社2007年版。

张明：《诬告与错告或检举失实的界限是什么？》，《党建》1993年第10期。

张千帆：《为了人的尊严：中国古典政治哲学批判与重构》，中国民主法制出版社2012年版。

张善斌：《民法人格权和宪法人格权的独立与互动》，《法学评论》2016年第6期。

张文显：《法理学》第四版，高等教育出版社2011年版。

张永和：《中国大众人权观念调查》，中国人民大学出版社2016年版。

张智辉：《法律监督三辨析》，《中国法学》2003年第5期。

赵德关：《新时期行政复议制度的定位与展望》，《行政法学研究》2016年第5期。

赵香如、陈壮志：《依法执政新形势下提高公职人员法律素质研究报告》，《法治湖南与区域治理研究》2012年第1期。

［美］珍妮特·巴托尔夫·约翰逊、H.T.雷诺兹：《政治科学研究方法》（第五版），李风华等译，中国人民大学出版社2016年版。

郑杭生等：《多元利益诉求时代的包容共享与社会公正》，中国人民大学出版社2014年版。

中共中央：《关于全面推进依法治国若干重大问题的决定》，《光明日报》2014年10月29日。

中国国学文化艺术中心：《廉政之道》，中国人民大学出版社 2016 年版。

中国人民大学法律性国家法教研室等：《中外宪法选编》，人民出版社 1982 年版。

中华人民共和国国务院新闻办公室：《国家人权行动计划（2016—2020 年）》，《人权》2016 年第 6 期。

周佑勇：《行政法专论》，中国人民大学出版社 2010 年版。

周钟敏：《基本权利限制理论正当性的根据》，《社会科学界》2016 年第 6 期。

后 记

当今中国正处在全面推进依法治国的重要时期，将权力关进笼子是这个时期的重大课题之一。将权力关进笼子，既需要加强制度建设，也需要加强公民监督。公民监督权的正确行使是制约国家权力的重要力量，也是实现公民合法权益的重要保障。然而，在当今中国，对公民监督权行使的不当限制与对公民监督权的滥用并存，严重阻滞着公民监督在制约国家权力中的功能。如何实现公民监督权的正确行使和有效保障，这个问题的解答不仅需要在实践中进行探索，而且需要从理论上展开研究。

基于这样的时代背景，我们从我国宪法对公民监督权的规定出发，对公民监督权行使限度以及法律保障展开研究，本书是2016年国家社科基金后期资助项目"公民监督权行使研究"（项目编号16FZZ002）的结项成果，内容分为六个部分，其中，导论、第一章、第二章第二部分、第三章、第五章第二部分由何士青撰写，第二章第一部分、第四章、第五章第一部分的初稿由翟凯提供。统筹和定稿由何士青完成。

在本书的写作过程中，我们借鉴了已有的研究成果，在此对作者致以深深的谢意。感谢中国社会科学出版社编辑宫京蕾女士和其他相关人员为本书出版付出的辛勤劳动。

本书只是作者的一得之见，由于水平有限，内容难免有疏漏和不妥之处，敬请读者指正。

何士青

2019年12月4日